北京市农村经济发展报告

2021

张光连　主编

中国农业出版社

北　京

编　委　会

编委会主任：张光连

编委会副主任：吴志强　刘军萍　曹晓兰

编委会成员：（按姓氏笔画为序）

刘　雯　杜力军　吴国庆　张　旭

张英洪　陈奕捷　陈雪原　林子果

季　虹　袁庆辉　徐建军　葛继新

编辑部主任：张　旭

编辑部成员：邢贵平　田立娜　纪绍军

前　言

　　2021 年是我国第二个百年奋斗目标新征程开启和"十四五"开局之年。在北京市委、市政府的坚强领导下，北京市郊区广大干部群众坚持以习近平新时代中国特色社会主义思想为指导，全面贯彻落实党的十九大和十九届二中、三中、四中、五中、六中全会精神，深入贯彻落实习近平总书记关于"三农"工作重要论述和对北京系列重要讲话精神，深入谋划全面推进乡村振兴、推动率先基本实现农业农村现代化的思路举措，统筹推进新冠肺炎疫情防控和农业农村各项重点任务，有力有序实现"开好局、起好步"。

　　2021 年，北京市扎实推进乡村振兴，加大对农业生产资料投入和设施农业建设的政策支持力度，加快平谷农业科技创新示范区建设，粮食、蔬菜、生猪生产连续两年实现增长。实施农村集体经济薄弱村帮扶专项行动，农村居民人均可支配收入增长快于城镇居民。完善生态保护补偿机制，大力促进生态涵养区生态保护和绿色发展。平原新城、城市南部地区、新首钢地区等重点区域建设不断推进。对口支援合作深入开展。

　　农业基础更稳固。全面建立四级"田长制"，完成 16 万亩①撂荒地恢复种植，粮食和"菜篮子"均实现两位数增长，圆满完成百年党庆等重大活动农产品供应和服务保障任务。全市上下克服疫情、极端天气等影响，实现农林牧渔业总产值近 8 年首次上涨。农村环境更宜居。新增造林 15 万亩，完成 953 个美丽乡村基础设施、322 个村污水处理设施、3.8 万户煤改清洁能源等建设任务，全部消除卫生室"空白村"，加强城乡接合部人口倒挂村管理服务，"接诉即办""每月一题"有效提升乡村治理水平。农民生活更殷实。消除 285 个集体经济薄弱村，农村居民人均可支配收入达到 33 303 元，增长 10.5%，快于城镇居民 2.7 个百分点，城乡居民收入比缩小幅度达到过去 5 年的累积水平。党

---

　　① 亩为非法定计量单位，1 亩＝1/15 公顷。——编者注

的领导更坚强。"五级书记抓乡村振兴"深入落实，市、区两级乡村振兴局挂牌成立，"五大振兴"专班全面运行，村"两委"换届选举圆满完成，农村社会保持和谐稳定。

2022年上半年，北京市农村经济研究中心为了更好地履行职责、服务"三农"，通过总结经验、改进工作，调动各方积极因素，编制了《北京市农村经济发展报告2021》，并公开出版发行。

本报告包括六个方面内容，即农村综合经济、农村集体经济、城乡融合发展和美丽乡村建设、"三农"数字化发展、休闲农业与农业绿色发展、农村金融服务。本报告内容基本涵盖了北京市郊区经济社会发展的主要方面，以综述、调研报告、典型分析等形式，凭借翔实的数据、专业的视角、科学的方法，把京郊"三农"领域的新动态、新成果、新问题、新思想展现在广大读者面前。

因编撰水平所限，书中难免有不足或有待商榷之处，欢迎广大读者批评指正。

编 者

2022年7月

目　录

休闲农业与农业绿色发展

农村金融服务

农村综合经济

2021年北京市农业农村经济形势分析报告

2021年,在市委、市政府的坚强领导下,北京市农业农村部门以大城市带动大京郊、大京郊服务大城市为发展战略,以推动农业农村高质量发展为主题,以深化农业供给侧结构性改革为主线,全面推进乡村振兴,农业农村经济总体形势呈现稳中向好、巩固发展态势。全年农林牧渔业总产值269.1亿元,按可比价计算,比上年增长2.8%,实现自2014年以来的首次增长[①](表1)。粮食及"菜篮子"产品生产实现目标、供应稳定,农民收入持续较快增长,现代农业产业开局良好。

表1 2021年北京市农林牧渔业总产值

单位:亿元、%

指标名称	按现价计算			按可比价计算	
	2021年	2020年	增减	2021年	增减
农林牧渔业总产值	269.1	263.4	2.1	270.0	2.8
其中:农业	123.0	107.6	14.3	120.2	11.9
林业	88.8	97.7	−9.1	88.8	−5.7
牧业	45.8	45.2	1.4	50.1	11.2
渔业	4.4	4.1	6.8	3.9	40.6

数据来源:北京市统计局。

一、总体运行情况及特点

(一)粮食和"菜篮子"产品生产情况

1. 粮菜产量大幅增长,超额完成目标任务

全面推行"田长制",严格落实耕地保护制度,压实粮食和蔬菜生产责任,落实设施农业以奖代补、菜田补贴、耕地地力保护补贴等各项农业生产补贴政策,粮菜播种面积和产量实现双增长。全年粮食播种面积91.4万亩,同比增长24.6%;产量37.8万吨,同比增长23.7%。粮食播种面积和产量分别完成全年任务的124.4%、121.9%。全年蔬菜播种面积69.7万亩,同比增长21.8%;产量165.6万吨,同比增长20.1%。蔬菜播种面积和产量分别完成全年任务的112.4%、106.2%。从近10年粮菜产量和面积看,自2019年触底后,近两年迅速反弹。截至2021年,蔬菜种植面积和产量已超过2017年同期水平,粮食种植面积和产量已超过2018年同期水平(图2、图3)。2021年实现农业(种植业)产值123.0亿元,按可比价计算,同比增长11.9%,超过2018年同期水平,延续并

---

① 数据来源:北京市统计局。

扩大上年的增长态势①（表 1、图 1）。

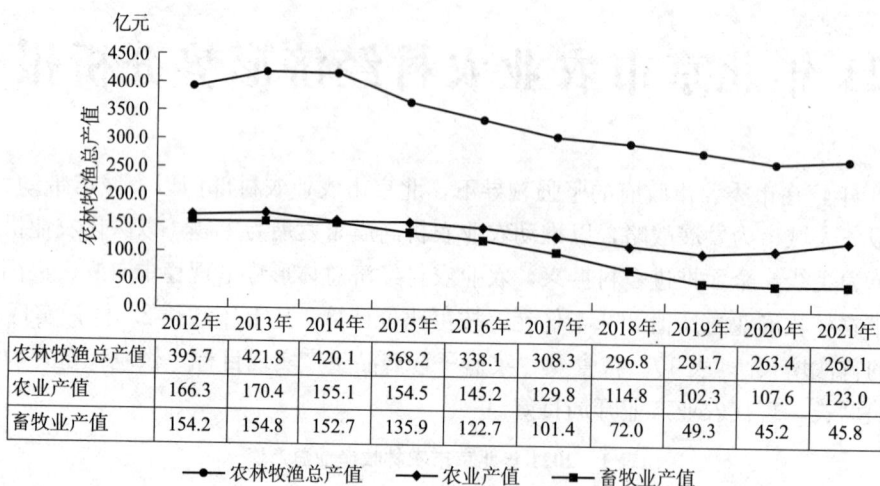

	2012年	2013年	2014年	2015年	2016年	2017年	2018年	2019年	2020年	2021年
农林牧渔总产值	395.7	421.8	420.1	368.2	338.1	308.3	296.8	281.7	263.4	269.1
农业产值	166.3	170.4	155.1	154.5	145.2	129.8	114.8	102.3	107.6	123.0
畜牧业产值	154.2	154.8	152.7	135.9	122.7	101.4	72.0	49.3	45.2	45.8

图 1 近 10 年农牧业产值走势

数据来源：北京市统计局。

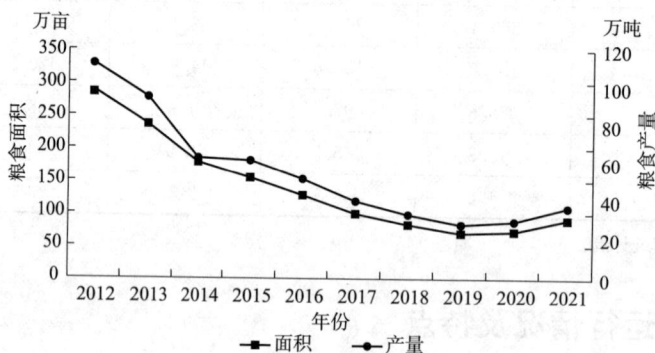

图 2 近 10 年粮食面积及产量走势

数据来源：国家统计局北京调查总队、国家统计局官网。

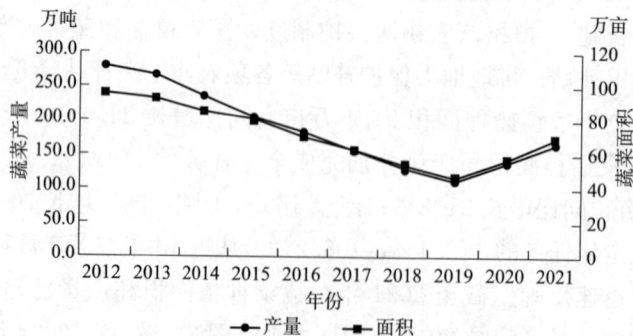

图 3 近 10 年蔬菜面积及产量走势

数据来源：北京市统计局、国家统计局官网。

---

① 数据来源：北京市统计局、国家统计局北京调查总队、国家统计局官网。

2. 畜牧渔业产值增长，生猪产能加快恢复

2021年，畜牧业产值45.8亿元，按可比价计算，同比增长11.2%；渔业产值4.4亿元，按可比价计算，同比增长40.6%（表1）。全年生猪存栏59万头，同比增长83.5%，完成全年生猪存栏任务的118%；生猪出栏30.9万头，同比增长75.8%。生猪存栏已超2018年同期水平，出栏距2018年同期水平还有一定差距（图4）。此外，牛、羊、家禽存栏均有增长，年末存栏分别为8.3万头、18万头、847.5万只，同比分别增长1.2%、9.8%、1.8%。生猪产能快速恢复成为牧业产值增长的重要原因，据初步统计，对牧业产值的贡献率达到127.8%[①]。主要做法如下：一是稳定生猪生产存量。19个新建、改扩建生猪养殖场正式投产。二是积极应对生猪价格下降影响。加大良种母猪引进，淘汰落后产能母猪，探索建立生猪生产逆周期调控工作机制。三是压实属地生产责任。将生猪存栏任务分解到区，"一对一"督导和定期调度。四是做好畜禽疫病防控。

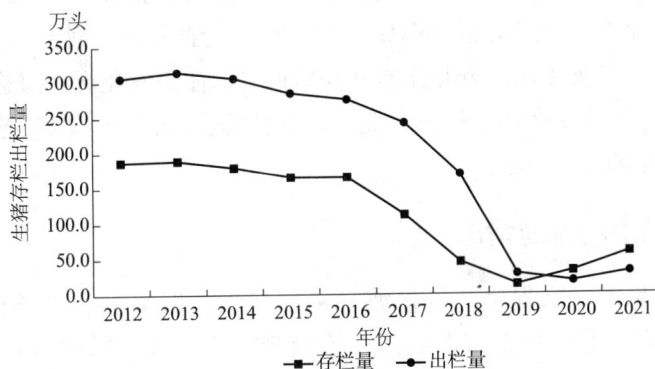

图4　近10年生猪存栏出栏走势

数据来源：国家统计局北京调查总队、国家统计局官网。

（二）现代农业产业发展情况

1. 现代种业深入推进，农业（种植业）、渔业种业收入大幅增长

接续实施现代种业发展三年行动计划，开展种质创制和品种选育联合攻关。成功举办第二十九届中国北京种业大会，现场成交量逾2.7亿元。在全国率先启动11个北京市优势特色物种联合攻关项目。国家玉米种业技术创新中心正式批复落地北京。以通州国际种业园区、平谷国家现代农业（畜禽种业）产业园为载体，建设现代种业创新中心。2021年，种业收入11.9亿元，其中农业1.3亿元、林业0.2亿元、牧业10.1亿元、渔业0.3亿元。农业和渔业种业收入涨幅较大，农业种业（种植业）收入同比增长21.3%，渔业种业收入是上年同期的8倍。

2. 高效设施农业建设全面启动，设施农业产值显著提升

推进北京市设施蔬菜产业集群建设，落实设施农业以奖代补资金4.65亿元，布局建

---

① 数据来源：北京市统计局、国家统计局北京调查总队、国家统计局官网。

设集约化育苗场、专业镇村园区、加工仓储流通等现代化基地20个左右，推进13 883栋闲置设施复种，有效促进北京市设施蔬菜全产业链发展①。2021年，全年设施农业产值为57.9亿元，同比增长15.7%，复种指数由2.2提高到2.4，亩均效益由1.15万元提高到1.24万元②。

3. 农产品加工业小幅增长

据市统计局初步统计，全市农产品加工业总产值828.6亿元，同比增长3%。其中酒、饮料和精制茶同比增长10.2%③，成为农产品加工业增长的重要动力。北京市11家企业入选"2021中国农业企业500强"。

4. 休闲农业和乡村旅游逐步回暖，收入大幅增长

深入推进休闲农业"十百千万"畅游行动，支持休闲农业精品线路、美丽休闲乡村、休闲农业园区、民俗接待户提升改造。培育打造"京华乡韵"休闲农业品牌，全面启动休闲农业宣传推介活动。延庆区、怀柔区成功创建全国休闲农业重点区。成功举办农民丰收节开幕式及近百场活动，并在开幕式现场发布130个优农品牌。截至2021年底，全市休闲农业园突破千个，实现自2016年以来首次止跌回升。休闲农业观光园总收入18.4亿元，同比增长19.4%。乡村旅游总收入14.1亿元，同比增长48.4%。但观光园和乡村旅游收入仅恢复到2019年的86.6%④。

（三）农产品市场流通情况

"菜篮子"产品供应有保障，价格波动幅度较大。据菜篮子市场行情监测结果显示，2021年，北京市七大批发市场蔬菜上市量708.7万吨，同比增长6.9%；平均价格为3.25元/千克，同比上涨4.5%，处于历史最高价格水平。猪肉上市量18.4万吨，同比增长37.5%；平均价格为23.66元/千克，同比下降41.9%，进入价格下行周期。鸡蛋上市量15.1万吨，同比增长3.4%；平均价格为9.16元/千克，同比上涨37.3%，维持高位运行态势。鸡肉市场平稳运行，牛羊肉市场总体呈高位运行态势，淡水鱼市场一改往年的低迷，平均价格同比上涨33.7%，达到历史新高。据北京市蔬菜报表系统数据，2021年，本地蔬菜地头销售价格为3.21元/千克，同比上涨15.5%，为近5年来的最高价格⑤。

（四）农民就业及收入情况

农村劳动力转移就业完成预期目标，农民收入较快增长，城乡居民收入比逐步缩小。围绕"就业带动、产业联动、资源撬动、帮扶拉动"，出台促进北京市农民增收20项扶持措施。全年累计帮扶3.99万名农村劳动力实现转移就业⑥，吸纳约4万名农村劳动力参与基础设施管护和村庄保洁⑦。深入实施农村集体经济薄弱村专项帮扶行动，已有283个村

---

①⑤⑦　数据来源：北京市农业农村局。
②③④　数据来源：北京市统计局。
⑥　数据来源：北京市人力社保局。

实现"消薄",约占全市集体经济薄弱村的五成,超额完成消除 200 个薄弱村的年度任务①。全年农村居民人均可支配收入同比增长 10.5%,高于城镇居民的 2.7 个百分点,增速为 2015 年以来最高水平,增速较上海高 0.2 个百分点。从收入结构上看,四项收入全面增长。城乡居民收入比持续缩小,由 2020 年的 2.51∶1 缩小到 2.45∶1②。

(五)农村基础建设情况

1. 美丽乡村建设持续推进,人居环境持续改善

深入实施"百村示范、千村整治"工程,启动 1 041 个美丽乡村基础设施建设村,已整村完工 953 个。完成 650 个无卫生室村房屋设施配套建设,实现"一村一室"全覆盖。无害化卫生户厕覆盖率达到 99.4%,已完成污水治理的村庄中,87.7% 的农户已接入污水管网,生活垃圾处理基本实现行政村全覆盖。9 个区 17 个村确定开展农村住房质量提升试点。全面完成年度煤改清洁能源 65 个村庄约 3.8 万户改造任务,所有平原地区村庄和 75% 的山区村庄实现"无煤化"③。

2. 宅改试点深入推进,盘活利用闲置农宅

以大兴区、昌平区为试点,探索开展宅基地有偿使用。盘活利用闲置农宅 9 452 处,其中村集体引领 1 252 处。发展精品民宿、休闲旅游等特色产业 2 917 处,形成"三产联动、多业融合"发展业态。健全利益联结机制,增加农民收入,监测显示,每年每户农宅租金可达 0.6 万~2 万元④。

二、需要关注的问题及建议

(一)单靠面积增长带来的产量快速增长不可持续,需进一步提高粮菜单产水平和经营效益

2021 年,全市在粮食、蔬菜生产方面采取了多项积极举措,很大程度上调动了种粮、种菜的积极性,农作物种植面积大幅增加,从而超额完成全年任务指标。但仍有一些问题需要关注:一是粮菜单产有待提高。粮食、蔬菜播种面积同比增幅大于产量增幅,粮食单产水平 413.6 千克/亩(全国谷物平均单产水平为 419.7 千克/亩),同比下降 0.5%;蔬菜单产水平 2 376.6 千克/亩(全国蔬菜平均单产水平为 2 294 千克/亩),同比下降 1.4%⑤。二是销售渠道有待拓宽。北京市地产蔬菜销售渠道以经纪人、批发市场、农贸市场、其他渠道(主要包括休闲采摘)、超市为主,2021 年,比例分别为 33.10%、28.59%、11.40%、10.01% 和 9.14%⑥(表 2),前三项传统销售渠道销售比例占 73.09%。由于北京市土地成本、人工成本相对较高(2020 年北京市劳动力工价 135 元/天,高于全国平均数 45 元/天⑦;据农地流转监测点数据显示,2021 年北京市土地流转价格

---

① ③ ④ ⑥ 数据来源:北京市农业农村局。
② 数据来源:国家统计局北京调查总队、浙江省统计局官网、上海市统计局官网。
⑤ 数据来源:北京市统计局、国家统计局北京调查总队。
⑦ 数据来源:北京市发展和改革委。

1 232 元/亩①），一旦本地产农产品进入传统销售渠道，与外地菜同场竞争并不具有价格优势，经营效益很难提升。

表 2　地产蔬菜销售渠道及比例情况

单位：%

	超市	经纪人	批发市场	农贸市场	机关学校食堂	网络销售	合作社	其他渠道
2021 年	9.14	33.10	28.59	11.40	1.54	3.75	2.46	10.01
2020 年	8.78	36.92	24.90	12.76	1.42	4.39	1.81	9.02

数据来源：北京市农业农村局蔬菜报表系统。

注：其他渠道主要包括休闲采摘。

建议：长期来看，北京市粮菜增产潜力还在于提高单产水平和经营效益。在严格落实耕地保护政策的基础上，探索适合北京的种植生产模式。从规模化、设施化、机械化、信息化、良种化等方面着手，推进适度规模经营、高效设施农业建设、农业机械推广应用、数字菜田建设、优良品种推广应用等各项工作，提升种植业单产水平。从组织化、品牌化、高端化、电商化等方面着手，吸引科技、资本、人才下乡，提升种植业经营效益，形成增产增收的长效机制。

（二）猪肉价格快速下降对生猪产能恢复带来风险，跨周期调控措施需提前布局

2021 年，随着全国生猪产能逐步恢复到非洲猪瘟疫情前水平，生猪产量和供应已经由偏紧转入宽松的格局，猪肉市场价格也从 2020 年的高位快速回落，同比降幅超过40%。加之全国范围内生猪产能恢复和扩张进程仍没有结束，猪肉价格下行周期仍将延续较长一段时期，后期的生猪养殖存在较大市场风险。

建议：在全国性生猪供大于需、价格下行的格局下，应从数量增加转向应对市场风险、产业的提质增效方面。一是引导生猪养殖场优化产能，根据市场需求，及时调整养殖结构。二是加大生猪全产业链应急调控力度，建立生猪生产跨周期调控机制，积极落实生猪补贴资金。三是推广生猪养殖保险以及生猪价格指数保险业务，对属于保险责任范围的及时足额理赔，保障养殖生产者利益。

（三）实现农民增收任重道远，必须采取强有力的手段高位推进

2021 年，北京市城乡居民收入绝对差距拉大。从城乡居民收入结构来看，城乡居民财产性、转移性收入比差距最大，工资性收入绝对值差距最大，四项收入均有较大的提升空间。

建议：凝聚社会各方力量，高质量落实《关于促进北京市农民增收若干措施》，稳步提升农村居民中等收入群体比例，逐步缩小城乡居民收入差距。通过就地就近就业、转移

---

① 数据来源：北京市农业农村局。

就业、就业培训等措施，提高农民工资性收入。从加大技术、土地、金融、产业等方面扶持入手，支持农民发展家庭经营，巩固农民家庭经营收入。发展壮大集体经济，稳步提高农村集体经济组织按股权分配集体收益的比例和水平，深化农村"三块地"改革，激发乡村发展新动能，提高农民财产性收入。努力通过推动农村劳动力就业参保、提高社会救助兜底水平、增加惠农补贴等方式，提高农民转移性收入。

（作者：李理、石慧，北京市农业农村局市场与信息化处；

王晓东、王增飞，北京市数字农业农村促进中心）

健全工作机制　助力乡村振兴

——关于第一书记发挥作用情况的调研报告

为系统总结提炼北京市第一书记工作实践经验，为新一轮第一书记奔赴乡村振兴的主战场提供经验借鉴，北京市农村经济研究中心联合第一书记联络办公室组成联合课题组，深入怀柔区、通州区、门头沟区等进行实地调研，并与40余名驻村第一书记、村干部，区、镇（乡）组织部门和农口干部座谈交流，以期把乡村振兴作为培养锻炼干部的广阔舞台，让乡村振兴一线成为干部成长的"练兵场"，打造一支"永不走的工作队"。

一、打通北京市脱低增收"最后一公里"

2015年以来，北京市委组织部、市委农工委、市农业农村局认真落实中央和市委要求，面向低收入村、党组织软弱涣散村和集体经济薄弱村，连续组织选派五批共计1 403名优秀干部，担任村党组织第一书记，他们上联党和政府，下接贫困群众，打通了脱低增收政策落实"最后一公里"。

（一）坚持党建引领，当好基层党组织"领路人"

驻村期间，第一书记通过抓"三会一课"、民主评议党员等工作，扎实推进党建阵地规范化建设；通过建立党员"政治生日"制度、微党课制度等，进一步夯实基层战斗堡垒作用；通过做好新一届村"两委"换届选举，实现组织满意、群众满意；通过严格落实"四议一审两公开""三务公开"等制度，强化村级民主决策和民主监督。6月17日，北京市召开的"三优一先"表彰大会上，5名第一书记获得"北京市优秀共产党员"称号[①]。

---

① 中共北京市委组织部：《北京市优秀共产党员、优秀党务工作者、优秀基层党组织书记和先进基层党组织名单》，《北京日报》，2021年6月18日，第三版。

（二）推进产业发展，当好精准帮扶"带头人"

驻村期间，第一书记因势利导抓产业升级，依托村庄优势打造"一村一品"，探索符合实际、群众认可的产业发展途径。打造"大城小院""山楂小院"等精品民宿，培育出"北庄百合""市民小菜园"等特色品牌。第四批、第五批第一书记招商引资 1.5 亿元，引进开发项目 298 个，销售农产品 494 万千克，解决低收入农户家门口就业 2 062 人[①]，变"输血"为"造血"。

（三）加强乡村治理，当好服务群众"贴心人"

指导派驻村在提升治理水平、为民办事服务上做了大量工作。第二批、第三批第一书记协调新建改建民居 8 885 户，新增公交站点 117 处，改水项目 601 个，新建改造公厕 1 195 个，实施疏解整治项目 916 项，解决历史遗留问题 999 个，化解纠纷矛盾 3 846 件[②]，帮助村民解决了一大批"急难愁盼"的问题。

（四）坚守抗疫一线，当好疫情防控"守门人"

新冠肺炎疫情暴发后，第一书记迅速到岗、积极响应，扎实组织开展好疫情防控工作，通过制订疫情防控方案、带头逐户摸排、加强宣传引导等筑牢基层防线，让党旗在战"疫"一线高高飘扬。第四批、第五批第一书记参与卡口执勤 3.3 万余次，争取捐赠物资 41 万件，协调防疫资金 1 487 万余元[③]。

二、在首都乡村振兴实践中运用好第一书记帮扶机制意义重大

2021 年 5 月，中共中央办公厅印发《关于向重点乡村持续选派驻村第一书记和工作队的意见》（中办发〔2021〕27 号）（以下简称《意见》）。《意见》指出，要"把乡村振兴作为培养锻炼干部的广阔舞台"，要"为全面推进乡村振兴、巩固拓展脱贫攻坚成果提供坚强组织保证和干部人才支持"。

（一）继续选派第一书记是落实市委、市政府决策部署的有力举措

新形势下，北京市根据首都"大城市小农业""大京郊小城区"的市情农情，坚定走出一条具有首都特点的乡村振兴之路。市委、市政府在"四个不摘"的基础上，借鉴低收入帮扶工作机制，建立健全选派第一书记长效机制，充分发挥第一书记帮扶作用，做到村级集体经济薄弱村、党组织软弱涣散村、红色美丽村庄试点村全覆盖。"十四五"时期着力推动农村集体经济薄弱村增收，到 2025 年基本消除经营收入小于 10 万元的集体经济薄弱村；实施村级组织分类提升计划，常态化推进软弱涣散村党组织整顿；开展推动红色乡村组织振兴、建设红色美丽村庄试点工作。

[①②③] 北京市第一书记联络办公室统计数据。

（二）继续选派第一书记是激发派驻村内生动力的重要引擎

第一书记和派出单位在帮扶工作中，注重着眼村庄长远发展，帮助所在村厘清发展思路、引进产业项目，有的第一书记连续几届驻村帮扶，变"输血"为"造血"，极大地激发了所驻村的发展动力。第四批、第五批第一书记驻村四年以上的有 37 名，驻村六年以上的有 2 名[①]。大兴区礼贤镇王庄村第一书记王勇连续两届驻村工作，打造了文化惠民、产业富民、生态润民的新农村，在国庆 70 周年庆祝总结会议上，他以第一书记的身份受到习近平总书记的接见。

（三）继续选派第一书记是夯实党在农村执政根基的客观要求

第一书记始终把强班子、育骨干、带队伍作为重要任务贯穿帮扶工作始终，不断夯实党在农村的执政根基。第四批、第五批第一书记助力 109 个市级党组织软弱涣散村全部如期摘帽；第二批、第三批第一书记协助村党组织制定各项制度机制 1 562 项，修订完善各项规章 2 064 项[②]，不断夯实基层党建工作基础。

（四）继续选派第一书记是培养锻炼干部队伍的重要举措

在脱低增收的主战场，广大第一书记加强了基层历练，涌现出一大批优秀人才。调研中许多第一书记表示，脱低增收是难得的党性锻炼，一生中从未有过如此刻骨铭心的经历，在帮助群众脱低的同时，也让自己的思想能力脱了"贫"。据统计，三分之一市级选派的第一书记及时得到提拔使用，门头沟区 43 名区派第一书记提拔使用了 22 名[③]。

三、在首都乡村振兴实践中打造第一书记金字招牌

（一）打造金字招牌，要严把选派关

坚持政治标准，做到品行过硬。北京市始终坚持把政治素质好作为选派首要条件，严把人选政治关、品行关、能力关、作风关、廉洁关，要求选派人员必须是中共正式党员，具有 3 年以上党龄和 2 年以上工作经历。据统计，第三批、第四批第一书记超过五年党龄的占比为 92.86%[④]，唱响了党旗耀京郊的凯歌。要继续树立德才兼备、以德为先的选派导向，确保第一书记队伍的政治纯洁和政治担当。

坚持情怀为先，做到素质过硬。根据选派实践，第一书记主要从机关、企事业单位等优秀干部中选派，相当一部分人缺少农村工作经验，有第一书记形容"一夜之间就变成了农民"，面对新的工作环境，怀有"三农"情怀，才可能沉下心来认真工作。事实也正是如此，表现优秀的第一书记，无不体现出爱农村、爱农民的情怀。有第一书记说："要把村里的事当自己家的事办。"有第一书记说："（在农村）晒黑了皮肤，但丰盈和细腻了内心。"具有"一懂两爱"情怀的干部，是做好第一书记工作的基础保

①②③④　北京市第一书记联络办公室统计数据。

证。在此基础上，再优先选择有农村工作经验或涉农方面专业技术特长的干部，确保好中选优、优中派强。

坚持精准选派，做到人村相宜。选派前由各区确定派驻村，提出明确帮扶需求，市级综合分析、统筹安排。根据调研分析，建议市直机关、市政法系统重点向市级党组织软弱涣散村选派；市委宣传系统重点向红色美丽村庄建设试点村选派；市国资委系统、市委教工委系统、市委统战系统、市委农工委系统、市卫健系统重点向集体经济薄弱村（含部分原低收入村）选派。比如怀柔区法院派到庙城镇某村的第一书记利用懂法的优势，很好地维护了该软弱涣散村的稳定，并逐步使该村党建工作走向正轨。要努力做到单位职能、个人特长与村情特点相吻合，增强选派工作的针对性和实效性。

（二）打造金字招牌，要把好服务关

强化保障服务，消除后顾之忧。调研中发现，一是有的派出单位对第一书记支持、重视程度不够，当起了"甩手掌柜"。二是有"倒贴钱"帮扶的现象。市区两级每月为第一书记发放 2 520 元生活补助，但相对于第一书记们驻村后增加的通信费、交通费以及其他不可预见费用远远不够，相当一部分人需要自己搭钱。三是市级配备给第一书记 2 万元的专项经费，根据要求主要用于诸如培育实施党建服务项目、培育发展党员群众共同参与的服务组织、开展党员志愿服务活动等有限范围，不能满足发展产业、美丽乡村建设的资金需求。基于以上情况，建议按《意见》要求，完善派出单位与第一书记所在村责任捆绑机制，让驻村工作成为部门结对、单位联村的重要纽带；建立生活补助增长机制，防止"既辛苦流汗，又搭钱帮扶"现象；推广北京市部分区工作经验，每年给予一定的专项经费支持，用于支持发展特色产业、培育致富项目、美丽乡村建设等服务群众事项。

强化管理考核，提高帮扶动力。从实际工作来看，部分镇（乡）还存在对第一书记重视不够的现象；部分村干部、群众对第一书记期望值过高，给第一书记带来了很大的思想压力；考核评价指标体系有待完善，考核结果运用力度有待提高。建议修订完善相关制度，建立第一书记与镇（乡）的沟通协调机制，通过参与工作例会等方式，进一步压实镇（乡）的管理责任；加强对村干部群众的宣传引导，并对第一书记开展针对性的专业培训，适时提供心理疏导；科学合理设置评价考核指标体系，通过设立优秀、嘉奖等奖励等次，激发广大第一书记驻村热情；加强考核结果运用，进一步明确优秀第一书记职务晋升、职称评定、评先评优的具体举措，落实重基层、重一线、重实绩的鲜明导向。

强化典型宣传，发挥示范效应。深入挖掘优秀典型，加大优秀第一书记典型宣传力度。《前线》杂志客户端、《北京支部生活》、《北京农村经济》开设的第一书记专栏收到了很好的宣传效果。一是要继续加大与相关媒体的沟通协调，跟踪报道第一书记驻村工作，形成正向引领的强大氛围；二是尝试组织设立"北京市村党组织第一书记论坛"，规范设定主题，聚焦疑难问题、工作方法等，每季度组织开展一期论坛活动，满足第一书记普遍希望扩大横向交流的愿望；三是尝试建立"党旗耀京郊——村党组织第一书记"微信公众

号，创新宣传工作方式，也可以鼓励第一书记开设村庄微信公众号、微博等丰富宣传内容。

（三）打造金字招牌，要过好融入关

及时融入班子，形成工作合力。调研发现，第一书记和村"两委"班子，特别是与村支部书记关系协调处理问题，是摆在第一书记面前的现实问题。《意见》强调，"第一书记充分发挥支持和帮助作用"。在实际工作中，有的第一书记认为主要是发挥联络员的作用；有的认为主要是支持村党支部书记的工作；有的认为不仅要指导和引领，自己还要真抓实干。区、镇（乡）组织部门要结合各村实际情况，帮助进一步理顺第一书记和村党支部书记的关系与职责分工，实现资源整合和双强双带作用，按照"帮办不包办、到位不越位"的原则各尽其责。

加强调查研究，找准最佳切入点。从选派工作的实践看，一些第一书记的群众工作方式方法还不足，打开局面比较慢。没有调查研究就没有发言权，要与村民聊在"村头、炕头、地头"，掌握第一手民情资料；要与村"两委"干部、党员及村民代表座谈，寻找工作着力点；要问计镇（乡）领导，听取对所驻村的发展建议。比如第四批一位第一书记，抓住镇党委要求做好村"两委"换届后半篇文章的决定，建立党员"政治生日"制度，迅速融入了村庄；还有不少第五批的第一书记，利用新冠肺炎疫情防控站岗执勤的机会，和村民广泛沟通交流，快速取得了村民的信任。

加强学习培训，提高履职能力。很多第一书记到岗以后显得很焦虑，特别希望能有人传帮带，各区、镇（乡）要及时采取实地参观、集中培训等方式，帮助第一书记深入了解乡情村情，提高工作效能；市级每年通过理论授课、交流研讨等方式，开展第一书记履职培训和常规培训，帮助第一书记提高履职能力；市第一书记联络办、第一书记志愿服务总队、各区分队通过分批分类召开座谈会、现场观摩会，增强第一书记间的交流学习，实现经验分享。

（四）充分发挥作用，让金字招牌亮起来

厘清职责任务，明确帮扶重点。第一书记要在区、镇（乡）党委政府指导下，进一步明确细化驻村帮扶任务，防止眉毛胡子一把抓。驻村类型不同，第一书记工作侧重点也会不同。比如软弱涣散村，重点解决党组织生活不规范、村级党组织服务能力不强等问题；集体经济薄弱村，重点是积极争取上级政策、资金等支持，增强村集体经济"造血功能"；红色美丽村庄建设试点村，重点是利用红色资源、统一规划、美化农村环境，带动乡村红色旅游。

建强基层组织，激发内生动力。调研中发现，大部分第一书记在争资金跑项目方面投入精力多，对诸如人才培养和引进各类人才等关注不够。2021年村"两委"换届顺利完成，各区均实现了"一降一升"的要求，提高了新一届村"两委"班子人选质量。但客观地讲，农村基层党组织建设整体水平还需进一步提高，仍存在基层党组织服务质量需进一步提高等问题。驻村工作，不仅要帮村里发展经济，更重要的是帮助基层党组织抓班子、

带队伍、教方法、指路子，打造一支"永不走的工作队"。

充分整合资源，取得帮扶实效。一是要学会借力，及时向派出单位汇报驻村工作情况和推进工作的建议，充分发挥好"娘家人"的后盾作用，积极争取结对共建单位支持，获得及时必要的支持；二是要吃透上情，及时了解掌握相关政策，积极与有关职能部门联系，用好用足各项优惠政策；三是要摸透下情，切实摸清家底，对资源禀赋、人文历史等做到心中有数；四是要打开思路，立足派驻村实际，宜林则林、宜种则种，打造适宜本地发展的特色产业；五是要使村"两委"干部和群众形成共识，确立科学发展的思路，凝聚促进乡村振兴的合力。

（课题负责人：吴志强

课题组成员：刘亚洲、周庆林、朱淑英、段书贵、王芳

执笔人：吴志强、刘亚洲、段书贵）

城市化进程中撤村建居存在的突出问题及对策建议

随着城市化的快速发展，北京市城市规划区内以及城乡接合部地区的不少行政村建制被撤销，新的城市社区居委会建立起来，传统乡村实现了社会经济结构的全面转型，成为城市社区的一部分。据统计，2004 年，北京市共有乡镇 184 个、村委会 3 985 个、街道办事处 127 个、社区居委会 2 445 个，城市建成区面积 1 182 千米²，到 2019 年，全市乡镇减少到 181 个（减少了 3 个）、村委会减少到 3 891 个（减少了 94 个）、街道办事处则增加到 152 个（增加了 25 个）、社区居委会增加到 3 231 个（增加了 786 个），城市建成区面积增加到 1 469 千米²（增加了 287 千米²）。在城市化引起的村庄全面转型过程，撤村建居就成为村庄转型的重要政策路径。最近，笔者在海淀、朝阳、大兴、丰台、通州、顺义等区调查中发现，各地在撤村建居过程中虽然有不少积极的探索和创新，但也存在带有普遍性的突出问题，亟须引起高度重视，尽快加以系统性地解决。

一、撤村建居存在的突出问题

城市化进程中撤村建居还存在许多问题，其中最突出的问题有以下三个方面。

（一）城乡统一的户籍制度改革政策未落实，仍然实行征地农转居或整建制农转居

2004 年 7 月实行的《北京市建设征地补偿安置办法》（北京市政府 148 号令）第十九条规定"征用农民集体所有土地的，相应的农村村民应当同时转为非农业户口"，这就是

"逢征必转"的户口政策。这是在城乡二元户籍制度尚未改革情况下农业户口转为非农业户口的政策。但是，2014 年 7 月国务院发布的《关于进一步推进户籍制度改革的意见》，以及 2016 年 9 月北京市政府发布的《关于进一步推进户籍制度改革的实施意见》，都已明确规定建立城乡统一的户口登记制度，取消农业户口和非农业户口划分，统一登记为居民户口。依据新的城乡统一的户籍政策，不再存在农业户口与非农业户口的划分，因而不能再实行征地农转居的旧政策了。但各地至今仍然依据《北京市建设征地补偿安置办法》中的"逢征必转"规定习惯性地实行农转居或整建制农转居政策，这就显得极不合时宜。例如，海淀区东升镇八家村 2015 年完成第一批整建制农转居 1 003 人，2017 年完成第二批整建制农转居 40 人。两批次共办理整建制农转居 1 043 人，其中儿童 47 人、劳动力 551 人、超转人员 445 人。

（二）城乡一体的社保政策未得到体现，依然实行征地社会保障政策

《北京市建设征地补偿安置办法》规定实行"逢征必保"政策，为征地农民建立社会保障制度，规定将被征地的农民转为城镇居民并将之纳入城镇社会保险体系，但完全由村集体和农民自己筹缴巨额的社会保险费用，基层干部群众对这一条普遍反映极不合理。据笔者调查，大兴区黄村镇北程庄村 2007 年征地时，农转非人数 265 人，其中转非劳动力 100 多人、超转人员 43 人，村集体从征地补偿款中支付了 2 000 多万元的转非劳动力和超转人员的社会保险费用，其中超转人员平均每人缴纳生活补助费和医疗费用 65 万元；丰台区卢沟桥乡三路居村在 2012 年的撤村建居中，认定的超转人员共有 528 人（其中 82 岁以上 19 人），需一次性筹缴超转费用 3.83 亿元，人均 72 万多元；顺义区仁和镇平各庄村为一名超转妇女缴纳了 775 万元的惊人超转费用，而该超转人员每月只领到 2 000 多元的生活和医疗补助；海淀区东升镇八家村在 2015 年和 2017 年两次整建制农转居中，共计支付农转居费用 200 350 914.4 元，其中支付一次性就业补助 14 514 240 元，支付社会保险费用 78 818 995.2 元，支付民政局接受安置 455 名超转人员费用 107 017 679.2 元，加上东升镇为八家村支付的超转人员安置费 25 322 080.44 元，东升镇、八家村两级农村集体经济组织平均为八家村每名超转人员缴纳近 30 万元费用。《北京市建设征地补偿安置办法》规定的"逢征必保"是在城乡统一的社会保障制度尚未建立的情况下实行的，但后来北京市已全面建立了城乡统一的基本医疗、基本养老等社会保障体系，但由于《北京市建设征地补偿安置办法》没有及时修订，致使不合时宜的"逢征必保"政策仍然在执行，并且由村集体和村民承担征地转居农民的社会保险费用，显得极不合理。

（三）撤村后新建立社区居委会经费未纳入财政保障体系，继续由农村集体经济组织承担居委会公共产品供给责任

在城市化进程中撤销行政村、建立居委会后，新建立的居委会的公共管理和公共服务却没有纳入政府的公共财政保障体系之内，相关工作和人头经费仍然由原来的村集体经济组织承担。例如，海淀区东升镇八家村 2019 年 9 月撤村后，八家股份社仍承担原村委会

管辖区域以及八家社区所在片区的有关社会管理和公共服务职能，包括负责未转居少数农业户籍人口的社会管理，如办理城乡居民养老、医疗保险等职责，承担解决原八家村相关历史遗留的经济社会问题，负责 112 万米² 的网格化区域所属单位、居民小区的治安安全、疫情防控等社区管理服务工作，甚至八家社区居委会书记、主任的工资仍由八家股份社发放。这明显推卸了政府提供公共产品服务的供给职责，加重了集体经济组织及其成员的负担。

二、推进村庄新型城市化转型发展的对策建议

以征地农转居或整建制农转居、征收集体土地、以征地补偿费建立转居农民社会保障、新建居委会未及时纳入财政保障体系等为特征的撤村建居路径，属于城乡二元体制框架内的传统城市化模式，与建立在城乡一体化基础上的新型城市化发展要求极不相称，也与建设法治中国首善之区的高标准要求不相适应，必须进行系统性的公共政策调整和体制机制创新。

（一）严格执行户籍制度改革政策，停止实行征地农转居或整建制农转居政策

切实贯彻落实 2014 年 7 月国务院《关于进一步推进户籍制度改革的意见》和 2016 年 9 月北京市政府《关于进一步推进户籍制度改革的实施意见》的规定，建议尽快废止《北京市建设征地补偿安置办法》中有关征地农转居的规定。有关部门应当全面落实户籍改革政策，统一将农业户口与非农业户口登记为居民户口，不再实行早已过时了的征地农转居和整建制农转居政策。在新型城市化进程中，不管农民是否征地拆迁上楼，也不管是否撤村建居，都不再存在居民户口由农业户口转为非农业户口的问题，因而就不存在"农转非"或"非转农"的问题。在户口身份上，城乡居民的户口身份完全平等一致，都是居民户口，有关部门按居住地进行登记和管理服务。在职业身份上，相同的户口可以选择不同的职业。集体产权制度改革后，对于集体经济组织成员，要保障其集体经济组织成员权利；对于从事农业生产服务的职业农民，要创新有关统计方法，有关部门要按相关政策确保职业农民享受惠农政策支持和保护政策。

（二）不断提高城乡基本公共服务均等化水平，废止征地社会保障政策

2004 年实施至今的《北京市建设征地补偿安置办法》，对征收农民集体所有土地涉及的人员安置、就业促进、社会保险等方面都做了规定，这些规定都是在城乡二元体制尚未破除的前提下制定"逢征必保"的政策，在当时条件下具有一定的合理性和必要性。但随着城乡基本公共服务均等化政策的不断推进，覆盖农民在内的城乡统一的社会保险制度已普遍建立起来。比如《北京市城乡居民养老保险办法》（京政发〔2008〕49 号）自 2009 年 1 月 1 日起施行，这标志着北京市城乡居民基本养老保险实现了城乡制度并轨；《北京市城乡居民基本医疗保险办法》自 2018 年 1 月 1 日起施行，这标志着城乡居民基本医疗

保险实现了城乡制度并轨。因此，不管农村集体土地是否被征收，农民都已经平等享有社会保险的权利，建议尽快废止《北京市建设征地补偿安置办法》中有关因征地而建立社会保险的规定。特别是对于征地超转人员每人少则缴纳几十万元、多则缴纳高达数百万元社会保险费用的政策，基层干部和农民群众意见非常大，应当尽快废止。随着城乡统一社会保障制度的不断完善，建议尽快将城镇职工基本医疗、基本养老保险与城乡居民基本医疗、基本养老保险整合为统一的不分身份和职业的基本医疗保险、基本养老保险，进一步强化政府提供公共产品的职责，明确规定从土地出让收入中设立专项资金用于补齐农民社会保险待遇短板，充分体现以工哺农、以城带乡的政策导向，切实提高城乡居民社会保障待遇水平，缩小城乡居民社保差距，助推共同富裕。

(三) 加强对新建社区居委会经费的财政保障，减轻集体经济组织负担

在城市化进程中要统筹推进撤村和建居工作，村委会行政建制撤销后，原村委会承担的社区公共管理和服务职能就应当及时有序移交给新建立或新扩展的居委会负责。各级政府要根据撤村建居规划，将新建立的居委会公共管理和公共服务费用纳入财政预算，全面改变一些地方仍由集体经济组织承担新建立居委会公共管理和服务成本的不合理现象。在撤销村委会建制、建立居委会的过渡时期，因社区公共管理和服务的实际需要，由集体经济组织暂时承担社区公共管理和服务职责的，政府应当对集体经济组织提供相应的财政补贴，或者减免集体经济组织相关税费。但这个过渡时期不能久拖不决，不能长期过渡，应当尽快结束过渡期，有序推进撤村后新建立居委会的各项工作，从而及时有效地减轻集体经济组织的社会公共管理负担，给作为特别法人的集体经济组织营造公平合理的制度环境，发挥集体经济组织在发展壮大集体经济、促进共同富裕上的重要作用。

(四) 高度重视和加快首都涉农立法工作，尽快废止《北京市建设征地补偿安置办法》

随着市场化、城市化和城乡一体化的快速发展，许多涉农法律法规已经过时，还有许多涉农立法空白亟须填补。北京市城市化进程中撤村建居存在的突出问题，一个重要根源就是《北京市建设征地补偿安置办法》没有得到及时的修改，致使政策矛盾、政策打架、政策滞后的问题十分突出。建议尽快废止《北京市建设征地补偿安置办法》，根据新的《中华人民共和国土地管理法》、户籍制度改革政策、城乡基本公共服务均等化政策等体现城乡一体化发展成果的新的法律政策，加快制定北京市新的有关土地征收补偿的地方法律法规，将征地拆迁、撤村建居等城市化中的重大工作全面纳入法治的轨道，构建首都城市化高质量发展的法治环境。北京市人民代表大会常务委员会可以重点围绕实施乡村振兴战略、新型城镇化战略、城乡融合发展、新型集体经济组织建设和集体经济发展、城乡基层善治等方面，超越职能部门的局限，从首善之区高标准高要求的全局出发，进一步强化涉农立法工作，有效推进涉农法律方面的立

改废，加快扭转一段时期以来北京市涉农立法明显滞后的局面，为建设法治中国首善之区做出实实在在的努力和贡献。

（执笔人：张英洪，北京市农村经济研究中心调研综合处处长、研究员）

专家谈农业农村现代化

2021 年 10 月 19—22 日，北京市农业农村局、北京市农研中心围绕农业农村现代化主题，集中举办小范围的系列专家座谈会，特邀 16 位在京"三农"专家结合各自专业特长，独立发表意见和建议，专家发言的主要观点如下。

张红宇（清华大学中国农村研究院副院长、教授）：农业农村现代化就是实现农业现代化、农民职业化、农村美丽化。农业现代化的特征是规模化、集约化、绿色化、数字化。农民职业化的特征是情怀、工匠、创新、人文。农村美丽化的特征是特色、环境、多元、生态。北京市农业农村现代化需要弄清三个问题。第一是定位。北京市不仅是经济发达地区，而且人才聚集，科技有优势。北京市农业定位应该在科技和数字经济方面做文章，而科技中很重要的方面是种业。第二是功能。北京市农业应该充分发挥产品供给、文化传承、生态保护功能，山水田林湖草要统筹兼顾，在规划方面认认真真地布局。第三是示范。北京市农业在全国应该做示范。一是认识要提高。二是行动要突出。要有明确的时间表和路线图，换句话讲农业农村必须把概念搞清楚，搞清楚概念还得明确怎么干。三是举措要有力，行动要跟上。干部使用也罢，监督检查也罢，都需要有力的保障。

姜长云（国家发改委产业经济与技术经济研究所副所长、研究员）：习近平总书记讲要用通俗易懂的语言来反映农业农村现代化，我将其总结为"一瞄、两统、四促、两化"。"一瞄"，即瞄准全面建设社会主义现代化的国家战略。"两统"是统筹激发农业农村的生产、生活、生态、安全、文化等多种功能，统筹推进农业农村高质量发展和乡村居民高质量生活。"四促"是促进农业高质高效、乡村宜居宜业、农民富裕富足、城乡融合融通。"两化"是农业现代化和农村现代化。农业农村现代化的"根"是农业现代化、"魂"是农民现代化，需要有城乡融合的观点。农业农村现代化的外延有两个维度：一是农业现代化、农村现代化、农民现代化，三化联动；二是农业农村高质量发展，乡村居民高品质生活，"三农"高质量安全。农业农村现代化的主要任务：一是补齐农业现代化短板，提升农业素质和质量效益。构建多元化、综合化、融合化的乡村产业体系，主动融入国家提升产业链供应链现代化。二是实施乡村建设行动，建设宜居宜业宜游的美丽乡村，建立民主文明和谐的现代化和谐乡村，健全帮扶机制推动共同富裕。三是深化农村改革，构建高水平的市场经济体制。

伍振军（国务院发展研究中心农村经济研究部研究员）：北京市农业农村现代化要回答三个问题。一是搞什么样的现代化，我国农业现代化兼具规模化、精细化的特征。北京市的条件这样好，在全国找对标不容易，可以跟以色列对标一下。二是怎么办，在产业体系方面，北京市的育种能不能有一些创新，在提升农产品附加值、提升品种的附加值上有所作为。在生产体系方面，从培育到生产、到加工的数字化生产体系，大大提高农产品市场价值。在经营体系方面，要加强土地流转促进规模化，提升农业社会化服务效益，完善农业农村基础设施，关键在于人的意识、收入和制度。三是怎么评价，农业农村现代化的评价需要设计一套可以纵向和横向比较的指标体系，能够确定目标、明确目前的进程，能够发现自己的短板，扬长避短。

龚晶（北京市农林科学院信息与经济研究所副所长、研究员）：北京市农村现代化重点要发展高品质的居住，以这个作为首要功能，农产品保障和生态服务都为这个功能服务。围绕农村高品质居住功能，发展生活性服务业，带动针对民宿的社会化服务业以及休闲康养、医养结合的服务新业态发展。围绕在农村居住的城里人对鲜活农产品供应的服务也是农村的优势。发挥农村高品质居住功能需要相关政策配套：一是土地政策上有突破，盘活闲置农宅建民宿。二是完善发展民宿的相关配套政策。三是吸引人才下乡的政策，特别是集体经济成员权的开放问题，探索一些荣誉市民、准村民。四是要想办法突破未来人口指标限制。

朱跃龙（北京市经济与社会发展研究所社会部部长、副研究员）：农业农村现代化应有四个维度，农业现代化、村庄现代化、农村居民现代化和乡村治理现代化。在定位上，北京市农业农村现代化应该与现代化强国的首都地位相匹配，在全国起到率先带头作用，要跟"四个中心"的功能定位相适应。在目标愿景上，北京市农业现代化应发展高科技、融合型、生态型、服务型农业，村庄现代化要着眼于农村住房、公共设施和环境的建设，本地农民要具有现代化的理念、文化素质，乡村和谐善治。在具体路径上，村庄现代化要加快建设数字乡村和电商物流，盘活闲置农房，发展民俗、康养新业态，促进农民富裕。吸引有情怀、有志向的创新创业人才到乡村去建设和发展。

张孝德（中共中央党校、国家行政学院经济学教研部副主任、教授）：理解农业农村现代化的指导思想需要三大视角。一是生态文明的视角。其标准是生物多样性和生态化。二是农业功能的视角。要上升到政治安全、社会安全的高度看待农业。三是农业和农村的关系视角。重视乡村文化传承原则。要重新定义中国的农业现代化，发展生态友好型农业、生命友好型农业、生活友好型农业、教育农业、文化农业、艺术农业、康养农业。北京作为首都，最具备打造这些农业的基础。首都农业现代化的定位为围绕北京城市中产阶级的巨大高端消费市场以及乡村文化艺术资源优势，发展全域有机农业，根据北京市民消费需求布局农业产业结构，可以设立中央现代农业特区，实施蔬菜供应在地化计划，发挥北京市大市场的积聚效应，带动京郊、河北地区的农业农村发展，实现首都市民的高质量生活。

何秀荣（中国农业大学经济管理学院教授、国务院参事）：农业农村现代化是农业现代化和农村现代化。农业现代化是产业的现代化，农村现代化是区域的现代化，一定要分开思考，农业现代化要按照市场经济的逻辑来发展，农村现代化要按照社会发展的逻辑来发展。农业农村现代化评价指标包括：一要定性和定量相结合；二要融入一些新的指标，兼顾高质量发展、智慧农业；三是设计定量指标的时候，最好是采取相对指标；四是要体现北京特色。需要生态的指标、资源利用的指标、社会治理的指标等。首都农村的功能很重要的是城乡融合、三产融合。农民在农村地区生活，一定不能靠农业，农村地区是要发展很多非农产业的，要把农村建设得跟城市对等。乡村功能一定是生态的功能，适合居住，再加上社会功能和文化传承。

程国强（中国人民大学农业与农村发展学院教授、同济大学讲座教授）：北京市研究农业农村现代化要厘清"四个关系"。一是农业农村现代化与首都现代化的关系，二是农业农村现代化与乡村振兴战略的关系，三是农业农村现代化与共同富裕的关系，四是农业现代化与农村现代化的关系。要说清楚京郊农村人口的走向问题。北京市农业农村现代化的三大任务是农业现代化、农村现代化、乡村治理现代化。农业是产业，农村是区域，两个互为逻辑，互相支撑融合，但是路径完全是不一样的。北京市农业现代化是三产融合的基础，重在下游服务的能力和价值链提升。北京市的农业要精准化，服务首都市民，体现的是一二三产融合。要讲增值率，GDP要算大账，要做强农业。农业要率先体现绿色化、减量化、智慧化、数字化和"双碳"战略。北京市农村现代化要加大物的现代化，就是推进城乡基础设施与公共服务的均等化，也要加大人的现代化。北京市的乡村治理现代化，对北京市治理现代化的意义更加重大，需要有顶层设计。

赵弘（北京市社会科学院原副院长、中国总部经济研究中心主任）：围绕"三农"问题的四个主要因素土地、资本、人、安全来解决问题。首先，要筑牢农村社会安全稳定的堤坝，建立农村养老体系，提高医疗保障水平。其次，有序推进土地适度流转，城市资本可以进入农业领域，农民转换身份获得收入和集体股权保障。最后，建立允许各类市场要素进入农村的制度保障，只有资本、人才进入后，才能谈得上农业产业化，谈得上现代农业。北京市具有较高的社会保障水平和独特的市场优势，在平原地区可以深化开展生产经营模式试点研究；对于不适合土地规模化流转和规模化生产的偏远山区则需要政府给予更多的关注。

孔祥智（中国人民大学农业与农村发展学院教授、中国合作社研究院院长）：农业现代化主要包括三个体系。生产体系是生产力问题，侧重点在生产工具、生产设施；经营体系是现代农业组织化的重要标志，属于生产关系问题，侧重点在于谁来种地；产业体系是产业横向拓展和纵向延伸的有机统一。习近平总书记强调诸城模式、潍坊模式、寿光模式，是有深意的。诸城创造了种养业"按揭经营"模式、养殖业"拎包养殖"模式。寿光模式一产精、产值高，农民盈利多。北京市农业现代化的基本形式，经营主体要以家庭农场、农民专业合作社、职业农民为主。要杜绝盆景式发展模式。农村现代化，主要是城乡融合，围绕劳动力、土地、社会保障等生产要素提升。

金文成（农业农村部农村经济研究中心主任、研究员）：推进农业现代化的路径。第一，要在思想认识上，真正地把"三农"工作摆在全党工作的重中之重，摆在全市工作的重中之重。第二，北京市农业现代化应该走生态友好型、可持续发展型的路径。第三，抓住数字农业发展的有利契机，利用数字化技术改造传统农业，提升农业生产效率。第四，发挥在京高校的研发优势。第五，推进农业经营方式的变革。把数字化技术和专业化服务结合起来，由服务组织承接农业生产的关键环节，建立利益连接机制，解决小农户办不好的事情。推进农村现代化的路径：第一，要加强基础设施改造。第二，深化农村改革，有效腾退利用农村资源。第三，大力推动农民教育和培训。第四，盘活利用庞大的农村集体资产。推进农业农村现代化的具体举措：一是设立北京市农业开放实验区，打造数字乡村先行区、农业科技创新样板区、休闲观光区。二是实施一批项目工程，如设施农业提升工程、数字乡村建设工程、全产业链提升工程等。

王小兵（农业农村部信息中心主任、研究员）：推进农业农村信息化建设，可以做四篇文章。一是融合。推动城乡融合，统筹城乡数据信息资源，让城乡居民在信息化服务保障方面享受同样的公共服务。推动一二三产业融合，加强数字技术在农业产业链中的融合应用。二是创新。首先是技术创新，其次是应用创新，最后是机制创新。北京市要建设数字农业先行区，要有新的成果、新的成果转化、协同共生的创新生态、健全的网络基础设施，要实现重要品种、全产业链的数字化。三是建设。要将数字化农业装备，包括物联网，像5G一样进行全面部署和大力投入。浙江全省86个县，省财政对其中30个县、每个县投入4 000万～7 000万元，就做单品种、全产业链数字化拉动。四是服务。首先是服务好农民，其次是服务好信息化大企业，最后是服务好城市消费者。建议在北京市建设一个数字农业的展示推介中心，集合全国农业方面的优质信息化企业资源，打造世界数字农业总部。要提升到政治的高度、外交的层面去考虑这件事。

张义丰（中国科学院地理科学与资源研究所主任、研究员）：推动北京市农业农村现代化的具体建议，一是把握"大城市小农业、大京郊小城区"的市情农情，因地制宜推进分区分类发展，探索乡村差异化发展路径。二是通过建立自然保护网络系统和生态廊道，提升河、湖、湿地、水库等生态涵养功能及保护动植物的生物多样性，以生态沟域建设为载体，提升山区生态环境治理水平。三是启动北京市农业农村现代化指标体系研究。四是保护农地并充分挖掘新的都市农业依托空间。转变首都农业食物系统，保障居民膳食营养与健康安全。五是北京市乡村现代化地域功能空间呈圈层分异，探索各区域农业功能优化提升途径。六是发挥北京市城市副中心和河北雄安新区"新两翼"作用，推进协同发展。七是发展绿色产业，实现两山理论向两山经济的转化，推出独具首都特色的农业与乡村发展模式。八是大力推进城乡融合，包括工业与农业的产业融合、城市与乡镇的空间融合、市民与农民的观念融合。以工农互促推动产业兴旺，以城乡互补优化空间布局，以协调发展实现社会善治，以共同繁荣达成现代化目标。建议在北京市打造国际版的生态农业开发区和国际美丽乡村的体验区，并将其上升到首都农业农村现代化的目标和发展定位上。

朱启臻（中国农业大学人文与发展学院教授）：用新型经营主体来发展现代农业，一定需要一批高素质的农民。创新的时候不能否定农户经营，而要在尊重农户经营的基础上创新。创新的方向是家庭农场和合作社。农业与农村两者是密不可分、相互促进的，现代乡村要适合现代农业，需要做顶层设计。

任大鹏（中国农业大学人文与发展学院教授）：北京市实现农业农村现代化的路径要重点关注八个方面。一是明确京郊农业农村功能定位；二是突出京郊农业农村现代化的价值；三是瞄准京郊农业高质量发展的机制问题；四是明确京郊乡村各类主体的权利边界；五是提升京郊农民的人文素养；六是以产业发展为引领实现京郊乡村全面振兴；七是以党建为关键、自治为基础、法治为保障、德治为有机补充，完善乡村治理体系；八是以降压减负和目标精准化为重心提升京郊农村治理水平。率先实现农业农村现代化至少需要十方面的制度保障。一是关于保障党在农业农村现代化中领导地位的制度；二是关于壮大农村集体经济的制度；三是关于农村承包地、建设用地、宅基地等各类土地多种功能实现和要素盘活利用的制度；四是关于农民专业合作社高质量发展的制度；五是关于构建乡镇政府简约高效治理的制度；六是关于"三治"融合和完善乡村多元化纠纷治理体系的制度；七是关于尊重农民主体地位、保障农民利益以及完善农民救济途径的制度；八是关于生态保护与经济社会发展关系的制度；九是关于城乡统筹的社会保障（社会救助）制度；十是关于繁荣乡村文化的制度。

（执笔人：刘雯、王丽红，北京市农研中心调研综合处；

李敏，北京市农研中心资源区划处）

农村集体经济

北京市农村经济发展报告 2021

北京市郊区 100 个集体经济
薄弱村发展现状调查

本文基于京郊涉农区 100 个集体经济薄弱村现状问卷调查，发现受到老龄化、林果业利润空间缩小、农地利用碎片化、产业资源与基础设施薄弱、农地生态功能的规划刚性约束以及劳动力外流等因素影响，郊区农户家庭经营日趋弱化，以家庭承包经营为基础、统分结合的双层经营体制要进一步加强"统"。66％的被访村认为需要跨村联合，"统"的层级亟待向镇级延伸，进而实施体制统筹、空间统筹与产业统筹。

按照中共北京市委农村工作委员会办公室的总体安排和部署，结合北京市委农工委、北京市农业农村局《全系统开展"进村入户走基层"三年专项行动方案》要求，2021 年 4 月以来，北京市农业农村局与市农村经济研究中心组成联合调查组，组织 80 多名研究人员，在全市随机选取 100 个集体经济薄弱村开展专题调研，进一步了解和掌握郊区农村集体经济薄弱地区发展现状与问题，为市委、市政府加大政策倾斜、资金扶持和统筹推进力度，制定深化农村集体经济体制改革和促进农业农村高质量发展的专项政策提供信息和决策依据。现将调研情况报告如下。

一、基本情况

2020 年，全市农村集体资产总额达 9 633 亿元，占全国总量的 12.5％，但是空间分布不均衡，2/3 集中在朝阳、海淀、丰台、石景山地区，并直接影响了农民地区收入差距。2019 年，从年集体经营性收入低于 10 万元的集体经济薄弱村中选取了 93 个村进行村级扶持壮大集体经济试点，现已全部实现经营性收入超过 10 万元的目标，并规范和健全了村集体经济发展的运行机制。

目前，全市有 590 个需要纳入扶持的集体经济薄弱村，计划在"十四五"期间基本消除。2021 年 5 月，建立了区党委、区政府为责任主体，乡镇党委、乡镇政府为项目申报和实施主体，村党组织和集体经济组织为执行主体的工作机制，全力推进集体经济薄弱村增收工作。

本次调查对象是通过 stata 计量软件随机抽样方式，综合村庄区位分布、集体经营性收入等指标，从 590 个集体经济薄弱村中随机选取的 100 个村级集体经济组织。被访村分布于门头沟区 9 个，房山区 9 个，昌平区 1 个，大兴区 1 个，平谷区 18 个，怀柔区 20 个，密云区 30 个，延庆区 12 个。被调查村在联合调查组、区调查专项小组指导下填写《集体经济薄弱村调查问卷》，由联合调查组进行数据汇总分析。

二、主要问题

受到老龄化、林果业利润空间缩小、农地利用碎片化、产业资源与基础设施薄弱、农地生态功能的规划刚性约束的"推力"以及劳动力社会职工的平均工资上升吸引下的人口与劳动力外流的"拉力"双向因素影响，郊区农户家庭经营日趋弱化，家庭承包经营为基础、统分结合的双层经营体制要进一步加强"统"，实施产业统筹。调查问卷显示，66%的被访村认为需要跨村联合，"统"的层级亟待向镇级提升。

（一）村庄人力资源匮乏，人口结构老化

1. 村干部老龄化明显，任职时间偏短，管理人才短缺

党建引领是基层社会治理的核心。但是，100 个集体经济薄弱村的村书记平均年龄已有 50.8 岁（村主任 50.7 岁，村股份经济合作社社长 51.1 岁），而平均连续任职仅 5.39 年（村主任为 5.02 年，村股份经济合作社社长为 4.69 年），多数没有干满两届。村书记、村主任、村股份社社长三职"一肩挑"占比为 93%，与全市水平持平。27% 的薄弱村有第一书记或驻村工作队协助管理本村事务，管理人才依然有较大缺口。

2. 村庄农居混杂，农业户籍常住人口进入深度老龄化阶段，且人口净流出明显，残疾人现象突出

村庄平均人口规模为 270.5 户 602.1 人。其中，农业户籍人口 409.2 人，占比为 67.96%。这意味着传统农区"农民种地"的功能日趋弱化，正在向亦城亦乡的多元功能方向转化。

在村常住人口进入深度老龄化阶段。薄弱村平均有 60 周岁以上老人 161.3 人，占村庄人口总数 26.79%，进入中度老龄化阶段（标准为 20%）。其中，农业户籍老人 130.3 人，占农业户籍人口的 31.84%，进入重度老龄化阶段（标准为 30%）。长期在本村居住的农业户籍老人 115.7 人，占农业户籍长期在村居住人口的 39.8%，进入深度老龄化阶段（标准为 35%）。

村庄人口处于净流出态势。农业户籍中长期在本村居住的，平均 134 户 290.7 人，占农业户籍人口总数的 71.04%；外流人口近 30%，随着村庄空心化，生产功能将逐步萎缩。

残疾人已经成为一个相当普遍的现象。村均残疾人 60.3 人，占村庄人口总数的 10.01%。农业户籍中长期在本村居住的残疾人村均 46.6 人，占农业户籍常住人口总数的 16.03%。

3. 劳动力就业以第三产业和第一产业为主，一产就业 50 岁以上劳动力占比近 60%

务农劳动力仍占相当大的比重，但生产效率极低。薄弱村平均拥有 298 个就业劳动力，其中第一产业平均就业劳动力 117 个、第二产业 51.5 个、第三产业 129.5 个，分别占 39.26%、17.28%、43.46%。但是，务农劳动力生产率很低，劳均年产值为 0.73 万元，约相当于薄弱村中第二产业劳均生产率的 1/13，第三产业劳动力的 1/7。因此，如果考虑

务农的机会成本，种养殖业是肯定要赔钱的。

一产就业劳动力老龄化严重。实际就业劳动力中，大于 60 岁的男劳动力与大于 55 岁的女劳动力占比为 21.47％。第一产业劳动力中，50 岁以上的占比为 59.32％，40 岁以下的仅占比为 11.29％。由此导致远郊区"有果无人摘，有田无人种"的粗放式经营现象，走向农业现代化必须培育新型农业经营主体。

外出务工是农民的主要就业渠道，占比为 47.08％。如图 1 所示。

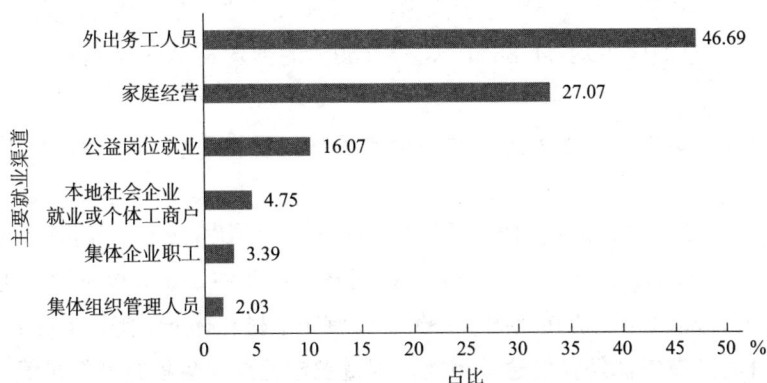

图 1 百村按就业渠道划分的劳动力就业结构

如图 2 所示，80％的被访村表示外出打工是村民最主要的收入来源，且远高于村内农业收入。

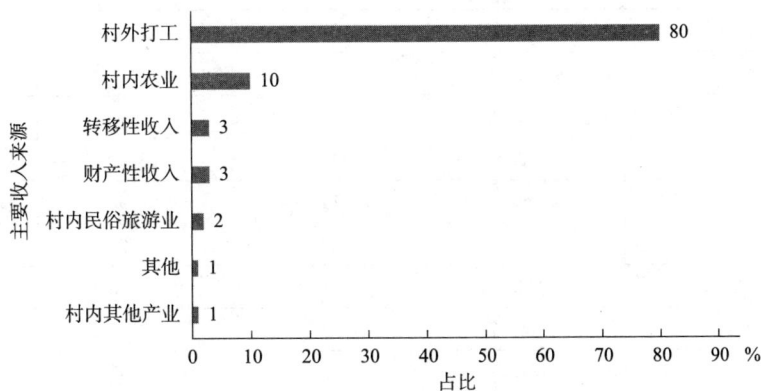

图 2 百村村民的主要收入来源

4. 村内社会保障与公共服务城乡二元反差明显

2020 年，薄弱村村均 130.8 人参加城镇职工基本养老保险，占村庄人口总数的 21.72％；132.1 人参加城镇职工基本医疗保险，占比为 21.94％。218.4 人参加城乡居民基本养老保险，占比为 36.27％；312.5 人参加城乡居民基本医疗保险，占比为 51.90％。

仅有 29％的薄弱村参加了农业保险，平均参加年限 7.04 年，平均参加种植业险种 1.3 个、养殖业险种 1.1 个、创新险种 1.7 个。已参加农业保险的薄弱村，均有意愿继续参加。

15.31%的薄弱村在本村或者邻村无公用的社区卫生服务机构（包括社区卫生服务中心、卫生服务站、卫生室等）；84.61%的薄弱村在本村或与邻村尚无公共养老院；11.11%的薄弱村尚无公厕。

（二）村庄区位条件较差，农地碎片化，林地、农宅等资源闲置严重

1. 薄弱村主要位于山区或浅山区，多数地区交通不便

70%的薄弱村位于山区，23%位于浅山区，7%位于平原区。薄弱村距本区城区平均41.22千米，距北京城区平均94.86千米。58.59%的薄弱村认为本村地理位置不具有优越性。

2. 农用地中以林地、园地为主，耕地资源稀缺，农地流转率偏低，林下经济发展明显滞后

村均耕地453.29亩[①]，占农用地面积的5.64%，流转比例28%。村均园地793.11亩，占农用地面积的9.87%，流转比例7.94%，说明林果产业中，家庭经营模式仍有一定适应性。村均林地6 343.13亩，流转比例4.28%。仅有4个村有林下经济，每村平均243亩。

3. 大部分村没有集体经营性建设用地，闲置农宅已具有规模性开发价值

村均集体经营性建设用地15.06亩，流转比例4.71%。70个薄弱村没有集体经营性建设用地（表1）。

表1 百村集体土地资源构成

单位：亩、个、%、元/亩

	村均面积	发生流转的村数	流转面积比例	平均流转价格
集体土地总面积	8 514.91			
农用地面积	8 036.39	—	—	—
耕地	453.29	43	28.00	1 108.54
园地	793.11	14	7.94	839.11
林地	6 343.13	28	4.28	851.32
草地	292.28	1	0.65	615.00
水面	15.37	2	9.07	343.48
其他农用地	139.21	5	5.05	953.03
建设用地面积	266.47	—	—	—
集体经营性建设用地	15.06	3	4.71	1 821.62
公共管理与公共服务用地	48.81	1	0.10	6 000
宅基地	154.78			
未利用地	212.06	—	—	—

村均农宅212.86套。有25个村发生农宅流转，流转比例1.05%，年平均流转价格

---

① 怀柔区怀北镇新峰村整体纳入怀柔科学城建设规划，土地资源利用分析中不含该村，即占比分析的分母按99计算。

37 831 元/套。70 个村有闲置农宅，共有 1 816 套，占农宅总数 8.71%。45 个村存在一户多宅，占农宅总数的 3.02%。69 个村存在一宅多户，占农宅总数 9.48%。

（三）村集体家底较薄，村均集体资产为全市水平的 1/13，6% 的村集体已经资不抵债

村均资产总额由 2019 年的 820.72 万元（不及 2019 年全国 868.3 万元，更不及全市 10 621.3 万元）增长到 2020 年的 870.38 万元，增长幅度为 6.1%。

2019 年村均集体净资产额为 479.21 万元，2020 年达到 522.85 万元，增长率为 9.1%。2019 年，房山区霞云岭乡龙门台村、密云区北庄镇土门村等 6 个村集体净资产为负。

（四）产业结构主要以农业为主，一二三产业融合发展滞后

2020 年，百村第一产业产值占比为 62.95%。从细分产业看，林果业产值占比最高，为 39.66%；其次是休闲农业与乡村旅游业，占比为 18.41%；再次是以玉米为主的大田作物，占比为 14.73%；其他依次是以蔬菜为主的经济作物（占比为 6.82%）、其他制造业（占比为 7.43%）、建筑业（占比为 7.17%）、其他服务业（占比为 3.67%）、养殖业（占比为 1.74%）、农产品加工业（占比为 0.37%）。

按照 9 部门细分产业比较，林果业是目前集体经济薄弱村的首要收入来源，但也面临着利润收窄的"天花板"效应。以平谷区刘家店镇大桃记账户为例，2012—2018 年大桃单位生产成本从每千克 2.8 元增加到 3.0 元，销售价格从每千克 7.8 元下降到 5.9 元，销售利润从每千克 5.0 元下降到 2.9 元，即单位生产成本增长了 7.1%，销售单价和销售利润却分别波动下降了 24.4% 和 42%（图 3）。平谷大桃产业在外埠激烈市场竞争环境下，带动农民增收作用逐渐削弱。

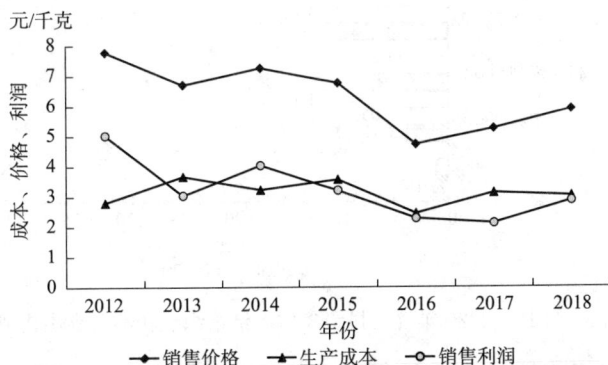

图 3　平谷区刘家店镇大桃单位成本、售价、利润变动趋势

（五）转移支付收入超 70%，以运行维护性支出为主，有 40% 村收不抵支

1. 收入主要来自财政转移性收入

村均集体经济组织收入由 2019 年的 54.79 万元增长至 2020 年的 66.04 万元，上涨

20.53％。如图 4 所示，2019、2020 年政府政策性补助经费占比均为最高，2019 年村级公益事业专项补助经费与党组织服务群众经费两项转移支付性收入合计占比为 72.74％，2020 年上升到 79.34％。2019 年和 2020 年分别仅有 2 个和 3 个村有集体产业运营收入。

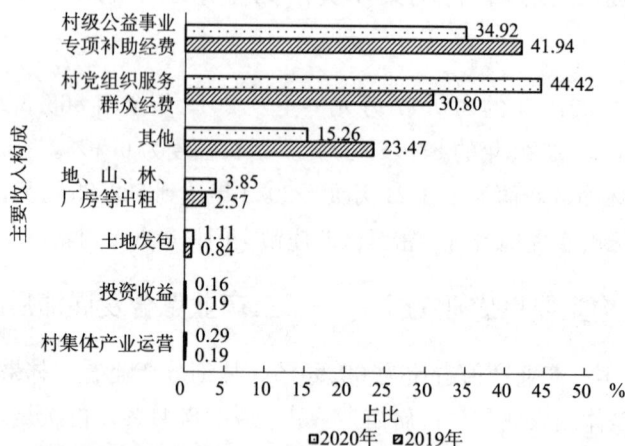

图 4 2019、2020 年百村村级集体经济组织主要收入构成

2. 支出主要用于公共服务运行维护

村集体经济组织支出均值由 2019 年的 53.54 万元增长至 2020 年的 60.08 万元，上涨 12.22％。如图 5 所示，2019 年、2020 年村均公共服务运行维护费支出占比最高，大部分为环境整治、社区治安、维修维护等支出。

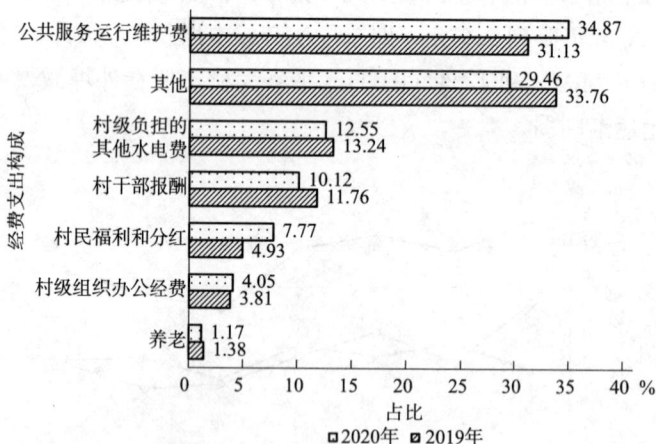

图 5 2019、2020 年百村村级集体经济组织运转经费支出构成

3. 收不抵支村占比近 40％，以山区为主

2019 年，有 40 个村收不抵支[①]，2020 年减少为 37 个。2019 年收不抵支村占样本村数量最高的三个区分别是房山区（77.78％）、平谷区（61.11％）、怀柔区（35％），2020 年分别是房山区（100％）、平谷区（61.11％）、密云区（30％）。

---

① 考虑到新冠肺炎疫情因素，本文更多采用 2019 年数据。另外，昌平区仅有一个样本村，该村 2019 年收不抵支，未纳入横向比较。

如图 6 所示，收不抵支村大部分位于山区，2019 年占比为 65.00%，2020 年占比为 67.57%；浅山区分别占比为 27.50%、21.62%；平原区分别占比为 7.50%、10.81%。

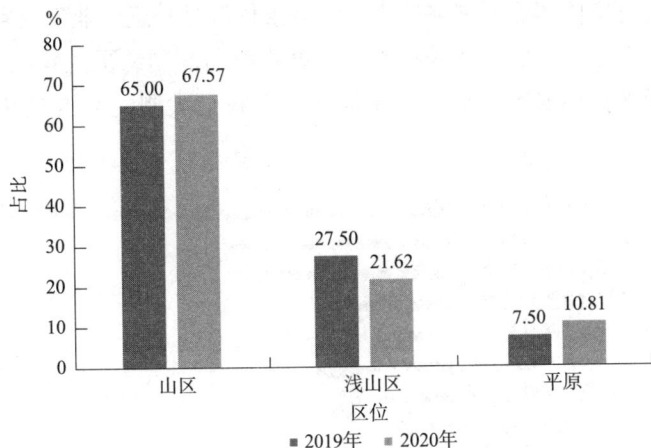

图 6 2019 年与 2020 年收不抵支村的村庄区位

4. 集体经济对农民增收带动力不强，且提升困难

根据"三资"平台，被访村 2019 年农户收益为 1 055.1 万元，2020 年为 1 083.8 万元，增长 2.72%。农户从集体经济组织中所获取总额，分别为 65.1 万元、67.5 万元，占总体农户收入的比重两年均为 6.2%，说明集体经济对农民增收带动力不强，且提升空间已经面临"天花板"效应。

三、发展意愿

（一）主要制约因素：缺产业发展资金、缺基础设施、缺扶持政策

如图 7 所示，被访村认为本村集体产业发展的三个"主要制约因素"（多选，不按重要性排序）依次是缺少产业发展资金（21.0%）、基础设施薄弱（16.6%）和缺少产业发展扶持政策（14.5%），占比合计 52.1%。

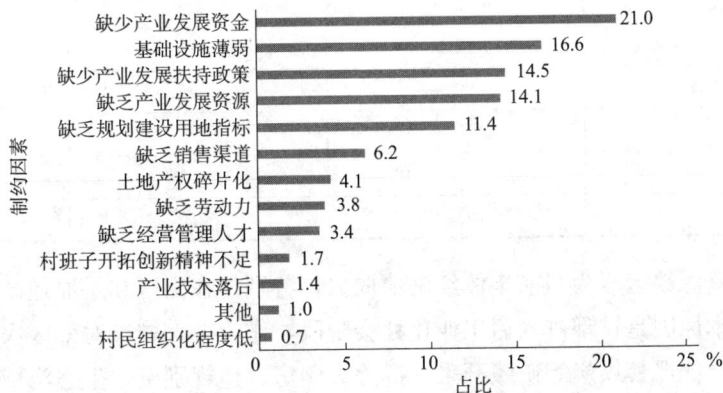

图 7 百村集体产业发展主要制约因素（多选）

从重要性排序来看，如图 8 所示，"最突出制约因素"依次是缺乏产业发展资源（35.4％）、基础设施薄弱（19.2％）和缺少产业发展资金（17.2％），占比合计为71.8％。山区薄弱村集体产业发展最突出制约因素依次是缺乏产业发展资源、基础设施薄弱和缺少产业发展资金；浅山区薄弱村受基础设施薄弱的制约更大，缺乏产业发展资源、资金及规划建设用地指标影响也较大；平原区薄弱村最大制约因素是缺乏产业发展资源（表 2）。

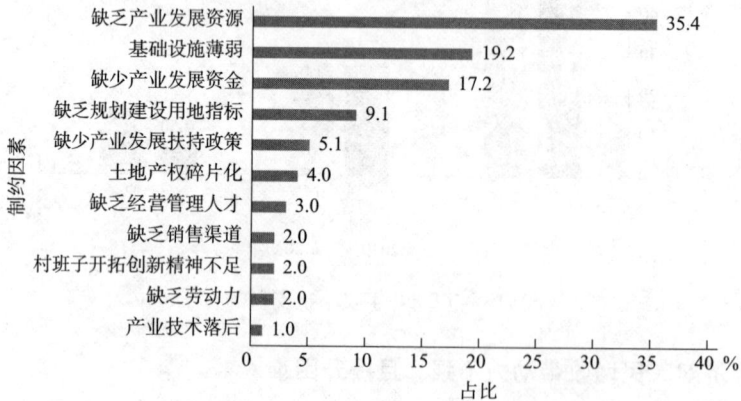

图 8 百村集体产业发展最突出制约因素

表 2 不同区位薄弱村集体产业发展最突出制约因素

单位：％

最突出制约因素	山区村	浅山区村	平原区村
缺乏产业发展资源	35.7	18.2	85.7
基础设施薄弱	18.6	27.3	—
缺少产业发展资金	18.6	13.6	14.3
缺乏规划建设用地指标	8.6	13.6	—
缺少产业发展扶持政策	5.7	4.5	—
缺乏劳动力	2.9	—	—
土地产权碎片化	2.9	9.1	—
村班子开拓创新精神不足	2.9	—	—
缺乏经营管理人才	2.9	4.5	—
产业技术落后	1.4	—	—
缺乏销售渠道	—	9.1	—
合计	100.0	100.0	100.0

产业发展资源缺乏成为当前集体经济薄弱村，特别是在山区和平原地区发展的最突出制约因素，根本原因是首都进入后工业化社会阶段，作为特大城市对郊区农村功能定位及规划管控趋严，如严禁煤炭等矿藏开采，拆除大棚房、违规别墅，生态沟域限制发展餐饮业等。当前京郊薄弱村发展的出路是从村庄在城市功能中的定位出发，努力找到自身的发

展空间，而不是再像工业化时期经历不停的市场竞争试错方式来寻找和开发产业资源。

（二）集体产业发展的方向

被访村大多位于生态涵养区（除大兴区 1 个村、房山区 1 个平原村外），以生态保护和绿色发展为主。被访村提升产业发展水平、增加产业收入的需求较强烈，但受到资源条件和产业发展政策等限制，产业结构存在一定同质化。部分村表示村内缺少特色资源且现有资源多数掌握在农民个人手中，集体"有想法，没办法"。

如图 9 所示，被访村在未来计划发展的产业（多选）中，多数计划发展乡村观光休闲旅游业（占比为 35.0%）、林果业（占比为 23.3%）和种植业（杂粮、蔬菜、中草药、花卉、食用菌等经济作物）（占比为 20.8%），有 5 个村计划发展光伏发电产业。仅就平原村来看，未来产业发展以乡村观光休闲旅游业和种植业为主。从不同行政区来看，除大兴区、昌平区外，发展乡村观光休闲旅游业是各区薄弱村的首选，其中门头沟区意愿最强（占比为 66.7%），其次为房山区（占比为 39.1%）、平谷区（占比为 37.8%）。

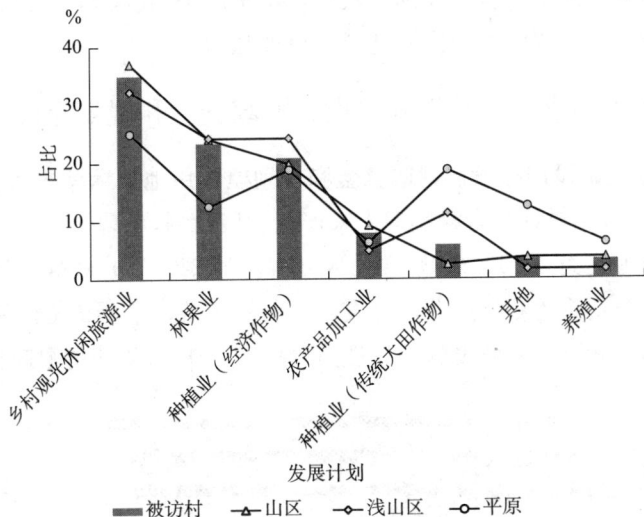

图 9　未来产业发展计划（多选）

84 个村将"乡村观光休闲旅游业"作为其未来计划发展产业的选择，其中 12 个村将其列为未来发展产业的唯一选择。主要有以下模式：一是依托特色资源，如红色资源、古村落、非遗项目等发展体验式休闲旅游产业。如怀柔区九渡河镇红庙村计划建设村非遗文化手工制作培训基地，开展灯笼制作、葫芦镶嵌等非遗传统手工艺品的互动体验和非遗项目中高级专业培训；房山区南窖乡南窖村是"中国传统村落"，计划借助明清古戏楼、古街、古寺、古宅和古树，发展登山、观光休闲、民宿等产业。二是依托周边景区等资源，发展乡村旅游、观光休闲产业。如密云区太师屯镇落洼村计划依托邻近古北水镇的地理优势发展民俗旅游，延庆区大庄科乡沙门村依托香草产业正在筹建香草产业观光园。三是利用山林资源，发展休闲观光、采摘。如平谷区金海湖镇向阳村依托 7 000 多亩林地、果园发展果品、中草药种植及果树认领、采摘等产业。四是盘活利用闲置农村宅院，发展精品民宿或民俗旅游。如门头沟区斋堂镇黄岭西村、密云区北庄镇土门村等。

（三）山区搬迁：有搬迁意愿与已搬迁、正在搬迁村合计占比为 65.7%，搬迁成为山区薄弱村转型发展的主要模式

1. 已搬迁和正在搬迁的村共 27 个，占比为 38.6%

被调查的 70 个位于山区的薄弱村中，已搬迁和正在搬迁的村共 27 个，占比为 38.6%。已搬迁村共 21 个，占比为 30%，其中 12 个村为整村搬迁、15 个村为就地搬迁，共搬迁 2 175 户 5 388 人，搬迁时间主要集中在 2016—2020 年。正在搬迁的村共 6 个，占比为 8.6%，涉及 650 户 1 524 人（其中 1 个村搬迁户数、人数尚未确定），均为就地搬迁，其中 3 个村为整村搬迁。

2. 有 27.1% 的山区村有搬迁意愿，与已搬迁、正在搬迁村合计占比为 65.7%

未搬迁的 43 个山区薄弱村中，认为不需要搬迁的村有 24 个，有搬迁意愿的村 19 个，需要搬迁的原因主要是村庄处于生活条件恶劣区（居住分散、地理位置远、交通不便、缺乏发展资源等）或处于地质灾害易发区。其中，位于门头沟区、平谷区的薄弱村，由于位置偏远、交通不便、缺少资源等原因搬迁意愿更加强烈。

（四）主要政策需求：基础设施建设、财政资金和规划建设用地指标

1. 普遍希望在基础设施建设、财政资金和规划建设用地指标等方面获得支持

如图 10 所示，被访村认为本村实现未来产业发展计划，"需要的支持"（多选）依次为产业基础设施（占比为 25.5%）、财政投入（占比为 20.2%）和规划建设用地指标（占比为 19.9%）。72 个村希望获得产业基础设施方面的支持，主要是修建村庄道路、上下水管道及设施，修建田间路、灌溉设施及景观路等；57 个村希望获得财政投入方面的支持。

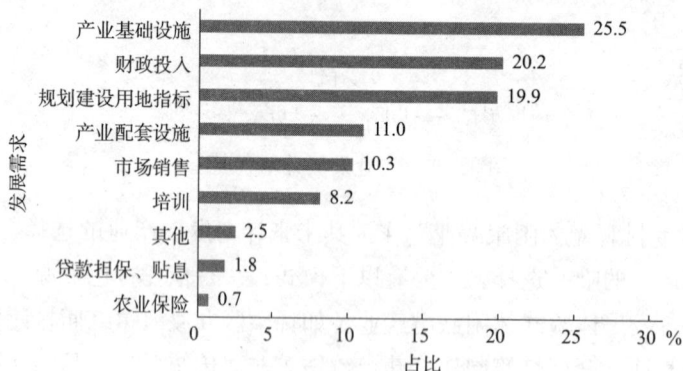

图 10　百村产业发展需求（多选）

2. 最需要获得"规划建设用地指标"支持

如图 11 所示，薄弱村"最需要的支持"是规划建设用地指标（占比为 46.5%），其次为产业基础设施（占比为 21.2%），再次为财政投入（占比为 18.2%），占比合计 85.9%。对规划建设用地指标需求强烈程度，依次为浅山区、山区、平原区，这应与浅山

区多数位于山前暖坡台地、具有更高的开发价值有关。

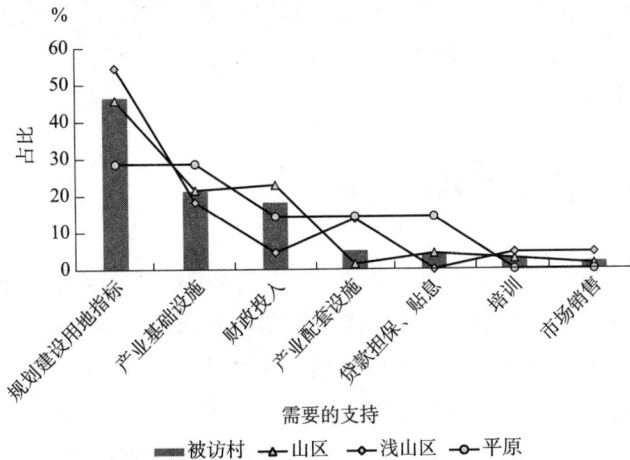

图 11　百村发展"最需要"的支持

56 个村提出了产业发展的规划建设用地指标需求，共 4 136 亩，每村平均约 74 亩。其中，用于建设产业配套设施的指标需求约 3 000 亩，如建设精品民宿、旅游接待管理用房、培训基地、厂房、储藏间等。其他指标主要用于满足村民居住需要及提升村庄人居环境水平，包括密云区、怀柔区的 5 个村计划将 110 亩建设用地指标用于险户搬迁建房等满足村民居住需求，平谷区 2 个村需要共 1 000 亩建设用地指标用于美丽乡村建设，延庆区、房山区和平谷区 4 个村共需 45 亩，用于建设养老驿站、文化服务设施、停车场等基础设施。

3. 对人才、市场销售方面的帮扶需求较高

调研座谈中，部分村表示村里亟需专业技术、服务及管理人才。从问卷看，被访村中有 32 个村提出了"培训"需求，主要是农业实用技术培训（果树种植管理、养蜂技术等）、旅游服务技能培训、经营管理能力培训和转移就业技能培训四类，部分村为单一培训需求，有的村则需要多种类型的培训。其中，有农业实用技术培训需求的村共 18 个，有旅游服务技能培训需求的村 16 个，有经营管理能力培训需求的村 14 个，如图 12 所示。

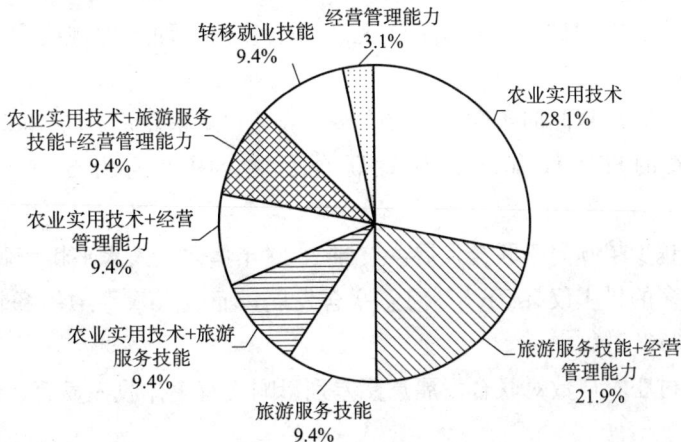

图 12　百村产业发展需要的培训类型

29 个村提出了希望相关部门帮助解决"市场销售"的需求。其中，大部分薄弱村的诉求是促进农商对接、拓宽销售渠道、提高销售价格等，5 个村提出希望相关部门帮助本村打造民宿或农产品特色品牌，个别村提出发展订单农业或政府、村、企联动推广乡村旅游产品和农产品的需求。

四、薄弱村联合发展意愿分析

《乡村振兴战略规划（2018—2022 年）》提出"鼓励经济实力强的农村集体组织辐射带动周边村庄共同发展"。为加快农村集体经济薄弱村发展，提高集体经营性收入水平，北京市制定了《北京市农村集体经济薄弱村增收工作实施意见》，提出要"联合抱团帮扶一批"经营机制。2021 年，北京市农业农村局、市农研中心组织 80 多名干部，随机选取了 100 个集体经济薄弱村开展联合调研，并就联合发展意愿进行了专题分析，发现联合发展已经成为薄弱村的主流意愿，占比达到 66%。但是，也发现不同类型村联合发展意愿强度显著不同，亟待加强区镇统筹力度，创新联合发展体制机制。

（一）区位视角：位于山区且收入少的村更愿意联合

山区薄弱村联合意愿较强。70 个位于山区的村中，68.5% 都选择了"愿意联合其他村庄发展"，高于 100 个村的平均值；23 个浅山区的村中，仅有 56.5% 的村庄愿意联合发展（平原村仅有 7 个，代表性较低，暂不纳入比较分析）。

进一步加入经济因素，发现山区且经济收入少的薄弱村的联合发展意愿最强。根据调查问卷，剔除一个城市化村庄，99 个薄弱村 2020 年村集体总收入最少的为 20.27 万，最多的为 244.74 万元，中位数为 54.4 万元。以中位数为界，将薄弱村分为收入多和收入少两类。发现处在山区且收入少的村庄联合发展意愿最强，占比达到了 80.6%。

（二）资源要素视角：薄弱村"人少、地少、钱少"更倾向于联合发展

村庄土地规模较少的村庄更倾向于联合发展。按照土地面积将 100 个薄弱村等分为三类，发现土地规模较大的村庄仅有 57.6% 愿意联合发展，而土地规模中等和较小的村庄分别占比为 72.7% 和 67.6%。

农户数越少的村庄越倾向于联合发展。按照农业户籍常住户数将 100 个薄弱村等分为三类，户数较多的村庄仅有 58% 愿意联合发展，中等的为 67.6%，较少的达到了 71.4%。

村集体收入越少越倾向于联合发展。按照 2020 年集体收入水平将薄弱村等分为三类，发现集体收入较多的村庄仅有 51.5% 愿意联合发展，而收入水平中等和较少的村庄分别占比为 71.8% 和 73.5%。

相比而言，村庄农户数对联合发展意愿差别影响没有集体收入显著，但比土地规模更为明显。

（三）综合视角：考虑多种因素组合情况下的联合发展意愿

"人少、钱少"的村庄联合发展意愿最强，"人多、钱多"的村庄半数选择不联合。同时考虑农户数和村集体收入，即"人"和"钱"两大因素，并均以中位数为界将其分为两组，作出四边形的雷达图（图13），发现：①愿意联合发展的村庄明显占多数。较大的外框代表选择联合发展的村庄数，较小的内框代表选择不联合的村庄数，无论村庄的人口收入实力如何，联合发展意愿都是比较强烈的。②"人少、钱少"的村庄联合发展意愿最强。外框在"农户少，收入少"这类村庄中达到最大，而且与内框差值达到最大。③"人多、钱多"的村庄半数选择不联合。内框在"农户多，收入多"这类村庄中达到最大，与外框水平相当，代表"人多、钱多"的村庄半数选择不联合。经济与人口实力较强的村庄更容易走向"各自为界"的发展道路。

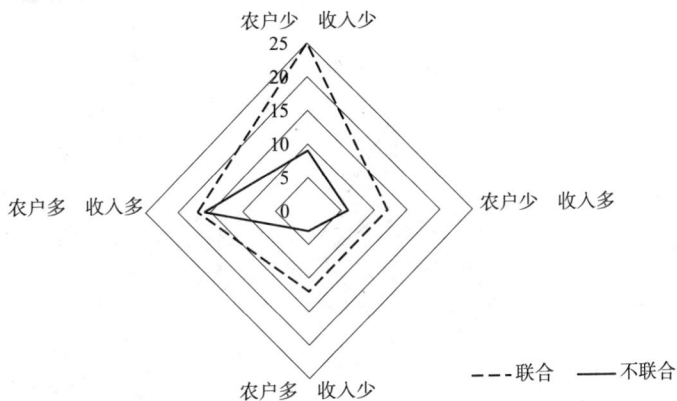

图13　同时考虑常住农户和集体收入时的薄弱村联合发展意愿

"地多、钱少"的村庄联合意愿最强，"地多、钱多"的村庄半数选择不联合。同时考虑土地规模和集体收入，即"地"和"钱"两大因素，并均以中位数为界将其分为两组，作出四边形的雷达图（图14），发现：①"地多、钱少"的村庄联合发展意愿最强。外框在"土地多、收入少"这类村庄中达到最大，而且与内框差值达到最大，高于"地少、钱少"的村庄，这可能是因为集体的土地资源开发不充分有关。②"地多、钱多"的村庄半数选择不联合。内框在"土地多、收入多"这类村庄中达到最大，而且与外框水平相当，表明这类村庄联合发展的意愿相对较低。

"地少、人少"的村庄联合意愿最强，其他几类差距不大。同样方法，作出四边形的雷达图（图15），发现：①"地少、人少"的村庄联合发展意愿最强。外框在"土地少、农户少"这类村庄中达到最大，而且与内框差值达到最大。可见，"地少、人少"的村庄自身资源禀赋和发展潜力较差，联合发展的意愿是最强的。②"地多、人多""地少、人多"和"地多、人少"三类村庄联合发展意愿差异不是特别明显，这可能因为土地和人口对联合发展意愿的影响不如收入直接且显著。

"人、地、钱"中任两者的劣势组合情况下的联合意愿都会较高，其中"钱"的决定性作用更为明显。同时考虑常住农户数、土地规模和集体收入，即"人""地""钱"三大

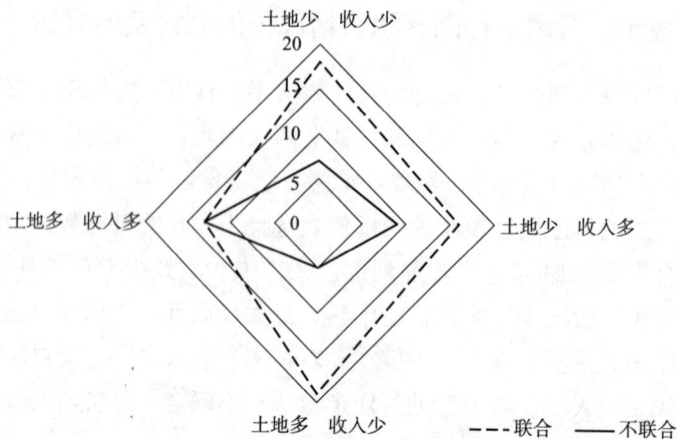

图14 同时考虑土地规模和集体收入时的薄弱村联合发展意愿

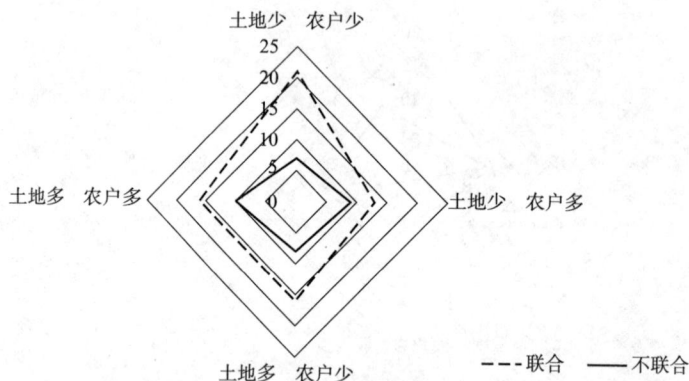

图15 同时考虑土地规模和常住农户时的薄弱村联合发展意愿

因素，并均以中位数为界将其分为两组，作出八边形的雷达图（图16），发现：①"人、地、钱"中任两者处于劣势联合意愿都会较高，尤其是"人"和"钱"处于劣势。外框在"农户少、土地少、收入少"和"农户少、土地多、收入少"这两类村庄中达到最大，而且与内框差值也较为明显。可见，"钱少、人少"是困扰薄弱村自身发展能力水平的重要因素，而在二三产业迅猛发展的当下，减弱了对于土地的依赖性，相对而言，土地规模对联合发展意愿的作用不强。②"钱多"的村庄只要"人"和"地"任一方面占优势，不联合的意愿都会较高。内框在"农户多、土地多、收入多""农户多、土地少、收入多"和"农户少、土地多、收入多"的三类村庄中达到最大，而且与外框的差值也很小。可见，"钱"是决定村庄联合发展意愿的根本因素，在具备较高的收入水平后，"人"和"地"至少一方面占优势，联合发展的意愿都相对较低。③"钱"具有"一票否决"的决定性作用，收入少的村庄即使其他资源禀赋较好，联合发展的意愿也很明显，外框在"农户多、土地多、收入少"这类村庄中达到最小水平，与外框之间的差值也很明显，表明这些村庄虽然具有人地优势，但是低收入具有"一票否决"作用，使得他们同样具有较强的联合发展意愿。

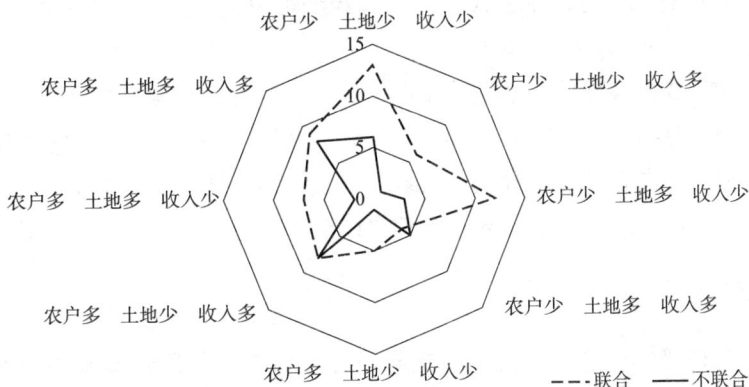

图 16　同时考虑常住农户数、土地规模和集体收入时的薄弱村联合发展意愿

五、转化集体经济薄弱村的逻辑原点、总体思路及实施路径

（一）逻辑原点：立足首都城市功能定位谋划薄弱村产业发展，破解"三个错位"

与全国农村地区不同，北京市郊区村庄发展具有后工业化阶段与特大城市辐射带动两个基本特点，要从满足城市需求把握村庄功能定位，发展现代服务业，而不能再用工业化时代的发展思路，一般化地研究依靠资源上项目。薄弱村现象的实质是京郊工业化转型完成了，社会结构没有转型，本应用于社会转型的规划建设用地指标即土地发展权已经透支了。当前，只有通过加强"统"来集约出发展权，培育新的产业资源这一条大路可走。关键是走出时间、空间与体制上的"三个错位"，认清薄弱村转型发展的逻辑原点，按照"政府主导、集体主体、分类推进、统筹实施"的原则，有效推进"转薄"工作。

1. 立足后工业化发展阶段，解决"时间错位"

2019 年，北京市人均 GDP16.4 万元，折合 2.45 万美元，属于典型的发达国家或地区收入水平。由此导致的消费结构高端化，需要产业结构的高端化相匹配。北京市一二三产业结构比重为 0.3∶16.2∶83.5，去工业化、去农业化基本完成，农业农地承担的产业功能必须要向现代服务业方向转型发展，要在战略意义上放弃从产业化农业或农产品加工业方向上促进农民增收的传统思路。

2. 立足首都超大城市功能，解决"空间错位"

在中心城区、新城对郊区辐射日益增强，规划管控进一步精细，导致村庄功能依附化，除了落实首都核心功能外，自由发挥空间大幅度收窄。加之，存量减量发展条件下，农村经济发展面临着强"天花板"约束效应，需要统筹实施村庄有机更新，完善空间与产业布局，集约出土地发展权，重点发展宜居服务、文化创意服务、会议会展服务、医疗保健养老服务、观光休闲旅游为主的都市服务型农业等。

3. 变开发商主导的"分割式发展"为集体经济组织主导的"统筹发展",解决"体制错位"

开发商主导的城乡接合部、小城镇建设、新型农村社区建设,容易"挑肥拣瘦""吃肉吐骨头",成本畸高,导致推进滞后,最终留下大量"旧村庄"。解决这些历史遗留问题,首先需要转变发展方式,通过城乡统筹、区镇统筹,从"统"的层面健全统分结合的双层经营体制,优化空间与产业布局,并辅之以财政、金融、规划等配套政策。

(二)总体思路:"三统筹"

1. 建立健全村级集体经济"统"为主导的经营体制,并逐步向乡级延伸,实施"体制统筹"

练好内功。理顺村级集体经济"统"为主导的经营体制,逐步成立乡镇级联社,提升"统"的层级和资源统筹配置的综合效率。一是政社分开。集体经济组织作为集体资产的所有者,负责规划空间与产业布局、发展模式、方向及重点。村委会主要负责村内公益性服务事业。镇政府与乡级集体经济组织关系是监管与被监管的关系,保障集体经济组织的自主经营管理权利。二是产权方与经营方分开。乡村两级集体(即"社")作为产权主体,要坚持公有制的产权不可分割性及封闭性。原则上,只负责资源整合,不直接作为经营主体直接参与市场竞争。按照"社+公司"组织形式,通过下设若干个专业公司(或农民专业合作社)作为经营方,形成直接参与市场竞争、合作、产权开放、有限责任的市场主体。

优化外部政策环境。以盘活闲置农宅为重点,集成财政、规划、金融等多项政策,由集体经济组织主导,采取原址提升、就地翻建、整体改造、集中联建等多种方式,开展自主改造。整理集约出的建设用地指标,解决一二三产业融合中的配套设施建设用地需求,加快农业科技园区、休闲观光园区以及精品农业园区等项目建设。针对合规不售类的违章建筑,稳慎探索在拆除一定比例前提下变更所有权到集体经济组织,壮大集体资产,由社会资本承租经营。尽量减少"一刀切"式拆迁,最大限度减少社会资源浪费。此外,要研究出台专门政策支持深山区村庄的经济发展建设,优先安排发展项目,加大资金扶持力度,推进跨越式发展。

2. 设立区级农地流转基金与专项补贴政策,以乡村两级集体经济组织为主体整合农地资源,实施"空间统筹"

市区两级财政部门制定农地流转基金,重点鼓励和支持集体经济薄弱地区,以乡村两级集体经济组织为实施主体,进行农地资源碎片化整合,促进农地规模经营和农业科技进步。落实集体经济组织土地占有和规划权、土地发包和调整权、收益权以及处置权等基本权益。对实施农地规模化流转的集体经济组织在资金奖励、项目建设、用水用电等方面进行扶持。对于全部流出土地的老年农民,村集体经济组织按月发放生活补贴。

制定土地流转指导价,规避集体经济组织在农地资源整合中可能面临的坐地要价。利用农村产权交易所,采取公开招投标方式提高农地对外流转价格。通过农地流转补贴,对管理规范、示范带动能力强、符合产业转型升级方向的各类农业经营主体进行扶持。

3. 设立区级现代服务业产业引导基金与区级休闲旅游行业协会，引领镇村联动发展，实施"产业统筹"

充分发挥区级主导作用，设立专项引导基金。参照门头沟区发展精品民宿经验，由各区成立区休闲旅游现代服务业产业引导基金。目前，重点支持乡村两级集体经济组织主导的民宿产业发展。针对民宿产业发展中的低端化、"一家一户"、"小、散、低"现象，鼓励探索集体经济主导模式。同时，成立区级民宿旅游（专业）协会组织，系统整合区域产业资源，打造区域性的民宿品牌，作为区域龙头，带动林下经济、大田作物种植、蔬菜种植产业进行有机衔接与整合。

赋予集体经济组织林地养护、基础设施和公益事业等领域的特许经营权。乡联社或村股份社下设乡级绿化养护公司与公共服务经营公司，村集体可以薄弱村支持资金参股，负责全市各区镇村以平原造林、山区生态养护为主的生态环境服务及竞争性较弱的基础设施维护的公共服务业。按照全市 200 万亩林地，每亩地 2 600 元/年林木养护费测算，52 亿元的总支出，再扣除 50% 成本（常年看护费与杂草清理费），集体经济组织可以获得约 26 亿元的收入。通过区镇统筹，可以解决 600 个集体经济薄弱村经营性收入 10 万元达标问题。

重新进行村庄画像，系统开展村庄功能定位研究，用功能引导产业，而不是相反。对于非保留村，财政果断买单，对于要继续发展的村赋予土地发展权。要把集体产业发展纳入功能引导下的乡村社会可持续发展的总目标之下。

（三）实施路径：借力山区搬迁，精研村庄功能定位，推进"城市化、城镇化、新村社区化"

1. 借助郊区新城或边缘组团建设消除薄弱村

这类村庄一般位于中心城、新城或边缘组团的规划建成区范围内，区位条件相对较好。随着大规模征占地，重大项目、功能区等建设，面临着整村拆迁，农民上楼。在完成社保体制城乡并轨后，要适时放宽征地补偿款的使用范围，提高集体经济组织成员的福利和分红水平。如怀柔科学城建设中，新峰村在征地过程中形成的大量集体资产，可以通过稳健经营，成为未来集体经济组织成员城市化过程中永久的利益依托。要探索与山区搬迁相互结合，让部分远郊山区村庄一步迈入城市化快车道。

2. 通过小城镇镇区集聚产业和人口带动薄弱村转化

一般是位于重点镇、一般镇中心区规划范围内，或不在中心区需要独立完成城镇化的薄弱村。这类村的主要任务是培育集聚资源要素与产业的增长极，是培育乡镇经济中心的关键点。需要在规划、基础设施投资、人才引进等领域进行政策倾斜。山区搬迁等撤并类村庄要与小城镇建设紧密结合起来。如平谷区镇罗营镇上营村，重点是通过集体建设用地集约利用，培育小城镇集聚内核和增长点。

3. 通过新型农村社区建设落实首都功能带动薄弱村转化

一般是镇域总体规划中的保留村，总体处于人口外流趋势，但具备一定的产业聚集功能，如养老、宜居性服务业等，可以吸引城里人长期或经常前来居住。或者属于古村落，具有一定的历史文化保存价值,如房山区南窑乡南窑村、周口店镇黄山店村是比较成功的典型,盘活宅基地资源是其转型发展的关键一步,目前景区、民宿以及培训等各类产业年收入总计已达 1.4 亿元。

另外,有相当数量的村庄通过山区搬迁政策就地就近求发展带动薄弱村转化。在城镇化进程中,村庄常住人口持续性下降、生活功能趋于弱化地区,未来将逐渐演化成为若干护林点、林场等。如房山区佛庄子乡山川村,农业户籍人口 272 人,长期在村里居住的仅有 45 人,相当于 83.5% 的农业户籍人口净流出。此类村庄已经缺乏产业发展的基本要素,未来需要进行乡镇统筹,甚至区级统筹,借助山区搬迁政策,实施村民异地上楼安置,村庄原址进行绿化。

(供稿:北京市农村经济研究中心联合课题组
课题组组长:苏卫东,中共北京市委农工委、北京市农业农村局一级巡视员;
张光连,北京市农研中心党组书记、主任、一级巡视员;
副组长:刘军萍,北京市农研中心党组成员、副主任、一级巡视员;
熊文武,北京市农研中心二级巡视员;
姚杰章,中共北京市委农工委、北京市农业农村局二级巡视员;
执笔人:陈雪原、张英洪、翟翠立、王洪雨、孙梦洁、郭轲,北京市农村经济研究中心;
周雨晴,中国农业发展银行总行
感谢北京市农研中心原城郊经济研究所所长张文茂的有益评论与指导)

"二次飞跃"转折点的来临

——农村集体经济体制改革的经验总结

本文从农村集体经济体制发育成长的动态演化视角出发,基于中国共产党的"五次"工作重心转移,把农村集体经济体制改革的百年历程划分为"革命根据地下的自耕农与劳动互助社"(萌芽期)、全国土地改革与合作化(成长期)、集体化与人民公社体制(形成期)、家庭承包经营为基础、统分结合的双层经营体制(调整期)以及城乡融合发展阶段下的"二次飞跃"(成熟期)五个历史阶段,发现各阶段的农村集体经济体制均可以细分为"目标""政策""机制""主体"四个层次和维度,呈现为光谱式的连续转型过程。由此,提出了关于经济体制变迁的一个理论框架,主要包括两点,一是"经济体制"概念的内涵和结构化,是由"战略目标"(社会主要矛盾)统领的"制度政策"(上层建筑)、"资源配置机制与组织主体(经济基础)"等四个基本要素共同构成的"三位一体"的经济系统;二是经济体制变迁的动力机制,社会主要矛盾在不同历史阶段的转化决定了"战略目标"转移,进而推动了制度政策、资源配置机制与组织主体三个要素相应的适应性调整。从而,运用矛盾分析方法,农村集体经济体制过去、现在和未来可以理解为一个前后逻辑一致的自然历史过程。其重要启示是，当前农村集体经济体制矛盾的主要方面已由"分"转为"统"，由低水平集体化走向高水平集体化的"二次飞跃"转折点已经来临。

一、引言

长期以来，关于制度变迁的研究方法，主要是从成本——收益角度解释某一项制度发生改变的微观机理，而对于经济系统整体演变动因的规律性分析尚不多见。如林毅夫（1994）认为，家庭联产承包责任制优于生产队体制，立足点是粮食增产、改进内部激励机制等，但并没有顾及生产队体制在社区空间综合开发、增进社会效益以及完成不同发展阶段的国家战略目标等重要方面的优越性及其不可或缺的历史贡献。

党的十九届六中全会决议中，就"中国共产党百年奋斗的历史经验"指出，之所以中国共产党能够领导人民在一次次求索、挫折和开拓中完成了中国其他政治力量不可能完成的艰巨任务，根本在于解放思想，实事求是，不断推进马克思主义中国化时代化。百年来，多个异质性的社会发展阶段和探索实践，为我们提供了寻找和揭示经济系统演变规律性的丰富、鲜活的素材和养料。

正如毛泽东在总结革命成功经验时指出的，"我们为什么能够坚持长期战争而又取得了胜利呢？主要是我们对农民采取了正确的政策，例如征收公粮和收购粮食的经济政策，在不同时期实行不同的土地改革政策，在战争中紧紧依靠了农民"[1]。从而，提出了一个重要的方法论，就是要因时制宜地制定政策，具体问题具体分析。如在土地革命时期，阶级矛盾为社会主要矛盾，制定了"打土豪，分田地"的土地政策。抗日战争时期，民族矛盾成为主要矛盾，土地政策适时调整为减租减息。进入解放革命战争时期，为提高农民参加革命战争的积极性，重新恢复为没收地主土地的政策。相应的，对于富农先后相应采取了"限制富农""联合富农""减租与保存富农"等时代化差异化的政策。

毛泽东在推进马克思主义中国化时代化过程中，一贯坚持运用矛盾分析方法，指出"要研究每一个物质运动形式在其发展长途中的每一个过程的特殊的矛盾及其本质""不同质的矛盾，只有用不同质的方法才能解决"[2]。进而，提出了一个在不同时间、空间条件下政策动态转换的一般规律：社会矛盾决定社会性质，社会性质决定革命对象，革命对象决定革命任务，革命任务决定革命动力和革命同盟军，进而决定革命性质，并具体化为革命的路线、方针和政策[3]。其中，关于社会性质的认识是关键一环，主要是基于对国情（社会关系或社会结构），经济基础（生产关系[4]），特别是所处时代的主要社会矛盾的判

① 毛泽东：《读苏联〈政治经济学教科书〉的谈话（节选）》（一九五九年十二月至一九六〇年二日），《毛泽东文集 第八卷》，人民出版社，1999年6月第1版。

② 毛泽东：《矛盾论》（一九三七年八月），《毛泽东选集 第一卷》，1991年6月第2版。

③ 毛泽东：《中国革命和中国共产党》（一九三九年十二月），《毛泽东选集 第二卷》，人民出版社，1991年6月第2版。

④ 生产关系在社会关系中发挥决定性作用，见列宁：《什么是"人民之友"以及他们如何攻击社会民主主义者？》，中共中央马克思恩格斯列宁斯大林著作编译局编：《列宁选集 第一卷》，人民出版社，1972年第2版。

断。半殖民地半封建社会与社会主义社会，或社会主义社会初级阶段与高级阶段，表现在上层建筑层面会有不同的路线、方针、政策。从而，在历史唯物主义分析方法中融入矛盾分析方法，因时制宜，正确作出了不同的政策抉择，在每一次重大历史转折关头发挥了"一锤定音"的决定性作用，坚定了全党的信念和意志。

波兰经济学家兰格认为"社会主义社会首先服从由历史唯物论形成的社会发展的一般规律，其次服从特殊经济规律……社会主义不是上帝之国的宗教理想的实现，而是人类社会发展的新阶段，它能够并且必须用马克思主义分析的方法来研究。着重指出社会主义社会也通过矛盾发展的事实，是毛泽东的功劳"[1]。运用矛盾分析方法，是中国共产党在每次重大历史转折点都能引领中华民族这艘巨轮实现成功转型的理论奥秘所在。

从井冈山革命根据地的开辟，到党的七届二中全会的召开，到党的八大，党的十一届三中全会与党的十九大，随着革命与建设面临的主要矛盾转化，先后发生了五次党的工作重心转移。作为我国公有制经济的主要组成部分和农村地区经济基础和生产资料的主要提供者，农村集体经济相应形成了一个体制变迁的时空转换过程。"不同时期的工作重心（战略目标）"构成了统御整个集体经济体制改革的总价值观，制度政策、资源配置机制与组织主体三个层面都会随着总价值观的调整而调整，并在相互之间进行传导，形塑出不同历史阶段不同形态的农村集体经济体制。

2022年中央1号文件指出，"巩固提升农村集体产权制度改革成果，探索建立农村集体资产监督管理服务体系，探索新型农村集体经济发展路径""制定新阶段深化农村改革实施方案"。把握农村集体经济体制的演变规律、阶段和趋势，具有重大的理论和时代意义。

本文的安排如下：第二部分，以党的"五次"工作重心转移为主线，回顾中国共产党农村集体经济体制的百年变迁，观察和总结萌芽期、成长期、形成期、调整期以及成熟期等不同历史阶段农村集体经济体制分别在"目标、政策、机制、主体"四个结构化要素上的具体表现，以及"目标"对于其他三个要素和要素之间的动力传导机制；第三部分，基于中国共产党农村集体经济体制改革的经验总结，提出经济体制变迁的理论框架，回答"经济体制的基本要素构成"和"要素之间的彼此传导关系"两个基本问题；第四部分，提出城乡融合发展阶段下，农村集体经济体制"二次飞跃"[2]转折点来临的启示和结论。

---

① ［波兰］奥斯卡·兰格著；王宏昌译：《社会主义经济理论》，中国社会科学出版社，1981年。

② 邓小平，《关于农村政策问题》（一九八〇年五月三十一日），摘自中共中央文献研究室编：《新时期经济体制改革重要文献选编》（上），中央文献出版社，1998年11月第1版。邓小平同志提出，农村改革过程存在一个由低水平集体化的由"统"到"分"，再转向高水平集体化的"分"到"统"转折过程，但是需要具备一定的生产力发展水平作为前提条件，如机械化水平提升、管理水平提升、多种经营与分工分业的深化以及集体经济成分在农村经济中比重的提升等。《农村改革的两个飞跃》（一九九〇年三月三日），邓小平第一次明确指出，"中国社会主义农业的改革和发展，从长远的观点看，要有两个飞跃。第一个飞跃，是废除人民公社，实行家庭联产承包为主的责任制。这是一个很大的前进，要长期坚持不变。第二个飞跃，是适应科学种田和生产社会化的需要，发展适度规模经营，发展集体经济。这是又一个很大的前进，当然这是很长的过程"。摘自中共中央文献研究室编：《新时期经济体制改革重要文献选编》（上），中央文献出版社，1998年11月第1版。

二、中国共产党农村集体经济体制变迁的经验总结：1921—2021 年

近年，关于农村集体经济组织的性质及改革相关问题，引起了学界越来越多的关注，但多是从学理角度出发，缺乏基于长期史实与实践层面的通盘梳理和分析[①]。"规律自身不能说明自身。规律存在于历史发展的过程中。应当从历史发展过程的分析中来发现和证明规律"[②]。

首先要强调的是"罗马不是一天建成的"。农村集体经济体制历经 30 多年的革命根据地时期和合作化时期的酝酿，方才建成完全社会主义性质的集体经济组织，再经历改革开放后的调整期，进入成熟期。1921—1948 年、1949—1956 年，这两个阶段虽然以"私权基础上的合作社"为主，但由于有了党的领导，发展前途是社会主义，局部地区建成了社会主义性质的合作社，而且对"统"的经营体制进行了广泛实践摸索，如提出了乡级乃至区级统筹思路，因此，不能等同于一般意义上的合作经济，可以作为中国共产党农村集体经济体制的萌芽期、成长期列入观察范围，而不能简单一笔带过。否则，就难以理解农村集体经济体制产生的历史渊源和客观必然性，甚至当作纯意识形态上的"天上掉下来"而回避不开的既定事实，在行动和政策上不是去完善她，而是寻求逐步瓦解她，最终替代她。基于中国共产党的"五次"工作重心转移，全面系统地观察、分析和总结中国共产党农村集体经济体制百年历程经验，更有利于揭示集体经济体制变迁的规律性内容，从而，准确地把握新时期的农村集体经济体制改革的方向、重点和政策。

（一）萌芽期——1927 年"城市到农村"的工作重心转移：自耕农与劳动互助社

土地革命时期，在中国共产党的领导下，发展了形式多样的劳动互助社，既支援了革命事业，也对于后期组建农村集体经济组织积累了宝贵的实践经验，标志着农村集体经济体制开始进入萌芽期。

1. 战略目标：建立武装割据政权，"农村包围城市"

经历新文化运动与"五四运动"酝酿，1921 年 7 月中国共产党正式成立。毛泽东、

---

① 如杨一介（2015），苑鹏（2015），刘守英、程果（2021），主要还是坚持类似初级社的基于私权意义上的合作制，而否定了集体所有制经济与合作经济之间的本质差异性。对此，陈锡文（1992）、韩俊（1998）肯定了集体经济与合作经济的本质差异性，但总体上还是坚持高级社作为集体经济的基本组织实现形式，无法回应改革开放以来形成的"村村点火、户户冒烟"发展体制与工业化、城镇化进程相矛盾的现实。陈雪原（2018）基于大量的新鲜改革经验，在肯定二者本质差异性基础上，进一步提出了走向乡镇级联社或联营公司的改革设想。立足点在于集体所有制经济的五个本质特征，包括联合劳动的生产方式形成的社会成本内部化、公有制的经济制度形成的交易成本节约化、"社＋公司"的组织形态形成的产权社会化、乡村两级多层的复合型"统一"经营体制形成的开发立体化、党建引领下"一人一票"的社区民主管理形成的收益在地化，既吸收了公司、合作社等组织类型的优势，有效解决了公司、合作社等基于私权的生产方式下无法内化社会成本等系列问题，因此，是一种反映人类社会进化趋势性的精致的制度设计。

② 毛泽东，《读苏联〈政治经济学教科书〉的谈话（节选）》（一九五九年十二月至一九六〇年二月），《毛泽东文集　第八卷》，人民出版社，1999 年 6 月第 1 版。

方志敏等为代表的中国共产党人，总结三次城市起义的经验教训，立足中国实际国情，将农民问题作为中国革命的中心问题，在井冈山、闽浙赣等地先后创建了早期革命根据地，把土地革命和武装斗争有机结合起来，开启了党的工作重心由城市向农村地区的转移，"农村包围城市"新道路逐步形成。为保障根据地的可持续发展，"打土豪，分田地"，并把农民组织起来，发展生产，支援革命事业。

2. 制度政策：农民拥有土地所有权和处置权

1928 年 12 月，颁布了井冈山《土地法》，这是中国共产党领导农民在几个县域范围内实行土地改革的第一次尝试。毛泽东指出当时由于缺乏经验，井冈山《土地法》存在几个错误，"（一）没收一切土地而不是只没收地主土地；（二）土地所有权属政府而不是属农民，农民只有使用权；（三）禁止土地买卖"[1]。

1929 年 4 月，毛泽东主持制订了兴国《土地法》，根据党的六大决议，将井冈山《土地法》中规定的"没收一切土地"改为"没收一切公共土地及地主阶级的土地"[2]。次年 2 月，毛泽东按中央决定又指示各级政府颁发布告，规定"得田的人，即由他管所分得的田，这田由他私有，别人不得侵犯""租借买卖，由他自主；田中出产，除交土地税于政府外，均归农民所有"，弥补了井冈山《土地法》的两个缺陷[3]。

此外，毛泽东在《东塘等处调查》发现"以村为单位分配土地的严重性""以村为单位，这种利于富农不利贫农的分配法，是应该改变的"[4]，强调要落实以乡为单位分田的政策要求。

随着土地改革深入推进，乡苏、市苏等各级苏维埃政权建立起来，组织了代表会议及其常委会，群众自己管理自己，组织开展革命运动。同时，制定了"劳动互助社组织纲要""耕田队条例""组织犁牛队的办法"等。毛泽东在《长冈乡调查》中，指出乡苏下设的扩大红军、土地、土地登记、山林、建设等 15 个专业委员会，每个委员会要把村委会的主任包括进来，把工作织成网。以上构成了集体经济萌芽期初步的上层建筑。

3. 配置机制：区域分割下的市场经济

尽管革命根据地经常面临着外部的物资封锁，由于农民手里有了田地，产出可以进行商品交换，增加了收入，大幅度改善了自身福利状况。集中体现在十二个方面的利益：分了田、分了山、分了地主及反革命富农的谷子、革命以前的债一概不还、吃便宜米、能娶媳妇、死了人不要用钱、牛价便宜、应酬废除与迷信破除、没有烟赌和盗贼、自己可以供猪吃肉了、取得了政权等[5]。

4. 组织主体：由自耕农到集体经济萌芽性质的劳动互助社

一是形成拥有土地的自耕农。"打土豪，分田地"后，废除了地主土地所有制，建立

---

① 毛泽东，《土地法》（一九二八年十二月），《毛泽东文集》（第一卷），人民出版社，1999 年 6 月第 1 版。

② 毛泽东，《土地法》（一九二九年四月兴国县土地法），《毛泽东农村调查文集》，人民出版社，1982 年 11 月第 1 版。

③ 中共中央党校研究室著；胡绳主编：《中国共产党的七十年》，中共党史出版社，1991 年 8 月第 1 版。

④ 毛泽东，《东塘等处调查》（一九三〇年十一月），《毛泽东农村调查文集》，人民出版社，1982 年 12 月第 1 版。

⑤ 毛泽东，《兴国调查》（一九三〇年十月），《毛泽东农村调查文集》，人民出版社，1982 年 11 月第 1 版。

农民土地所有制。1929 年 7 月，中共闽西第一次代表大会的决议中规定"自耕农的田地不没收"，并提出"抽多补少"原则后，在闽西纵横三百多里的地区内进行了分田，使六十多万贫苦农民分得了土地。自耕农的产权关系体现为所有权、产权（占有权）和经营权合一。

二是在分田分地基础上，为调剂劳动力，共享生产工具，开展合作社生产。劳动互助社帮助红军家属义务耕田，模范队则帮群众有偿耕田。如江西省兴国县长冈乡的四个村，每村一个劳动互助社，除红军家属外，凡有劳动力的，大部分都加入了，全乡有互助社社员 300 多人[①]。"劳动互助社在农业生产上伟大的作用，长冈乡明显地表现出来了。根据群众的意愿，以村为单位统筹生产，一切地方都可实行，特别在扩大红军数多的地方。必要时还可以乡为单位，甚至以区为单位统筹，上杭才溪区就是这样做的"。劳动互助社形式多样，如江西的耕田队、劳动互助社、犁牛合作社、粮食合作社、消费合作社等，陕北的变工队，华北、华东和东北各地的互助组等。这些劳动互助社在一定程度上实现了所有权与产权（占有权）分离。抗战时期，在陕北安塞县出现了一个带有社会主义性质的合作社[②]，可以看作农村集体经济体制萌芽期的重要成果。

（二）成长期——1949 年"农村到城市"的工作重心转移：全国土地改革与合作化

1. 战略目标："耕者有其田"的新民主主义革命向合作化、集体化的社会主义革命过渡

1949 年 3 月，毛泽东在《在中国共产党第七届中央委员会第二次全体会议上的报告》中，指出"从现在起，开始了由城市到乡村并由城市领导乡村的时期。党的工作重心由乡村移到了城市"。目标就是要完成土地改革，发展农业互助合作组织，进而由农业国变为工业国、由新民主主义革命过渡到社会主义革命。

党的七届二中全会决议较早地提出了"集体经济组织"一词："必须组织生产的、消费的和信用的合作社，和中央、省、市、县、区的合作社的领导机关。这种合作社是以私有制为基础的在无产阶级领导的国家政权管理之下的劳动人民群众的集体经济组织"，提出发展合作社经济的目的是领导劳动人民的个体经济逐步地走向集体化，并把这种集体经济组织界定为半社会主义性质。[③] 由此，农村集体经济体制也由分散试验性的萌芽期，经由合作化而快速进入成长期。

2. 制度政策：全面土地改革与合作化

1950 年 6 月，中央人民政府公布施行《中华人民共和国土地改革法》，提出"废除地主阶级封建剥削的土地所有制，实行农民的土地所有制，借以解放农村生产力，发展农业生产，为新中国的工业化开辟道路"。对富农，由过去征收多余的土地财产改为保存富农

---

① 毛泽东，《长冈乡调查（一九三三年十一月）》，《毛泽东农村调查文集》，人民出版社，1982 年 11 月第 1 版。

② 毛泽东，《关于农业合作化问题》，《毛泽东选集 第五卷》，人民出版社，1977 年 4 月第 1 版。

③ 中央七届二中全会决议（一九四九年三月十三日），《建党以来重要文献选编》（一九二一至一九四九年）第二十六册，第 208 页。

经济。对地主，也限制了没收财产的范围。

进而，为解决分散的个体农户经济适应工业化对粮食和工业原料作物的迅速增长需要，同时，避免农村地区两极分化，开始逐步发展农业生产互助合作组织。"一切已经完成了土地改革任务的地区的党委都应研究这个问题，领导农民群众逐步地组成和发展各种以私有财产为基础的农业生产互助合作组织"[①]"把农业互助合作当作一件大事去做"[②]。

合作化的过程，就是提高互助组公共积累和扩大合作社按劳分配部分比重，逐步动摇、削弱直至否定其私有基础。1951 年 12 月，中共中央在党内下发《关于农业生产互助合作的决议（草案）》，提出有条件地区有重点地发展土地入股的农业生产合作社。1953 年底，发布《中共中央关于发展农业生产合作社的决议》，明确提出了合作化的四个步骤与前途：经过简单的共同劳动的临时互助组和在共同劳动基础上实行某些分工分业而有少量公共财产的常年互助组，到实行土地入股、统一经营而有较多公共财产的农业生产合作社，再到实行完全社会主义的集体农民所有制的高级农业生产合作社。

3. 配置机制：计划经济体制逐步形成

从 1949 年到 1955 年，是一个市场经济向计划经济逐步转型的阶段。在 1950—1952 年的三年国民经济恢复时期，仍然采取了既有的市场经济的运行体制。为了发展生产，政府通过扩大加工订货、大量收购农副产品、调整税收负担、适应收缩国营商业等措施，扶持有利于国计民生的私人资本主义经济，限制其消极作用。国营经济、私人资本主义经济、个体经济、国家资本主义经济、合作社经济都得到了快速发展。1953 年 10 月，中共中央发出了《关于实行粮食的计划收购与计划供应的决议》，建立了粮食的统购统销体制，后来，又将范围扩大到棉花、纱布和食用油等。

4. 组织主体："耕者有其田"基础上的自耕农、互助组到初级社

到 1952 年底，除一部分民族地区外，土地改革在全国大陆基本完成。包括老解放区在内，全国约 3 亿无地少地的农民无偿获得约 7 亿亩土地[③]，建立了农民土地所有制，消灭了存续 2 000 多年的封建土地制度。此时对农户而言，所有权、产权（占有权）和经营权是合一的。

随着 1953 年国民经济第一个五年计划启动，加快农业社会主义改造被提上议事日程。由已经广泛存在的常年互助组加快向初级合作社过渡。到 1955 年 6 月，建成了 65 万家合作社，入社农户 1 690 万户，少数发展为高级合作社，80% 以上做到了增产[④]。初级社实现了所有权和产权（占有权）、经营权（合作社统一经营）的分离。高级社取消了农户土地所有权，重新实现了所有权与产权（占有权）、经营权的合一。

① 毛泽东，《逐步发展农业生产互助合作组织》（一九五一年十月十七日），《毛泽东文集》（第六卷），人民出版社 1999 年 6 月第 1 版。

② 毛泽东，《把农业互助合作当作一件大事去做》（一九五一年十二月十五日），《毛泽东文集》（第六卷），人民出版社 1999 年 6 月第 1 版。

③ 中共中央党史研究室著：《中国共产党的九十年（社会主义革命和建设时期）》，中共党史出版社，2016 年 6 月第 1 版。

④ 毛泽东，《关于农业合作社问题》（一九五五年七月三十一日），中华人民共和国国家农业委员会办公厅编：《农业集体化重要文件汇编（一九四九至一九五七年）》，中共中央党校出版社，1981 年 10 月第 1 版。

（三）形成期——1956 年"社会主义革命到社会主义建设"的工作重心转移：集体化与"三级所有，队为基础"的人民公社体制的建立

1. 战略目标：解决国家工业化与个体农业经济之间的矛盾

"中国有两次革命：一九四九年以前是资产阶级革命，解决反帝、反封建、反国民党统治的问题，那时我们没有触动民族资产阶级的所有制；后一次革命……就触及了民族资产阶级的所有制以及个体手工业和个体农业的所有制"[①]。"合作化[②]完成了，这就解决了我国社会主义工业化同个体农业经济之间的矛盾"[③]。

毛泽东直接组织推动了农业合作化向集体化的转变，主持编写了《中国农村的社会主义高潮》，为其中的 104 个案例亲自题写了按语。1956 年 6 月，第一届全国人民代表大会第三次会议通过了《高级农业生产合作社示范章程》，规定农业生产合作社（高级农业生产合作社）是劳动农民在共产党和人民政府的领导和帮助下，在自愿和互利的基础上组织起来的社会主义的集体经济组织。要求凡是入社的农民必须把私有的土地和耕畜、大型农具等主要生产资料转为合作社集体所有，取消了土地分红。

1956 年，党的八大明确提出我国社会主要矛盾"已经是人民对于建立先进的工业国的要求同落后的农业国的现实之间的矛盾，已经是人民对于经济文化迅速发展的需要同当前经济文化不能满足人民需要的状况之间的矛盾"。

2. 制度政策：推进集体化，构建"三级所有，队为基础"的人民公社体制

在 1961 年 3 月和 6 月，中央先后颁布《农村人民公社工作条例（草案）》和《农村人民公社工作条例（修正草案）》，明确了人民公社分为公社、生产大队和生产队三级，提出以生产大队的集体所有制为基础的三级集体所有制是人民公社的根本制度，基本核算单位是生产大队。在经济上，公社是生产大队的联合组织，公社管理委员会可以有步骤地举办社队企业。

考虑到克服生产队之间的平均主义、保障生产队的生产自主权、当时农民的觉悟程度以及改善集体经济的经营管理等诸多因素，1962 年 2 月，中共中央发出《关于改变农村人民公社基本核算单位问题的指示》，明确以生产队为基本核算单位，以生产队为基础的三级集体所有制是在一个长时期内的根本制度。生产大队成为各生产队的联合组织。1962年 9 月，中央颁布《农村人民公社工作条例（修正草案）》，即第三版的"人民公社六十条"，正式形成了"三级所有，队为基础"的人民公社体制。其中，明确了"在今后若干年内，一般地不办企业"，多数地区人民公社的非农产业发展处于停滞状态。

3. 配置机制：计划经济体制的确立

随着 1956 年建立的农业生产合作社粮食统购统销制度、1958 年建立的城乡二元的户籍制度建立，农村人口与劳动力被固化在集体土地上，生产积极性受到严重抑制。

---

① 毛泽东，《马列主义基本原理至今未变，个别结论可以改变》（一九五九年二月十四日），《毛泽东文集第八卷》，人民出版社，1999 年 6 月第 1 版。

② 此处应是广义的合作化概念，至少要包括 1956—1957 年的高级农业生产合作社阶段。

③ 毛泽东，《关于正确处理人民内部矛盾的问题》（一九五七年二月二十七日），《毛泽东文集 第七卷》，人民出版社，1999 年 6 月第 1 版。

针对一些地方急于由集体所有制过渡到全民所有制，并企图废除商品生产的错误主张，毛泽东提出"必须肯定社会主义的商品生产和商品交换还有积极作用。调拨的产品只是一部分，多数产品是通过买卖进行商品交换""有了人民公社以后，商品生产、商品交换更要发展，要有计划地大大发展社会主义的商品生产""商品生产不能与资本主义混为一谈"[①]。针对"一平二调三收款"的问题，毛泽东提出"算账才能实行那个客观存在的价值法则。这个法则是一个伟大的学校"[②]"工农商并举，提得很好，一定要这样做。贬低商业，商不挂帅，工农两业是不会发展的"[③]。

4. 组织主体："三级所有，队为基础"的人民公社

组建高级社。"合作经济的终点就是集体经济的起点"[④]。1956年，全国普遍建立起土地、农具不参与分红的高级社，在相当于一个行政村的范围内建立了公有制经济。1956年底，加入合作社的农户达到全国农户总数的96.3%，其中参加高级社的农户占总农户比重87.8%[⑤]。

建立"三级所有，队为基础"的人民公社体制。1958年，全国大办人民公社，农业集体化升级农村公社化。由于思想认识上的偏差，理论准备的不成熟，在"社所有""生产大队所有""生产队所有"之间，出现了产权关系上的混乱，向"社有制"的穷过渡，对生产力形成了一定程度的破坏。当时，关于人民公社的基本组织形态，包括基本核算单位进行了反复的研讨。直到1962年9月《农村人民公社工作条例（修正草案）》颁布，正式确立了稳定形态的"三级所有，队为基础"的人民公社体制。

由于"统得过死""管得过严"，集体经济被简单等同于"集营经济"，所有权、产权（占有权）与经营权"三权合一"，导致严重的激励问题。"现在集体化了，能听命令，一起上工，这就有极大的利益。但是什么都得听命令，这就宽了"。毛泽东认为，"恢复私人菜园，一定要酌给自留地"。实质是尝试在人民公社体制内部，将所有权主体、产权（占有权）主体与经营主体适度分离。由于集体经济资源错配问题严重，人民整体生活水平提高缓慢。以北京市为例，1956—1978年，农村集体经济纯收入总额增长了13.32倍，国家税金和集体积累分别增长了15.33倍和75.27倍，而社员分配总额只增长了8.37倍。

（四）调整期——1978年向"以经济建设为中心"的工作重心转移：家庭承包为基础、统分结合的双层经营体制

1. 战略目标：解放和发展生产力，促进农民收入增长

1978年，党的十一届三中全会提出全党工作重点转移到社会主义现代化建设上来。

---

① 毛泽东，《关于社会主义商品生产问题》（一九五八年十一月九日、十日），《毛泽东文集　第七卷》，人民出版社1999年6月第1版。

② 毛泽东，《价值法则是一个伟大的学校》（一九五九年三月、四月），《毛泽东文集　第八卷》，人民出版社1999年6月第1版。

③ 毛泽东，《发展商业和副食品生产》（一九五九年五月、七月），《毛泽东文集　第八卷》，人民出版社1999年6月第1版。

④ 陈锡文：《集体经济、合作经济与股份合作经济》，《中国农村经济》，1992年第11期，第16-18页。

⑤ 中共中央党史研究室著：《中国共产党的九十年（社会主义革命和建设时期）》，中共党史出版社，2016年6月第1版。

1980 年 1 月，在中央召集的干部会议上，邓小平正式指出，"要加紧经济建设，就是加紧四个现代化建设""核心是现代化建设"[①]。1987 年，党的十三大正式提出以经济建设为中心。就农村地区而言，目标是通过改革开放，提高经济运行的效率。提高农民生产积极性，彻底解决温饱问题，提高农民收入水平。

2. 制度政策：五个中央 1 号文件颁布

原则上反对分田单干和包产到户。1978 年，党的十一届三中全会揭开了农村改革的序幕，通过了《中共中央关于加快农业发展的若干问题的决定（草案）》，明确提出"可以按定额计工分"。1979 年，党的十一届四中全会通过《中共中央关于加快农业发展若干问题的决定》，明确"可以在生产队统一核算和分配的前提下，包工到作业组，联系产量计算劳动报酬，实行超产奖励"，但是，"不许分田单干。除某些副业生产的特殊需要和边远山区、交通不便的单家独户外，也不要包产到户"。当时推动改革的方针首先是尊重生产队这个集体的经营自主权。

有区别的实施包产到户。1980 年 9 月，中共中央印发了《〈关于进一步加强和完善农业生产责任制的几个问题〉的通知》，对于"小段包工，定额计酬"与"包工包产，联产计酬"两类生产责任制给予肯定，强调了"专业承包，联产计酬"是一种更受社员欢迎的责任制形式[②]。提出"对于包产到户应当区别不同地区、不同社队采取不同的方针"，如边远山区和贫困落后地区的生产队可以包产到户，或包干到户，而一般地区集体经济发展比较平稳，就不要搞包产到户。

充分肯定包干到户。1982 年中央印发《中共中央批转〈全国农村工作会议纪要〉》，这是改革开放以来涉及农村改革的第一个中央 1 号文件，肯定了包干到户为"社会主义农业经济的组成部分；随着生产力的发展，它将会逐步发展成更为完善的集体经济"[③]，并与合作化之前的小私有个体经济进行了质的区分。1982—1986 年，中央连续发布五个中央 1 号文件，家庭承包经营为基础、统分结合的双层经营体制正式确立。

3. 配置机制：市场配置资源发挥基础性作用到决定性作用

市场体制转型的初步探索。1979 年，邓小平就指出"计划经济为主，也结合市场经济，但这是社会主义的市场经济"[④]。1983 年，在《中共中央关于印发〈当前农村经济政策的若干问题〉的通知》（第二个中央 1 号文件）明确提出，"为了搞活商品流通，促进商品生产发展，要坚持计划经济为主，市场调节为辅的方针，调整购销政策"[⑤]。

---

① 邓小平，《目前的形势和任务（一九八〇年一月十六日）》，《邓小平文选　第二卷》，人民出版社，1983 年 7 月第 1 版。

② 《中共中央印发〈关于进一步加强和完善农业生产责任制的几个问题〉》（一九八〇年九月二十七日），摘自中共中央文献研究室编：《新时期经济体制改革重要文献选编　上》，中央文献出版社，1998 年 11 月第 1 版。

③ 《中共中央批转〈全国农村工作会议纪要〉》（一九八二年一月一日），摘自中共中央文献研究室编：《新时期经济体制改革重要文献选编　上》，中央文献出版社，1998 年 11 月第 1 版。

④ 《社会主义也可以搞市场经济》（一九七九年十一月二十六日），摘自中共中央文献研究室编：《新时期经济体制改革重要文献选编　上》，中央文献出版社，1998 年 11 月第 1 版。

⑤ 《中共中央关于印发〈当前农村经济政策的若干问题〉的通知》（一九八三年一月二日），摘自中共中央文献研究室编：《新时期经济体制改革重要文献选编　上》，中央文献出版社，1998 年 11 月第 1 版。

市场经济体制改革目标模式的明确。1992年，党的十四大正式确立了社会主义市场经济体制的改革目标模式，提出要使市场在国家宏观调控下对资源配置起基础性作用。在效率优先理念引领下，乡镇企业改制、乡村两级集体产权制度改革、发展混合经济、农产品流通体制改革陆续推开。

进一步强化市场机制配置资源的作用。"党的十四大以来的20多年间，对政府与市场关系，我们一直在根据实践拓展和认识深化寻找新的科学定位"①。党的十六大提出"在更大程度上发挥市场在资源配置中的基础性作用"，党的十七大提出"从制度上更好发挥市场在资源配置中的基础性作用"，党的十八大提出"更大程度更广范围发挥市场在资源配置中的基础性作用"。党的十八届三中全会提出"紧紧围绕使市场在资源配置中起决定性作用深化经济体制改革"②，并就农村土地制度改革，明确要求"建立城乡统一的建设用地市场"③"顺应农民保留土地承包权、流转土地经营权的意愿，把农民土地承包经营权分为承包权和经营权"④。

4. 组织主体：集体经济"统"的功能趋于弱化

集体经济体制由"统"到"分"转变。在"社"一层，中央要求政社分设，但是多数地区在实际改革过程中没有真正落实，而是简单解散人民公社。随着"乡政村治"治理架构形成，村与村之间的利益联结体趋于瓦解，形成了"村村点火，户户冒烟"的发展体制格局。同时，在"生产队"这一层进行突破，农户家庭成为一级独立的经营主体。包产到户和包干到户的生产队迅速由1980年占全国生产队的50%，上升到1982年6月的86.7%⑤。

集体经济体制由"分"到"统"的局部探索。首先，保留下来的乡级集体经济不断壮大。在大城市郊区或沿海经济相对发达的一些地区，保留了"社"一级的集体经济组织，随着工业化、城镇化进程加快，土地资源价值显现，"统"这一经营层级实力得到不断增强。其次，村集体引导农地规模化流转⑥。20世纪80年代的北京市顺义县（现顺义区）

---

① 习近平，《关于〈中共中央关于全面深化改革若干重大问题的决定〉的说明》，中央文献研究室编：《十八大以来重要文献选编　上》，中央文献出版社，2014年9月第1版。

② 《中共中央关于全面深化改革若干重大问题的决定》（二〇一三年十一月十二日中共共产党第十八届中央委员会第三次全体会议通过），中央文献研究室编：《十八大以来重要文献选编　上》，中央文献出版社，2014年9月第1版。

③ 《中共中央关于全面深化改革若干重大问题的决定》（二〇一三年十一月十二日中共共产党第十八届中央委员会第三次全体会议通过），中央文献研究室编：《十八大以来重要文献选编　上》，中央文献出版社，2014年9月第1版。

④ 习近平，《在中央农村工作会议上的讲话》（二〇一三年十二月二十三日），中央文献研究室编：《十八大以来重要文献选编　上》，中央文献出版社，2014年9月第1版。

⑤ 中共中央党史研究室著：《中国共产党的九十年（社会主义革命和建设时期）》，中共党史出版社，2016年6月第1版。

⑥ 曾经试图在农户家庭经营基础上直接探索"统"为主导的新型农业产业组织体系，但不是很成功。20世纪80年代山东省率先开启了"公司+农户"的农业产业化实践探索。由于农户与公司利益关系不紧密，受到小农户规模较小的天然约束，"公司+农户"饱受诟病。2007年颁布《中华人民共和国农民专业合作社法》后，形成了"合作社+农户"的新的产业组织模式。农民专业合作社往往成为"放大了的小农户"，规模不经济，出现了大面积空壳社。近年，各地在积极探索构建以农户家庭经营为基础、合作与联合为纽带、社会化服务为支撑的立体式复合型现代农业经营体系。北大荒农业服务集团提出了国有农垦经济、集体经济、合作经济与家庭经济"四位一体"的新型农业产业组织体系。

农地适度规模经营，大幅度提高了劳动生产率，是全国较早的农业改革"二次飞跃"的生动实践。三是乡镇企业发展改善了地区工农关系。以苏南模式为代表，乡镇企业对农业生产环节进行了大量补贴。

（五）成熟期——2017年向"高质量发展"的工作重心转移：城乡融合发展阶段下的集体经济体制改革"二次飞跃"来临

1. 战略目标：城乡融合与共同富裕

党的十九大报告[①]明确提出"社会主要矛盾已经转化为人民日益增长的美好生活需要和不平衡不充分的发展之间的矛盾"，提出了我国经济发展进入由高速增长阶段转向高质量发展阶段的重大判断[②]，针对"不平衡不充分问题在乡村最为突出"[③]的现实，作出实施乡村振兴战略重大决策部署，要求"建立健全城乡融合发展体制机制和政策体系""深化农村集体产权制度改革，保障农民财产权益，壮大集体经济"。

"壮大农村集体经济，是引领农民实现共同富裕的重要途径"[④]。集体经济发展水平与城乡收入差距、区域收入差距存在着高度相关性[⑤]。但是，村集体经济层级分化严重，经济实力普遍较差，成为实施乡村振兴战略的突出短板。2018年，全国集体经济经营收入小于5万元村的比例，达到了63.7%[⑥]。北京市郊区3 885个村庄发展综合水平在2007、2012、2017年连续监测[⑦]显示，村与村之间总体上呈现"好—中—差"层级固化格局。为此，扶持壮大集体经济，不能停留在村级集体经济，要提升"统"的层级，实现由低水平集体向高水平集体化的"二次飞跃"，促进城乡与区域均衡协调发展。

2. 制度政策：聚焦发展新型集体经济

2002年，党的十六大首次提出城乡统筹方略。2004年以来，中央连续发布了19个中央1号文件聚焦"三农"问题，农业农村发展优先的理念深入人心，集体经济领域政策制度建设工作不断加快。

推进农村集体产权制度改革，提出"发展新型集体经济"。2016年12月，《中共中央国务院关于稳步推进农村集体产权制度改革的意见》印发，较早地在中央文件中正式提

---

① 习近平，《决胜全面建成小康社会，夺取新时代中国特色社会主义伟大胜利（二〇一七年十月十八日）》，中共中央党史和文献研究院编：《十九大以来重要文献选编 上》，中央文献出版社，2019年9月第1版。

② 习近平，《我国经济已由高速增长阶段转向高质量发展阶段（二〇一七年）》，中共中央党史和文献研究院编：《十九大以来重要文献选编 上》，中央文献出版社，2019年9月第1版。

③ 《中共中央、国务院关于实施乡村振兴战略的意见》，中共中央党史和文献研究院编：《十九大以来重要文献选编 上》，中央文献出版社，2019年9月第1版。

④ 习近平，《走中国特色的乡村振兴之路（二〇一七年）》，中共中央党史和文献研究院编：《十九大以来重要文献选编 上》，中央文献出版社，2019年9月第1版。

⑤ 孙梦洁、陈雪原，《农村集体经济发展评价》，摘自陈雪原，孙梦洁，周雨晴著：《中国农村集体经济发展报告（2021）》，社会科学文献出版社，2021年10月第1版。

⑥ 农业农村部农村合作经济指导司，农业农村部政策与改革司编：《中国农村经营管理统计年报（2018）》，中国农业出版社，2019年6月第1版。

⑦ 陈雪原、周雨晴：《基于北京郊区3885个村庄的全域分析》，摘自陈雪原，孙梦洁，周雨晴著：《中国农村集体经济发展报告（2021）》，社会科学文献出版社，2021年10月第1版。

出"发展新型集体经济"。2021年4月，颁布《中华人民共和国乡村振兴促进法》①，强调要发展壮大农村集体所有制经济。

推进集体经济组织法制化进程。2015年中央1号文件（《中共中央　国务院关于加大改革创新力度加快农业现代化建设的若干意见》），以中央正式文件形式提出"抓紧研究起草农村集体经济组织条例"。2017年3月，十二届全国人大五次会议通过的《中华人民共和国民法总则》第九十九条规定，"农村集体经济组织依法取得法人资格"，属于特别法人，标志着农村集体经济组织法人地位获得了民事基本法的正式确认。2020年6月，农村集体经济组织的专项立法工作正式启动。

转化集体经济薄弱村。2018年，中央组织部等三部门联合印发《关于坚持和加强农村基层党组织领导扶持壮大村级集体经济的通知》，提出5年内通过中央财政扶持10万个左右行政村发展壮大集体经济，并发挥示范引领作用。并要求"全面向贫困村、软弱涣散村和集体经济薄弱村党组织派出第一书记"②。

3. 配置机制：市场机制与政府统筹机制相互融合

土地市场化的进程实现新的突破。新修改的《中华人民共和国土地管理法》及配套的《中华人民共和国土地管理法实施条例》先后在2020年1月1日与2021年9月1日正式实施，集体经营性建设用地入市获得正式许可。同时，"全面推开农村土地征收制度改革"③。

统筹的发展方式得到深入贯彻。2012年，党的十八报告指出，"必须更加自觉地把统筹兼顾作为深入贯彻落实科学发展观的根本方法"④。在2020年完成脱贫攻坚任务后，"三农"工作重心由脱贫攻坚全面转向乡村振兴，聚焦相对贫困。党的十九届五中全会提出推进县域综合服务能力，培育乡镇服务农民的区域中心。

4. 组织主体：低水平集体化向高水平集体化的"二次飞跃"

明确集体经济组织的市场主体地位和乡村发展的母体地位。2016年12月，《中共中央　国务院关于稳步推进农村集体产权制度改革的意见》下发，提出"现阶段可由县级以上地方政府主管部门负责向农村集体经济组织发放组织登记证书，农村集体经济组织可据此向有关部门办理银行开户等相关手续，以便开展经营管理活动"。2017年中央1号文件（《中共中央　国务院关于深入推进农业供给侧结构性改革加快培育农业农村发展新动能的若干意见》）明确提出"鼓励农村集体经济组织创办乡村旅游合作社，或与社会资本联办乡村旅游企业"⑤。

---

① 其中，四次提到"集体所有制经济"，七次提到农村集体经济组织，凸显了农村集体经济组织在乡村振兴战略中的重要地位。

② 《中共中央、国务院关于实施乡村振兴战略的意见》（二〇一八年一月二日），中共中央党史与文献研究院编：《十九大以来重要文献选编　上》，中央文献出版社，2019年9月第1版。

③ 《中共中央、国务院关于构建更加完善的要素市场化配置体制机制的意见》（二〇二〇年三月三十日），中共中央党史与文献研究院编：《十九大以来重要文献选编　中》，中央文献出版社，2021年10月第1版。

④ 胡锦涛，《坚定不移沿着中国特色社会主义道路前进，为全面建成小康社会而奋斗》（二〇一二年十一月八日），中共中央文献研究室编：《十八大以来重要文献选编　上》，中央文献出版社，2014年9月第1版。

⑤ 《中共中央、国务院关于深入推进农业供给侧结构性改革加快培育农业农村发展新动能的若干意见》（二〇一六年十二月三十一日）。

完成农村集体产权制度改革的阶段性任务。截至2020年，全国以村为单位完成集体产权制度改革的村为53.1万个，占全国总村数的94.9%，比2019年提高了31.7个百分点，完成改革的村设立股东8亿人（个），加上镇、组两级共8.79亿人，占全国总人口62.2%[①]。

强调镇域经济的重大战略意义。《中华人民共和国乡村振兴促进法》明确提出"把乡镇建成乡村治理中心、农村服务中心、乡村经济中心"。乡镇中心区一般来源于历史上的集镇，是人口和产业的传统聚集地和天然的社区熟人社会的中心汇聚点，适宜作为解决城乡与区域经济社会均衡发展问题的基点，对农村集体建设用地等资源要素进行集中优化配置。

越来越多地区成立乡联社，构建乡镇统筹的"新三级"体制。主要采取总社、联合社、总公司或联营公司等不同形式。方向是探索乡镇统筹"新三级"体制（镇、村、户三级）。贵州省毕节市、陕西省榆林市榆阳区下辖所有乡镇全部成立了乡镇级联合社，村集体为团体股东，在镇域范围内统一谋划壮大集体经济。

综上，我们可以形成了一个百年来的中国共产党农村集体经济体制改革的整体性认识。如表1所示。

表1 中国共产党农村集体经济体制改革的经验总结

演变阶段	萌芽期：自耕农与劳动互助社阶段（1921—1948年）	成长期：全国土地改革与合作化阶段（1949—1955年）	形成期：集体化与人民公社化阶段（1956—1977年）	调整期：家庭承包经营为基础、统分结合双层经营体制阶段（1978—2016年）	成熟期：城乡融合（"二次飞跃"）体制阶段（2017年至今）
战略目标	井冈山革命根据地的创建：城市为中心转移到农村为中心，支撑"农村包围城市"	党的七届二中全会：由农村为中心转移到城市为中心，进入社会主义革命时期。落实"耕者有其田"，推进农业合作化	党的八大：社会主要矛盾转化为落后的农业国与先进的工业国之间的矛盾。由社会主义革命进入社会主义建设时期，总体目标是推进国家工业化	党的十一届三中全会：工作重心转向社会主义现代化建设。解放和发展生产力，推进农业现代化，促进农民增收	党的十九大：社会发展主要矛盾转化为人民日益增长的美好生活需要和不平衡不充分的发展之间的矛盾。建立健全城乡融合发展体制机制和政策体系
制度政策	①井冈山《土地法》 ②兴国县《土地法》：只没收公共土地或地主土地 ③土地归农民所有；土地可以自由买卖	1950年，《中华人民共和国土地改革法》；1951年，《关于农业生产互助合作的决议（草案）》；1953年，《关于发展农业生产合作社的决议》	1962年9月，《农村人民公社工作条例（修正草案）》（简称"人民公社六十条"）（代表了稳定型的人民公社体制；1961年曾颁布两个版本，1978年颁布了第四个版本）	1982—1986年连续5个中央1号文件	2004年以来，19个中央1号文件；2020年，集体经济组织法起草工作正式启动；2021年，颁布《中华人民共和国乡村振兴促进法》

[①] 农业农村部政策与改革司编：《中国农村政策与改革统计年报（2020）》，中国农业出版社，2021年8月第1版。

（续）

演变阶段	萌芽期：自耕农与劳动互助社阶段（1921—1948 年）	成长期：全国土地改革与合作化阶段（1949—1955 年）	形成期：集体化与人民公社化阶段（1956—1977 年）	调整期：家庭承包经营为基础、统分结合双层经营体制阶段（1978—2016 年）	成熟期：城乡融合（"二次飞跃"）体制阶段（2017 年至今）
配置机制	区域分割下的市场体制	市场机制的延续与计划机制的生长	统购统销。城乡二元户籍制度等计划经济体制的建成	计划体制向市场体制转轨。市场配置资源决定性作用的提出；农产品市场、生产资料市场陆续放开；土地、金融等要素市场、产权市场发育缓慢	发挥市场配置资源决定性作用，更好地发挥政府作用；农村集体建设用地直接入市制度；农村产权交易市场发育
组织主体	"打土豪，分田地"，建立农民土地所有制，培育形成自耕农 江西等红色区域：耕田队、劳动互助社	农民土地所有制建立：3 亿农民取得 7 亿多亩土地，2 500 多年的地主土地所有制结束 先后组建互助组、常年互助组；初级社	1956 年 6 月，颁布《高级农业生产合作社示范章程》，普遍成立高级社，农村集体经济体制正式形成 1962 年，"三级所有，队为基础"人民公社体制形成	土地承包。①专业承包：联产到组。适度规模经营；②农户承包：联产到人、包产到户、包干到户。以北京市郊区为例：1984 年，成立乡农工商总公司；1990—1991 年，建立乡总社或乡联社、村经济合作社；2000 年前后，远郊地区撤销乡镇级集体经济组织	2021 年，完成农村集体产权改革阶段性任务，发展新型农村集体经济 发展县域经济；建设乡镇治理中心、服务中心、经济中心；推进跨村联营联建；培育新型农业经营主体；家庭农场、农民专业合作社、土地股份合作社

三、理论分析

中国共产党农村集体经济体制变迁的历史，充分展示了经济体制的结构化要素以及彼此之间的动力传导机制，表明经济体制的变迁是一个系统性时空转换过程。

（一）经济体制的基本构成要素

马克思主义的历史唯物论为解析经济体制的结构性要素给出了基本理论指导。每一历史时代主要的经济生产方式和交换方式以及必然由此产生的社会结构，是该时代政治的和精神的历史所赖以确立的基础，并且只有从这一基础出发，这一历史才能得到说明[①]。

---

① 恩格斯，《1888 年英文版序言》，摘自卡尔·马克思和弗里德里希·恩格斯《共产党宣言》，中共中央马克思恩格斯列宁斯大林著作编译局编译：《马克思恩格斯文集 第二卷》，人民出版社，2009 年 12 月第 1 版。

"同他们的物质生产力的一定发展阶段相适合的生产关系。这些生产关系的总和构成社会经济结构，即有法律的和政治的上层建筑竖立其上并有一定的社会意识形式与之相适应的现实基础……社会的物质生产力发展到一定阶段，便同它们一直在其中运动的现存生产关系或财产关系（这只是生产关系的法律用语）发生矛盾。于是这些关系便由生产力的发展形式变成生产力的桎梏。那时社会革命的时代就到来了。随着经济基础的变更，全部庞大的上层建筑也或慢或快地发生变革"①。

生产力层面的技术进步引发生产方式的调整，进而导致生产关系、社会关系、生活方式的深刻调整。生产关系既关系到组织主体层面的所有制关系，也涉及资源配置机制。上层建筑则主要是制度政策层面。由此，形成了经济体制结构化要素中的"组织""机制"与"政策"。

那么，生产力的进步原因又是如何得到揭示呢？② "对于这个世俗基础本身应当在自身中、从它的矛盾中去理解，并且在实践中使之发生革命"③。这就是说生产力本身不能构成发展动力，是生产力与生产关系（或生产方式内部）之间的矛盾推动了历史发展。因而，更深层次的经济体制变迁的决定性因素是某一既定历史阶段的社会发展面临的主要矛盾及由此形成的主导性目标。

综上，经济体制的基本构成要素，归结为发展目标、制度政策、资源配置机制和组织主体的四个方面。①资源配置机制与组织主体之间是一个硬币的两面，构成了生产方式的主要方面，并发生相互矛盾运动。如在农地流转过程中存在着不同组织之间存在竞争性，相较于一般农户、农民专业合作社、龙头企业等，集体经济组织往往在农地资源整理方面具有比较优势④。②作为经济基础的资源配置机制与组织主体，共同与上层建筑领域的制度政策发生矛盾运动，推动经济体制由非均衡向均衡转变，获得最优体制效率。如跨村联营公司的出现，解决了集体建设用地等资源要素集中优化配置需要与"村自为界"发展体制之间的矛盾。③不同时期的主要矛盾决定了阶段性的发展战略目标，进而决定了制度政策、资源配置机制和组织主体等三方面的调整方向。

（二）经济体制变迁的动力机制

基于中国共产党农村集体经济体制经验总结，可以形成一个更为清晰化的理论框架，如图 1 所示。目标发挥核心价值观的统领作用，反映社会发展主要矛盾的变化，并体现为中国共产党的"五次"工作重心转移。工作重心的变化直接导致对组织功能需求的调整，

①　卡尔·马克思，《〈政治经济学批判〉序言》，中共中央马克思恩格斯列宁斯大林著作编译局编译：《马克思恩格斯文集　第二卷》，人民出版社，2009 年 12 月第 1 版。

②　诺斯给出的答案很简洁，认为技术进步是经济增长的表现而不是原因，制度变迁是经济增长的根本原因。然而，制度变迁同样需要给出一个自身变动的原因。

③　卡尔·马克思，《关于费尔巴哈的提纲》，中共中央马克思恩格斯列宁斯大林著作编译局《马克思恩格斯文集》（第一卷），人民出版社，2009 年 12 月第 1 版。

④　2019 年，北京市农村经济研究中心新型农业经营主体 483 份调查问卷显示，农户在确权颁证后依然愿意将农地流转的占比为 87.75%，且 70.86% 的农户认为土地流转给村集体利益最有保障，其次是龙头企业，占比为 12.91%，再次是专业合作社，占比为 9.27%，家庭农场占比为 2.65%，种养大户占比为 1.99%。

进而影响到资源配置方式与产权主体的组织形态，以及上层建筑（制度政策，如法律、规章制度、文件以及管理机构等）诸方面，由此形成了目标统领下的"三位一体"的经济体制结构与变迁的传导动力机制。

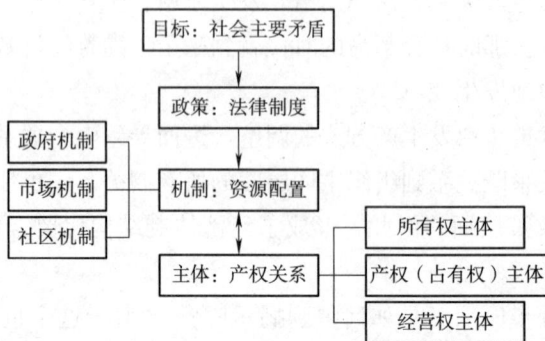

图1　经济体制结构与变迁的逻辑框架

资源配置机制与组织主体之间类似水和鱼的关系，共同构成了经济基础的基本内容，并与作为上层建筑的政策制度相互作用。资源配置机制主要有政府机制、市场机制和社区机制三种类型，分别倾向政治力量决策、资本力量决策和社区熟人社会的传统文化力量（如长幼尊卑、婚丧嫁娶等）决策。社区机制源自历史悠久的东方公社，作为亚细亚的所有制形式，"每一个单个的人，只有作为这个共同体的一个肢体，作为这个共同体的成员，才能把自己看成所有者或占有者""他们劳动的目的是为了维持各个所有者及其家庭以及整个共同体的生存"[①]。

日本经济学家速水针对政府失灵、市场失灵现象，直接概括出了另外一种配置资源的机制，称为"社区机制"。认为不同于欧美大农场下的农户零散分布，在社区聚居条件下，农户与农户之间具有对农田灌溉的共同需求，自然而然形成了一个以血缘为纽带的由熟人构建起来的社会，在社区精英主导下，人与人之间形成一种长期合作互助和相互信任的关系。通过这样一种机制可以实现社区内部资源的公平有效配置，并与陌生人环境下的市场资源配置方式相互衔接。

组织主体主要有所有权主体、产权（占有权）主体和经营权主体，分别代表资源要素的最初持有者（自然原始状态）、中间占有者（要素组合状态）和具体执行者（要素状态）。其中，产权（占有权）主体综合反映促进要素组合创新的企业家精神，是组织体系的核心。如图2所示，在生产函数中，可以清晰看到三类组织主体。资本家持有资本（K），地主持有土地（L），劳动者可以提供劳动力（L_a），加上技术（A）及技术转化率δ，四者组合起来形成了一项生产过程的基本要素集。股东（资本股、土地股、职工持股）代表大会以信任托管形式，由董事会（或管委会）持有三类要素所共同构成的法人财产权

---

① 马克思，"资本主义生产以前的各种形式""亚细亚的所有制形式"，《政治经济学批判（1857—1858年手稿）》，中共中央马克思恩格斯列宁斯大林著作编译局编译：《马克思恩格斯文集　第8卷》，人民出版社，2009年12月第1版。

（产权、占有权），董事会（或管委会）以委托代理形式由经理层（E）进行资产经营（经营权）。董事会（或管委会）在农村集体经济组织治理中具有核心位置（f），从产权关系看，产权（占有权）居于三类产权关系的中心位置，不同历史时期三权关系表现有较大差异。如在人民公社体制下"三权合一"，改革开放后出现了"三权分置"。

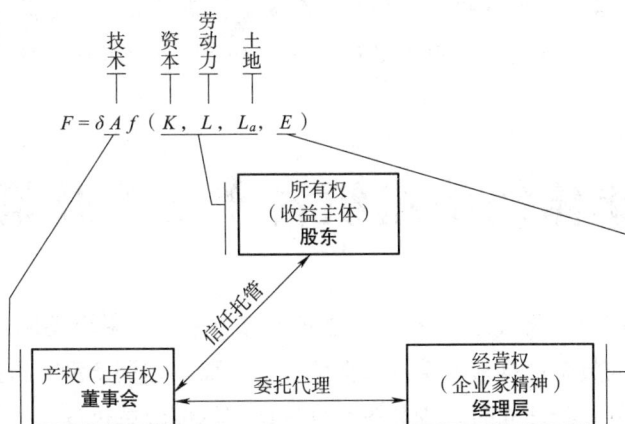

图 2　组织主体之间逻辑关系示意图

四、结论与启示

本文基于中国共产党"五次"工作重心转移，把中国共产党农村集体经济体制改革史划分为萌芽期的武装割据政权下的自耕农与劳动互助社、成长期的全国土地改革与合作化、形成期的集体化与人民公社化、调整期的家庭承包经营为基础、统分结合的双层经营体制以及成熟期的城乡融合阶段下的集体经济体制"二次飞跃"等，共五个主要历史阶段。

在此基础上，提出了一个关于经济体制变迁的理论框架，主要包括两点，一是关于经济体制的结构化要素，即一个由"战略目标"（社会主要矛盾）统领的"制度政策（上层建筑）、资源配置机制与组织主体（经济基础）"共同构成的三位一体的经济系统；二是关于经济体制变迁的动力机制，随着社会主要矛盾决定的战略目标转化，制度政策、资源配置机制与组织主体三个要素会发生相应的改变。

经济体制变迁的基本规律分析带给我们的重要启示，是当前农村集体经济体制面临的矛盾的主要方面已由"分"转化为"统"，邓小平在改革开放初期预判的由低水平集体化走向高水平集体化的"二次飞跃"的历史转折点已经来临，需要进一步提升集体经济"统"的层级。

这一理论框架将微观制度变迁的"成本—收益"分析方法拓展为经济系统变迁的矛盾分析方法，使得农村集体经济体制变迁历程成为一个前后逻辑一致的自然历史过程，增强了理论框架的场景适应性、广泛解释力和未来预测力。可以作为"庖丁解牛之刀"，整体性扫描、反观和透视当前中国共产党农村集体经济体制改革的新经验和实践探索，为扎实推进共同富裕，顺利实现第二个百年奋斗目标，发挥重要的理论指引作用。

（作者：陈雪原，北京市农研中心经济体制处处长。
感谢黄少安、魏后凯、徐祥临、孔祥智、李成贵、李增刚对论文提出的有益建议，
感谢王洪雨在图表绘制等方面给予的工作支持，但文责自负）

农村集体经济组织资产处置政策研究

随着城乡接合部城市化推进和集体土地陆续被征用，北京市朝阳区部分村建制被撤销，集体经济组织成员全部进入城镇社会保障体系，而集体资产没有得到及时处置，一度引发大规模群访事件。与此同时，少数村在推进产权制度改革过程中，缺乏经营性资产和资本运作能力，不具备继续发展集体经济的条件，亟须厘清政策思路，妥善处置集体资产。本文基于朝阳区的相关政策实践，重点探讨村级集体经济组织资产处置问题。

一、历史沿革

朝阳区地处北京市规划中心城区东部，辖区面积 470.8 千米²，下辖 24 个街道、19 个乡，其中，乡域总面积 350.5 千米²，下设 144 个村、259 个社区，2021 年末常住人口 177 万人，户籍人口 80.6 万人（农业人口 8.3 万人），107 个村完成整体搬迁安置。作为国家征地频繁、农转非人口较多、城市化进程较快的区域，朝阳区在农村集体经济组织资产处置方面进行了积极探索，根据适用政策不同，可分为以下四个阶段。

（一）政策缺失阶段（1972—1984 年）

最早涉及二环路至三环路附近的太阳宫乡左家庄大队一队、东风乡鬼王庵大队三里屯队、东直门大队南队和北队等一批生产队，当时没有资产处置政策，撤队后仅将部分集体物资变价款和青苗补偿费（即"分浮财"）分配给社员，其余资产均上交上一级集体经济组织调拨使用（表1）。

表1　朝阳区村队集体资产处置情况

单位：个、人、万元

阶段	村数	队数	涉及人数	分配资产	上交资产
1972—1984 年	0	40	19 069	—	1 805
1985—1999 年	1	56	13 391	30 376	4 351
2000—2018 年	33	85	73 229	190 689	12 438

（续）

阶段	村数	队数	涉及人数	分配资产	上交资产
2019—2021 年	7	8	16 385	17 259	0
小计	41	189	122 074	238 324	18 594

（二）简单处置阶段（1985—1999 年）

按照《关于征地撤队后集体资产的处理意见》（京农〔1985〕69 号），撤制村队将集体固定资产、历年公积金余额以及占地补偿费全部上交给所属村或乡合作经济组织，其余生产费基金、公益金、生活基金和低值易耗品、库存物资和畜禽折款、国库券和青苗补偿费归原队社员分配（即"分家底"）。

（三）改革并行阶段（2000—2018 年）

按照《关于进一步深化乡村集体经济体制改革加强集体资产管理的通知》（京发〔2003〕13 号）和《北京市撤制村队集体资产处置办法》（京政办发〔1999〕92 号），以"资产变股权、农民当股东"为基本方向，积极推进村级集体产权制度改革，同时对新批准的撤制村队资产进行处置，有序解决历史遗留的撤制村队资产处置问题。

（四）政策退出阶段（2019 年至今）

2018 年 2 月 27 日，北京市政府印发《关于宣布失效一批市政府文件的决定》（京政发〔2018〕7 号），对包括《北京市撤制村队集体资产处置办法》（京政办发〔1999〕92 号）在内的 894 件文件宣布失效。由于缺乏政策指引，在处置历史遗留的撤制村队资产时，基本参照此前的做法。

目前，朝阳区绝大多数乡已完成历史遗留的撤制村队资产处置工作。截至 2021 年底，全区累计完成 41 个村、189 个生产队集体资产处置工作，涉及 12 个乡、10.6 万人，分配资产 22.1 亿元，人均 2.1 万元。其中，改革并行阶段（2000—2018 年）资产处置涉及村队数、人数最多，分配资产数额最大（见表 1），同期完成产权制度改革的村达到 93 个，占村总数的 64.6%，分配资产 96.6 亿元，涉及 16.9 万人。总体上，撤制村队集体资产处置工作比较平稳，原队社员是比较满意的，在妥善解决历史遗留问题、保障原队社员权益的同时，切实维护了社会和谐稳定。

二、现实问题

朝阳区农村是首都东部最大的城乡接合部，各村集体在经营管理、资源禀赋、土地开发利用等方面存在较大差异，集体经济呈现明显的分化趋势。在此情况下，集体资产处置已不再局限于传统意义上的撤制村队，而是扩展到部分尚未撤制的村。相对于现实需求来看，农村集体经济组织资产处置政策是严重滞后的。

（一）村级集体经济不断分化，部分村集体资产亟待处置

城乡接合部集体经济主要依赖集体土地和房屋租金收入，在集体经济组织成员普遍要求增加集体收益分配的压力下，人员工资、福利补贴等支出具有"只能增，不能减，至少维持不变"的刚性特征，形成"高收入、高支出"的惯性，尤其是近年受绿化建设、土地储备、棚户区改造、疏解非首都功能等政策影响，有的村实施大规模拆迁腾退，而新的产业项目建设迟缓，造成集体收入增长缓慢甚至减少，收不抵支问题比较突出。据统计，2016—2021年朝阳区村级集体经济组织亏损面保持在40%上下，最低的2020年为29%，最高的2018年达58%，历年盈亏相抵后均为负值（表2），有14个村连年亏损，2021年末有79个村累计利润为负值（亏损），亏损额最大的村累计亏损高达5.2亿元。

表2　朝阳区村级集体经济组织盈亏情况

单位：个、万元

年份	盈利		亏损		盈亏相抵
	村数	利润	村数	利润	
2016	83	50 605	61	−73 599	−22 994
2017	71	24 337	73	−68 723	−44 386
2018	61	37 123	83	−80 789	−43 666
2019	80	25 396	64	−105 185	−79 789
2020	102	47 478	42	−82 769	−35 291
2021	97	34 286	47	−45 047	−10 761

从人地关系和发展趋势看，当前朝阳区村级集体经济组织有三种类型：一是成长型，表现为村集体供养的农业人口较少或已全部转非，集体有经营性建设用地和经营性资产，每年有稳定的租金收入，且有收支结余，集体资产可实现保值增值，具备向集体经济组织成员分红的条件。二是萎缩型，表现为集体供养的农业人口较多，经济负担较重，村集体长期入不敷出，账面资产不断减少甚至已资不抵债，但乡村集体有尚待开发的经营性建设用地或者将被国家征收的规划建设土地，未来可用于平衡资金，短期内不具备分红条件，也不具备资产处置条件。三是冻结型，表现为集体土地被全部征用，集体经济组织成员全部被纳入城镇社会保障体系，劳动力根据个人意愿，可选择自谋职业，一次性领取人员安置费，或由乡村集体经济组织安置就业，老年人全部按月领取养老金，集体既无经营性建设用地，也无经营性活动，资产基本处于冻结状态，货币资金只能存入银行，除少数签订定期存款协议之外，多数年利率仅0.2%左右，只能获得有限的利息收入，考虑到物价上涨、每年需扣除一定的财务管理成本和审计费用等因素，资产实际上没有增值空间，面临"有资产，无经营"的窘境（村集体普遍缺乏资本运作能力，如将货币资金用于对外投资，十之八九会赔钱，严重的可能血本无归，故货币资金本质上不属于经营性资产），集体经济组织成员要求分家底的呼声较高，成为无法回避的矛盾和亟待解决的问题。

（二）资产处置政策出现空白，部分政策规定亟待调整

一是缺少新的政策指引。北京市政府在宣布《北京市撤制村队集体资产处置办法》（京政办发〔1999〕92号）等文件失效的同时，要求各区政府、各部门、各单位做好政策衔接，防止出现管理"真空"，持续开展规范性文件"立改废释"工作。一些从事农村集体资产管理工作的基层工作人员据此认为，市政府既然"废（止）"有关文件，就是要求村集体不再分家底，只能推行产权制度改革，对"立改废释"工作有所忽略，并未研拟新的政策文件。

二是原有政策规定不尽合理。比如《北京市撤制村队集体资产处置办法》（京政办发〔1999〕92号）规定，对于集体资产数额较大的撤制村、队，要积极创造条件进行改制，发展规范的股份合作经济；对于撤制村、队集体资产数额较少，或者没有条件继续发展规范的股份合作经济的，可将集体资产分配给集体经济组织成员。问题是集体资产数额多少算较大，多少算较小，本身缺少公认合理的标准；哪些情形属于"没有条件继续发展规范的股份合作经济"，本身也缺乏清晰的界定。事实上，是否发展规范的股份合作经济，不该与资产规模挂钩，而应当与资产收益挂钩。从维护集体经济组织成员利益出发，如果资产规模较大，但收益水平过低，分家底可视为一种稳妥的资产处置方式；反之，如果资产规模较小，但收益水平较高，发展规范的股份合作经济应当成为优先选项。

三是把撤销村建制与产权制度改革完全捆绑在一起。以前村集体土地全部被征用、农业人口全部转非之后，如果集体经济缺乏发展空间，经上级有关部门批准后，可以先撤销村建制，再处置集体资产。近年有关部门把产权制度改革作为撤村的前置条件，要求完成产权制度改革之后方可撤销村建制，致使冻结型集体经济组织资产处置问题复杂化、长期化。如某乡现有4个村，全乡4 584名农业人口数年前已全部转非并进入城镇社会保障体系，村集体资产早已"封账"，从维护集体利益出发，本该撤村处置资产，由于集体成员意见分歧较大，产权制度改革进展缓慢，迟迟无法撤村，为维持村级组织运转，乡集体每年不得不提供资金补贴，弥补各村收支缺口（2个村尚有一定的房租收入，有关房屋处于拆迁地块，暂由村集体对外出租，且村集体已获得地上附着物补偿费，即将启动拆迁程序），仅2021年补贴额就达1 446万元（表3），造成乡级集体资产不断被消耗，客观上不利于发展壮大集体经济。

表3　2021年朝阳区某乡各村集体收支情况

单位：万元

收支项目	甲村	乙村	丙村	丁村
支出总额	836	519	703	451
其中：村级运转	264	140	191	176
公益事业	572	379	512	275
资金来源	836	519	703	451
其中：房屋租金	0	219	459	0
财政拨款	203	34	50	98
乡级补贴	633	266	193	353

（三）政策解读存在偏差，没有吃透文件精神，脱离基层实际

一是把集体资产分配等同于集体资产流失。《中共中央 国务院关于稳步推进农村集体产权制度改革的意见》（中发〔2016〕37号）提出，"坚持农民集体所有不动摇，不能把集体经济改弱了、改小了、改垮了，防止集体资产流失"。有人以此为据，认为集体资产不得用于分配，否则就是集体资产流失。应该看到，集体资产流失与分配集体资产是两回事，集体资产流失仅限于个人或单位无偿使用（借用）、低价承租或受让集体资产，或者未将集体资产及其收益纳入规范化管理，造成资产及收益被侵占、被私分、被转移、被损毁等损害集体利益的情形，在集体经济组织内部分配资产不属于资产流失，该文件也没有对此作出限定。更重要的是，文件同时要求"以推进集体经营性资产改革为重点任务""尊重农民群众意愿。发挥农民主体作用，支持农民创新创造，把选择权交给农民……让农民成为改革的参与者和受益者""分类有序推进改革""不搞一刀切"。有人对城乡接合部集体资产构成情况的复杂性、特殊性认识不足，生搬硬套，断章取义，把货币资金与经营性资产混为一谈，片面解读中央文件精神，不是把选择权交给农民（农村集体经济组织成员），不是把农民群众的事办好，而是违背农民意愿，损害农民利益。

二是曲解土地补偿费分配政策。北京市政府发布的《北京市建设征地补偿安置办法》（第148号令）规定，"土地补偿费支付给被征地的农村集体经济组织或者村民委员会，用于农村村民生产生活"，农业部《关于加强农村集体经济组织征地补偿费监督管理指导工作的意见》（农经发〔2005〕1号）规定，"2004年以前的土地补偿费，没有分配的，仍归农村集体经济组织管理使用，原则上不得用于个人分配"。有人罔顾事实，曲解上述政府规章和文件，认为"土地补偿费要用于农村村民生产生活，原则上不得用于个人分配"。事实上，土地补偿费归农村集体经济组织所有，按照最高人民法院的司法解释，可以在其内部分配。《最高人民法院关于审理涉及农村土地承包纠纷案件适用法律问题的解释》（法释〔2005〕6号）第二十二条规定，"农村集体经济组织或者村民委员会、村民小组，可以依照法律规定的民主议定程序，决定在本集体经济组织内部分配已经收到的土地补偿费"。在具体操作上，全国有不少此类案例，如2017年广东省珠海市斗门区井岸镇圳湾村向约2 000名村民分配5亿元（25万元/人），绝大部分来自"卖地所得"；2018年中山市南朗镇关塘村某地块拍卖所得12.88亿元，367名村民人均分配351万元；同年佛山市顺德区乐从镇新隆村将26.7亿元土地拍卖款"按股分红"，村民每股分得41万元（满45岁的3股/人，满18岁的2股/人，未成年人1股/人）。相对于外地农村集体获得的土地出让收入来看，朝阳区村集体获得的土地补偿费数额较小，通常仅数百万元，最多的也仅数亿元，为何不能纳入资产分配？更令人费解的是，如果土地补偿费不能纳入资产分配，而只能被存入银行，这些资产最终又将如何处置？由于政策解读出现错误，导致有关部门无法决策，在一些人看来，资产留在集体账面上，无需承担任何责任，万一分配资产违反政策，则可能会被问责。对于已履行民主决策程序决定分配资产的村集体，有人抱残守缺，声称存在诸多风险，直指相关工作人员可能要被问责，以致基层人心浮动，陷入"改不动，分不了"的困境。

三、政策建议

鉴于城乡接合部集体经济存在明显分化现象，应当坚持解放思想，实事求是，与时俱进，完善政策，反对僵化教条，因循守旧，故步自封，在发展壮大农村集体经济的同时，积极稳妥处置村集体资产。

（一）明确政策取向

在高度城市化的城乡接合部，随着农民身份向城市居民身份的转变以及城乡社区的融合，农村集体经济组织正在向企业形态转变，与企业生命周期相似，有的可持续发展，有的则走向消亡。发展壮大城乡接合部农村集体经济，应当区别不同情况，从客观实际出发，因地制宜，宜股则股，宜分则分，分类有序推进，不搞一刀切，切实把实现好、维护好、发展好广大农民的根本利益落到实处。

一是成长型集体经济组织可按"撤村不撤社，农民当股东"的改革思路，大力发展社区型股份合作经济，让改革红利充分惠及集体经济组织成员。

二是萎缩型集体经济组织应加快培育产业支撑，逐步实现收支平衡，在集体产业用地完成开发或者集体土地全部被征用后，如集体经济有良好发展前景，应重点发展社区股份合作经济，如集体经济缺少发展空间，可启动资产处置工作。

三是冻结型集体经济组织与传统的农村集体经济组织不同，本身属于无集体土地、无农业人口、无经营性资产的"三无村"，其货币资金难以保值增值，即使存在其他可变现的非经营性资产，也没有增值的空间，应当尊重集体经济组织成员意愿，保障其财产权益，及时妥善处置集体资产。

（二）完善政策规定

一是不再把完成集体产权制度改革作为撤销村建制的前置条件。对于土地全部被征用、农业人口全部转非且被纳入城镇社会保障体系的"三无村"，经乡镇人民政府申请，上级主管部门可批准撤销村建制，而不再与产权制度改革捆绑在一起，以便适时推进集体资产分配工作。

二是做好规范性文件"立、改、废、释"工作。鉴于北京市原有相关文件已被废止，建议由区县人民政府制定规范性文件，明确撤制村集体资产处置的适用对象、处置原则、资产范围、分配依据和处置程序，切实解决好政策断档问题。土地补偿费可依照法定程序纳入撤制村集体资产分配，也可由村集体经济组织决定采取其他形式分配。

（三）支持基层创新

支持农民创新创造是农村改革取得成功的一条重要经验，没有这一条，就不会有安徽小岗村家庭联产承包责任制在全国的全面推广，这条经验同样适用于农村集体资产处置工作。对于政策没有作出规定的，只要有利于维护集体及其成员合法权益，就应当鼓励农民探索和创新，打消基层工作人员顾虑，对于好的做法和经验，认真总结和推广，对于发现的问题，及时纠正，切实规范。对于由于人为因素造成农村集体经济组织和农民资产权益受损的，应及时制止，依法依规处理。对于不合理的政策规定，应当遵循法律基本原则，适时修订和完善。

（作者：潘佳瑭，北京市朝阳区农村合作经济经营管理站）

把好浙江门户 推动共同富裕

——关于省际边界村发展情况的调研报告

省际边界村有着特殊的地理区位，打造"重要窗口"的"前沿地带"，如浙北杭州、嘉兴、湖州的边界村；需要重点扶持的"辐射末梢"，如浙西南衢州、丽水等26县的边界村。根据浙江省委主要领导批示精神，省农业农村厅组织调研组，深入杭州、嘉兴、湖州、衢州、丽水等地，对省际边界的行政村发展情况进行了专题调研。

一、省际边界村发展基本情况及特点

浙江省际边界村共302个，其中与福建省接壤的行政村111个，主要分布在温州市与丽水市；与安徽省接壤的行政村68个，主要分布在杭州市、湖州市与衢州市；与江苏省接壤的行政村45个，主要分布在嘉兴市与湖州市；与上海市接壤的行政村28个，均分布在嘉兴市；与江西省接壤的行政村50个，均分布在衢州市。共涉及农户16.19万户、55.41万人，常住人口45.76万人，外出人口15.31万人。村域面积31.76万公顷、耕地面积54.33万亩。302个行政村中，省定相对经济薄弱村96个、占比为31.8%，生态红线内村102个、占比为33.8%，革命老区村99个、占比为32.8%，少数民族村16个、占比为5.3%。主要有以下几个特点。

（一）集体经济日趋壮大但呈现不平衡性

近年，各地认真贯彻落实中央和省委关于发展壮大村级集体经济决策部署，整合资源、凝聚合力，不断推动村级集体经济发展，特别是加大了对经济基础相对薄弱的省际边界村的扶持力度，在项目、资金等方面加强保障，省际边界村村级集体经济持续稳定增长。截至2020年底，302个省际边界村村级集体经济总收入6.47亿元（村均214.2万元）、经营性收入2.32亿元（村均76.8万元）、农村居民人均可支配收入2.4万元，较上年分别增长13.9%、16.4%、6.2%。但集体经济发展南北分化突出，不平衡性现象明显。从绝对值看，2019年浙南地区（温州、衢州、丽水）边界村村均集体经济总收入58.88万元、村均经营性收入18.31万元，浙北地区（杭州、嘉兴、湖州）边界村村均总收入350.38万元、村均经营性收入 126.06 万元，南北两数值分别相差 291.5 万元、107.75 万元。2020 年浙南地区边界村村均总收入 68.36 万元、村均经营性收入 21.52 万元，浙北地区边界村村均总收入 397.50 万元，村均经营性收入 146.41 万元，南北两数值分别相差 329.14 万元、124.89 万元。从增速看，2019—2020 年浙南地区省际边界村集体经济总收入平均增速为 13%、经营性收入增速为 19%，浙北地区省际边界村集体经济总收入平均增速为 18%，经营性收入增速为 22%。浙北地区边界村平均村集体总收入增速比浙南地区高 5%，平均经营性收入增速高 3%，可见差距有扩大的趋势。

（二）支持政策多样但缺乏专项扶持

据调查，各地在现有政策范围内给予边界村相关支持。在财政资金方面，积极探索建立涉农资金统筹整合长效机制，发挥财税体制改革牵引作用。如江山市统筹新农村建设补助资金，7 个边界村获得 529.22 万元建设补助，村均 75.6 万元。在用地保障上，各地每年安排相应的用地指标保障乡村振兴新增需求，优先审批符合规划的乡村农业和休闲农业项目，将落实用地政策列入乡村振兴战略实绩考核内容。如丽水市 4 个省际交界县 2020 年共安排 404 亩农村发展土地，其中省际边界村 138 亩。在产业扶持上，各边界村都享受所在县产业补助政策，基本做到应享尽享、能享尽享，且浙北浙南略有不同。浙北地区的村，主要围绕物业经济、工业园区建设等，如湖州市南浔区南浔经济开发区浔北村现有企业 42 家，沃克斯电梯、生力电子、凯盛纺织等企业都从浔北村发展成长起来；浙南地区的村，主要侧重主导产业种养支持，如杭州市淳安县鸠坑乡青苗村 2020 年招引茶企落户，挖掘汉唐鸠坑茶文化、汉唐古法制茶工艺，为青苗村鸠坑贡茶产业发展打牢基础。在生态补偿上，边界村多为生态功能区、水源涵养区，多数享受生态公益林、国家公园建设等补助。另外，根据所处地区不同，边界村还享受革命老区政策补助、移民政策补助等单项支持，但现有政策均为普适性政策，各级均未出台针对省际边界村的专项政策。

（三）基础设施加快建设但仍显薄弱

近年，各地通过深化实施"千万工程"，边界村基础设施基本实现城乡互联互通、共建共享。截至 2020 年底，302 个省际边界村中，298 个村具备宽带网络、占比为 97.7%；252 个村具备文化礼堂、占比为 83.4%；237 个村具备通往邻省的公路、占比为 78.5%；211 个村具备卫生室、占比为 69.9%；277 个村具备污水处理设施并实行了垃圾分类、占比为 91.7%；生态保护红线内的村均具备污水处理设施与实行垃圾分类。但相较于中心村，边界村村庄建设仍显薄弱，存在诸多问题。如村容村貌等基础设施缺乏统一规划，建设杂乱无章，导致村庄环境提升难；建设用地较少，建房需求大，土地难调剂。基础设施建设薄弱是调研中边界村群众反映最为强烈的问题，虽然边界村已基本实现道路、用水、灌溉等设施全覆盖，但普遍建成于 20 世纪八九十年代，个别甚至始建于新中国成立初期，道路毁损未硬化、灌溉水渠长度不够、一些经济林未开垦必要的林道，严重影响群众生产生活和农业现代化的需求。其中，交通问题的反映最为强烈。丽水市有 17 个边界村未建有通往邻省的硬化道路，受制于资金、政策处理等多方面原因，交通问题迟迟得不到有效解决。

（四）基层治理日益完善但共治水平仍需提升

近年，各地积极探索，创新实践以党建为引领、自治法治德治智治相结合的基层治理路子，初步形成"党建＋基层治理"的新格局。积极与邻省探索共同治理模式，经常性开展各类联防联控活动，特别在新冠肺炎疫情防控期间，边界村共设卡口，严格落实各项防控措施，取得较好成效。衢州、嘉兴等市探索出"1＋7"党员联户、"毗邻党建"等新模式，推动深化边界村基层组织建设和治理提升。但由于历史原因，个别边界村仍存在矛盾纠纷，短期内解决难。一方面，边界线常以田埂、大杉树等不固定物体作为参照物，因风吹日晒等原因，作为边界线参照物的不固定物体经常不稳定；另一方面，省内多地存在"插花山""插花地"现象，即浙江省边界村的集体山林、土地位于邻省地域范围内。边界村村民对地理界线等概念模糊，导致违规现象和边界村矛盾时有发生。如杭州市淳安县王阜乡横路村朱尖塘自然村与安徽省黄山市歙县金川乡仁和村农户存在山林历史积案纠纷，2019年经多次协调，未能达成一致协议。

二、省际边界村制约因素和路径选择

虽然大部分省际边界村基层组织稳固、生态底色浓厚、民风淳朴务实，但长期面临发展瓶颈。究其原因，主要是以下几方面。

（一）资源禀赋差，空心化程度高

边界村空心化严重，村中多数村民选择外地务工，留在乡村的多为老人、儿童，出现边缘土地抛荒现象，农业经济发展缺乏源动力。从资源分布上说，大多数边界村地处生态保护区、水源涵养区、革命老区，往往远离行政中心、经济中心。这些村耕地面积小，山林面积大，302个边界村人均耕地面积0.94亩，集中连片的耕地少导致土地流转基础差，限制了现代农业发展；山林虽然面积大，但都划为生态公益林，无法进行开发利用，甚至限制了林业产业化发展。从人口分布上说，头脑灵活、商品意识强、素质相对较高的青壮年大多流到集镇或者城里工作，302个省际边界村中人口流出率最高为93.9％，平均人口流出率为35.7％。人口外流现象不仅存在于浙南地区的偏远边界村，浙北地区也同样存在。如嘉兴市秀洲区多个村与江苏省苏州市吴江区盛泽镇交界，除本村村民大量外出务工经商外，村内还有大量外来居住人员白天在盛泽镇企业工作，晚上回秀洲区居住，存在着隐性外流现象，这对浙江省边界村的产业发展也未起到明显促进作用。

（二）产业基础弱，发展后劲不足

边界村交通、水利设施基础较差，无论发展产业、还是改善民生，都受到较大制约。农业、传统农副产品加工业、一般性工业、传统服务业占较大比重，302个边界村中主导产业为农产品种植、养殖业占比高达77.5％，且质量不高，整体实力弱。不要说引进先进制造业和发展现代服务业，就是发展现代农业往往也面临技术、资金、营销渠道、传统观念制约，使得边界村陷入"产业层次低—整体实力弱—产业升级难—发展质量低"的恶性循环。处于浙北地区的边界村相对发达，但由于政府财政收入、经济基础、人文环境等因素影响，边界村与外省相邻村之间的差距仍较明显，在科技、资金、项目和人才等方面，正拉大省际边界村之间的差距。

（三）政策不协同，缺乏共建机制

总的来看，省际相邻边界村之间发展规划缺少整体布局，发展中缺少共享机制。调研发现，边界村之间村民来往比较普遍，但只有遇到疫情防控、消防等联防联控事项，双方才会共同商议。其余事项的通力协作、共商共建机制不完善，特别是在生态建设、环境整治等社会事务上，邻近省份政策和实施力度与浙江省不同步，个别临近省际边界村还存在乱丢弃垃圾现象，导致浙江省在环境整治方面成本增加。在民生保障领域，调研发现体系差异导致群众生活成本上升。如丽水市一些边界村，因跨省就医交通相对方便，许多村民选择前往邻近省份就医，但因福建省、江西省和浙江省的医疗报销目录存在出入，部分就医项目未纳入浙江省农民新型合作医疗保险，补充医疗在跨省就医无法使用，农民跨省就医中医疗费报销比例一般为50%，远低于全省的75%。

省际边界村高质量发展应选择如下路径：一是坚持社会事业"输血"与经济发展"造血"并重，秉持城乡融合发展理念，统筹县域城乡发展、基础设施、公共服务规划，推进经济社会同步发展。二是坚持生态保护与产业提升并重，实行有补偿的保护、能循环的开发，重点发展高效生态农业和循环经济，使边界村的生态经济化、经济生态化。三是坚持守正与创新并重，深入推进"两进两回"，提升边界村农民创业就业的技能和本领。四是坚持长三角一体化和海西区一体化并重，加强长江三角洲地区（上海、江苏、浙江、安徽）和海峡西岸经济区（福建、浙江、江西、广东）之间的经贸合作、协同发展，实现人才、资金、要素和产业为我所用、共建共享、共治共富。

三、省际边界村高质量发展对策与建议

全面建设社会主义现代化，高质量发展建设共同富裕示范区，一个也不能少。省际边界村是浙江省大家庭的重要一分子，也是浙江省面向全国的门户，推动其高质量发展是应有之义，也是当务之急。现提出以下对策建议。

（一）统一编制发展规划

在省级层面编制接轨跨省边界地区的发展规划，将省际边界村发展纳入发展改革、经信、商务等部门政策框架，在传统产业转型升级、生态资源保护开发和群众生活提质升级等方面给予政策倾斜和专项扶持。在长三角一体化、海西区一体化发展框架内，建立多层次的跨省对话协商机制，共同编制专项发展规划，对地区间存在的不衔接、不匹配、不一致问题梳理出清单，对各地现行政策制度中的地方标准和规则，沟通协商后协调统一。在

成本共担、利益共享前提下，探索建立省际边界地区医疗、养老、教育、文化、就业辅导等公共服务的共担共享机制，特别要提升边界地区养老服务保障能力，切实提高"两不愁三保障"水平。建立完善省际边界村有效沟通机制，加强信息交流，降低合作交易成本，着力解决省际互联互通的"最后一公里"问题。

（二）调整优化产业结构

没有特色和内涵的乡村就没有竞争力和生命力。要着眼形成独特的边界村特色，体现时代特征、浙江特色、地区特点，提升村庄发展内涵。进一步优化生产力布局，整合现代农业园区、特色农业强镇、农产品优势区等平台，大力实施乡村产业"十业万亿"培育工程，适度调整村庄产业结构，不断壮大乡村旅游、农村电商、养生养老、运动健康、文化创意等新业态，确定工业主导、商贸物流、资源开发、农业产业等各种具有地方鲜明特色的发展方向，形成规模化的产业连接带，并与邻省交界村形成区域产业带。持续拓宽"绿水青山就是金山银山"转化通道，完善生态产品价值实现机制，把美丽乡村发展成美丽经济，不断拓展产业增值增效空间。

（三）持续加强基础设施建设

凸显浙江省与周边地区的比较优势，将边界村建设成"重要窗口"展示点，提升整体形象。有序实施较大人口规模边界村的硬化路建设，加强农村资源路、产业路、旅游路和村内主干道建设，推进公路建设项目向进村入户倾斜。实施数字乡村建设工程，加强边界村信息通信基础设施建设，推动新一代信息技术与农业生产经营深度融合。加快美丽乡村建设，优化乡村景观，提升边界村人居环境，丰富乡村旅游业态，实现一村一品、一村一韵、一村一景。加强边界村村级客运站点、文化体育、公共照明等服务设施建设，完善边界村物流体系，推动城乡生产消费有效对接，确保当地群众生活省内城乡同标、省际高于邻省。

（四）协同推进社会治理

探索实行省际边界党建联动机制，以党建统筹解决省际边界村出现的诸多矛盾，逐步实现组织同步建设、产业同步发展、制度同步完善、资源同步共享，推动省际边界村经济社会协调发展。构建交界村与邻省工作人员、警官、网格员等多元化主体相结合的立体结构治理体系，实现多元化主体的整体合力。通过整合各方资源，积极发挥社会多元治理主体的作用，建立与各类主体的信息互通，实现民心在基层聚集、资源在基层整合、问题在基层解决、服务在基层拓展，实现多元化社会治理体系的价值。运用互联网、人工智能和大数据分析等现代信息技术，逐步实现信息整合、矛盾数据汇总，横向打破边界两地的资源和信息壁垒，纵向无缝衔接社会矛盾源头预防、排查预警、多元化解、善后处置各个环节，织密边界村两地社会治理智慧网。深化数据共享平台和联合执法机制建设，对企业排污、生活排污、农药化肥使用、废弃物处置等，实行最严格的监控和统一标准处置。

（五）深化农村集成改革

以新时代乡村集成改革为牵引，统筹推进农民带权进城改革、"两进两回"改革、乡村数字化改革。深化村经济合作社股份合作制改革，实现集体资产清产核资、社员登记备案管理、集体经济组织登记赋码全覆盖。推进新型农村集体经济发展，推行村庄经营、强村公司、"飞地"抱团、片区组团等发展模式，推动经营机制向市场化转变。拓宽"两进两回"渠道，建立边界村乡村招才引智引资制度，在边界村布局建设一批乡村双创园、农创客基地、孵化园、小微企业园等平台，引导有资金和经验的农民工返乡创业，推动城市各类人才投身边界村乡村产业发展。围绕乡村整体智治，加快集成和提升边界地区业务数字化应用，特别是浙北省际边界村建设一批未来乡村。

（作者：孙飞翔，浙江省农业农村厅一级巡视员；

方杰，浙江省农业农村厅政策与改革处处长；

李振航，浙江省农业农村厅政策与改革处副处长；

张旭，浙江农林大学博士研究生）

城乡融合发展和美丽乡村建设

2021年北京市城乡融合发展报告

2021年，北京市坚持以习近平新时代中国特色社会主义思想为指导，全面贯彻党的十九大和十九届历次全会以及中央经济工作会议、中央农村工作会议精神，完整、准确、全面贯彻新发展理念，坚持以首都发展为统领，以"大城市带动大京郊、大京郊服务大城市"为发展方略，以推动高质量发展为主题，通过建立健全城乡融合发展体制机制，全面推进乡村振兴。

一、组织保障不断增强

市、区两级乡村振兴局挂牌成立，形成了市委农村工作领导小组办公室、市委农工委、市农业农村局、市乡村振兴局的"1+3"组织架构。建立健全市委、市政府主要领导亲自研究、直接部署，市委副书记每季度调度，分管副市长每月调度，市领导牵头"五大振兴"工作专班抓落实，市委农办督察考核的工作制度。印发全面推进乡村振兴加快农业农村现代化实施方案，编制"十四五"乡村振兴战略实施规划和乡村特色产业、农产品加工业、休闲农业等行动计划，明确了"十四五"时期全市"三农"工作的目标、任务和路径。

二、多措并举增加农民收入，缩小城乡差距

北京市坚持以提高农民收入、缩小城乡差距为目标，突出就业和产业两个关键因素，坚持"就业带动、产业联动、资源撬动、帮扶拉动"，出台促进农民增收20项扶持措施。2021年北京市农村居民人均可支配收入33 303元，同比增长10.5%，快于城镇居民2.7个百分点。城乡收入比2.45：1，相比2020年下降0.06。

实施充分就业工程，提高工资性收入。加大对农业龙头企业、农业产业园、农村集体经济组织以及集体企业的支持力度，带动更多本地农民就业。发展乡村特色手工业，全面落实平原生态林管护、规模化苗圃建设、山区森林经营招收北京市农村劳动力分别不低于总用工人数60%、50%、80%的要求，组织本地农民参与林下经济发展。推进以工代赈，稳步扩大农村公益性岗位规模，提升工资待遇。全年累计帮扶3.79万名农村劳动力实现转移就业，吸纳4万名农村劳动力参与基础设施管护和村庄保洁。

推进乡村产业发展，提升经营净收入。持续推进休闲农业"十百千万"畅游行动，高水平举办"京华乡韵"系列推荐活动，出台《关于促进北京市乡村民宿发展的指导意见》，加大对乡村民宿支持力度。开展"花果蜜观光采摘季"、"五节一展"、国际樱桃大会等活动赛事，打造林特文化节庆活动品牌。探索"林下种植＋自然体验"等产业融合发展模

式。延庆、怀柔成功创建全国休闲农业重点区。成功举办农民丰收节开幕式及近百场活动，并在开幕式现场发布 130 个优农品牌。截至 2021 年底，全市休闲农业园突破千个，实现自 2016 年以来首次止跌回升；休闲农业观光园总收入 18.4 亿元，同比增长 19.4%；乡村旅游总收入 14.1 亿元，同比增长 48.4%。

深入推进农村改革，提升财产净收入。深化农村集体产权制度改革，规范农村集体经济组织运行管理，进一步盘活闲置资产，发展特色产业，促进集体资产保值增值。推动集体产业转型升级，引导承包土地经营权规范有序流转，依法合理确定经营权流转指导价格，鼓励多种形式的适度规模经营。

加大社会保障力度，提升转移净收入。出台促进农村劳动力就业参保若干措施，提高社会救助兜底水平。稳步提升城乡居民保障水平。继续提高城乡居民基础养老金和福利养老金标准，在 2020 年基础上每人每月增加 30 元，分别达到 860 元、775 元。

三、创建宜居宜业美丽乡村

（一）持续改善农村人居环境

牢固树立"绿水青山就是金山银山"的发展理念，加快补齐基础设施和公共服务等突出短板，全力推进农村人居环境整治各项重点任务，推动城乡融合发展。完成 2 911 个村村庄规划和美丽乡村建设实施方案编制审批工作，村庄规划实现"应编尽编"。深入实施"百村示范、千村整治"工程，启动第二批 1 041 个美丽乡村基础设施建设村，已整村完工 953 个村。策划开展"百师进百村"活动，"一对一"助力各村实现乡村振兴。深入实施农村人居环境月检查、季全查、月调度机制，累计开展检查抽查 12 次，核查村庄 2 万余村次。扎实推进中央巡视和环保督察反馈问题整改落实，强化农村污水治理。狠抓《北京市生活垃圾管理条例》落实，生活垃圾处理基本实现行政村全覆盖。加强乡村风貌管控，在 9 个区 17 个村组织开展农村住房质量提升试点。完成年度煤改清洁能源 65 个村庄、约 3.8 万户改造任务，全市 88.7% 的村庄、93.1% 的农村住户实现了清洁取暖。

（二）促进城乡公共服务均等化

继续实施城乡一体的基础设施和公共服务规划，加大中心城区优质教育、医疗等资源向郊区辐射力度，着力解决服务"好不好"的问题。

教育方面，提高城乡义务教育投入保障水平，加大对生态涵养区倾斜力度。给予乡村教师岗位补贴，提高乡村教师队伍稳定性。实施城乡中小学一体化发展项目，支持 95 所城乡一体化、城区跨区"点对点"、通州与城区学校"手拉手"学校建设，提高乡镇、农村等地区办学水平。改善随迁子女学校办学条件。实施"文艺演出星火工程""戏曲进乡村"和"农村电影放映工程"等项目，丰富农村地区文化生活。

医疗卫生方面，制定《北京市农村卫生室标准化建设工作方案》，组织各区开展村卫生室选址和相关设施配套建设等工作，650 个卫生室空白村全面消除，实现卫生机构行政村全覆盖。设立市级基本公共卫生服务转移支付资金，按照山区人均 23 元、半山区人均

17元和城区人均11元安排补助资金，有重点地向生态涵养区倾斜，加快构建覆盖城乡、优质均衡的公共卫生服务体系。设立并落实农村社区卫生人员岗位补助，提高农村地区社区卫生人员待遇，吸引优秀卫生人才到农村基层服务。

养老方面，完善城乡居民基本养老保险待遇确定和基础养老金正常调整机制，积极推进异地就医联网结算。探索农村邻里互助养老服务点等互助型养老服务。健全无障碍设施建设管护长效机制，完善困难残疾人分级分类保障政策，完善社会救助兜底保障制度。依法完善人身损害赔偿制度，统一城乡居民赔偿标准。建立健全临时救助备用金使用管理制度。

四、建立健全有利于乡村经济多元化发展的体制机制

（一）持续提升农业质量效益和竞争力

建立健全粮食、蔬菜、生猪等重要农产品生产规模和产量稳定提升的支持政策，完善各级责任制落实和考核办法。建设一批现代化设施农业生产基地和园区、专业村镇和特色农产品优势区。持续加强高标准农田建设，完善农业补贴政策体系。支持农业龙头企业在环京周边地区建设紧密型农业生产基地。

健全以生态、优质、安全为核心的绿色有机农业发展引导政策，完善绿色有机农产品认证标准、生产体系和监管制度，提高北京市名特优农产品在中高端市场的占有率。推动城乡冷链物流发展，支持产地直供、平台优选、城市分选中心＋社区前置仓等农产品电商新模式。

（二）强化农业科技支撑

编制《北京市农业科技"十四五"规划》，调整现代农业产业技术体系北京市创新团队，并完成11个创新团队首席专家的遴选工作。与农业农村部合作共建中国·平谷"农业中关村"，平谷区获批国家农业科技现代化先行县，京瓦中心竣工验收并投入运行。北京种子大会升格为中国北京种业大会。243个新品种通过国家审定，其中主要农作物新品种237个、占全国14.8％，畜禽新品种6个、占全国1/3，均位列全国第一。深入实施现代种业发展三年行动计划，全面完成第三次全国农作物种质资源普查任务，完成第三次畜禽资源、第一次水产资源面上普查任务。加快推动平谷区国家现代农业（畜禽种业）产业园、通州农作物种业创新示范区和国家玉米种业技术创新中心建设。配合市人大完成《北京市种子条例》立法任务。通州、顺义、大兴、房山4个重点区高效设施农业建设全面启动，翠湖智慧农业10万米^{2}智能温室投入使用。深入实施"千名科技人员进千村入万户"活动，北京农业科技大讲堂成功上线。

（三）推进生态涵养区绿色发展

全面落实《北京市生态涵养区保护和绿色发展条例》以及《关于推动生态涵养区生态保护和绿色发展的实施意见》，重点完善了平原区与生态涵养区结对协作机制。聚焦生态

涵养区重要水源地保护、乡村旅游瓶颈道路、基层教育医疗、绿色产业发展等关键领域和薄弱环节，谋划支持生态涵养区发展的重点项目和具体政策，进一步巩固生态保护成果、夯实绿色发展基础。推进自然资源资产产权制度改革，完善价格形成机制，开展自然资源资产抵押融资试点。健全综合性、多元化生态保护补偿机制，以生态环境保护绩效为基础，逐步推动生态保护补偿与财力转移支付联动挂钩，提升生态涵养区综合发展效益。完善生态文明建设财政奖补机制。

五、全面激活农村资源要素

（一）激活土地资源要素

积极稳妥推动土地制度改革。深化规自领域问题整改，落实"村地区管"机制，加强农村集体土地管理，开展"大棚房"问题专项清理整治行动"回头看"和百日专项整治行动。基本完成农村承包地确权登记颁证，推进农村承包土地经营权抵押贷款。进一步完善集体建设用地入市配套政策，构建公平合理的增值收益分配机制。指导各区出台宅基地及建房管理政策文件，建立乡镇宅基地及建房联审联办机制，深化大兴、昌平区宅基地制度改革试点。支持农村集体经济组织统筹引领闲置宅基地和住宅盘活利用，10个远郊区现有2万余处闲置农宅，已盘活利用近9 000处。

（二）激活农村人才资源要素

支持对农民和各类农村人才开展就业培训，提升农民生产经营技能，推动有劳动能力和就业意愿的农民就近就地充分就业。对具有引领带动作用的农村实用人才和创业项目给予资金奖励。促进院校毕业生到基层就业，充分激活农村人才资源要素。创新农民职称评审制度，畅通农村实用人才职称评审通道，职称评审向基层一线倾斜，2021年首次出现农民取得农业技术推广研究员的正高级职称。持续举办"农村创业创新大赛"和"农村实用人才优秀创业项目评选资助"，已累计评选了76个优秀项目，总资助金额达480万元。开展"干部科技人员进千村入万户"专项行动，下沉一线服务农业农村发展，进村入户2 000余人次，解决大批实际问题。圆满完成村"两委"换届，实现了"年龄降、学历升"的预期目标，3 764个村全部配备35岁以下年轻干部，8 400余名致富能手、退役军人、本乡本土大学生等新进入"两委"班子。

（三）加强资金保障

积极拓展农业农村投入渠道，聚焦农业农村发展重点投入，不断完善财政支农资金管理模式，探索财政与金融协同支农有效方式，加快形成财政优先保障、社会积极参与、金融重点倾斜的多元投入格局。制定调整完善北京市土地出让收入使用范围优先支持乡村振兴的措施，明确到"十四五"期末，全市土地出让收入用于农业农村比例要稳步提高到8%。建立区级留用为主、市级适当统筹的资金调剂机制，市级每年从土地出让收入用于农业农村的资金中统筹不低于10%的资金，重点支持生态涵养区和财力薄弱区的乡村振兴。持续推动建立"大专项＋任务清单＋绩效管理"的涉农资金统筹整合长效机制，着力解决财政资金在预算编制环节的问题。出台"田长制"、生猪产业优化提升、设施农业绿色高效发展等一系列支持政策，每年投入资金不少于 10 亿元保障粮食、生猪、蔬菜等重要农产品有效供给。不断健全完善农业信贷担保体系，稳步扩大农业保险覆盖面和保障程度。

（四）加强技术支持保障

推进数字乡村建设，加大涉农信息资源和服务资源整合力度，为农业农村现代化提供技术保障。推进人工智能、5G、大数据等新一代信息技术在农业农村领域的应用，发展数字田园、AI 种植、农业工厂，推进农产品电子化交易，实施"互联网＋"农产品出村进城工程，开展农业物联网应用示范基地建设，推动形成了具有北京市特色的农业数字化应用场景。

六、加强乡村多元化治理

坚持完善乡村基层治理机制，全面加强农村基层党组织对农村各类组织和各项工作的领导，构建自治德治法治有机结合的现代乡村治理新格局。以"吹哨报到""接诉即办"为主抓手，认真办理群众诉求，畅通以"12345"市民服务热线为主渠道的群众诉求快速响应机制。扎实做好农村宅基地、农村基础设施建设和农村村民待遇等问题"每月一题"专项治理。探索城乡接合部人口倒挂村等重点区域社区化管理机制，提升公共设施配套服务能力和社会管理水平。深入实施村党组织带头人队伍整体优化提升行动，健全乡村振兴协理员、第一书记选派工作长效机制。

认真落实乡村文化振兴和乡风文明建设要求，村规民约覆盖率、村（居）法律顾问覆盖率、基层综治中心覆盖率、村级新时代文明实践站覆盖率均达到 100％。落实村级组织运转经费正常增长机制，全面提升"四议一审两公开""三务公开"规范化水平，村级政务服务实施全方位标准化管理。加快推进平谷、海淀区全国乡村治理体系建设试点工作，1 个乡镇和 11 个村入选全国乡村治理示范村镇。累计创建国家级民主法治示范村 55 个，市级民主法治示范村 586 个，全国文明村镇 72 个，首都文明村镇 970 个。

（供稿：中共北京市委农工委研究室）

以北京市为例探索建立新型
工农城乡关系问题研究

在"两个一百年"奋斗目标的历史交汇期，开启全面建设社会主义现代化国家新征程，建立新型工农城乡关系，无疑具有重大的现实意义。现阶段，中国已经进入城乡融合发展新时期。因此，推动北京市探索和建立新型工农城乡关系，在国内优先形成典型成功示范区，对于城乡融合发展具有重要的现实意义。

本文通过梳理北京市城乡关系变迁，结合北京作为特大城市与首都的双重特点，指出北京市探索和建立新型城乡关系面临的主要问题和挑战，并给予了系统性总结和梳理。总体而言，在城乡融合时期探索和建立新型工农城乡关系，既涉及多重国家战略的影响，也面临着自身发展资源与现实的约束。针对当前存在的问题和挑战，只有不断完善顶层设计，协调国家战略与自身发展优势，才能实现新型工农城乡关系，推动北京市乃至全国城乡关系的发展。

一、新中国成立以来北京市工农城乡关系的演变

（一）工农城乡分割时期：新中国成立到改革开放

1. 分割形成时期（1949—1958 年）

新中国成立初期，我国是一个典型的农业国。为了快速实现由落后的农业国向发达的工业国转变，政府选择了重工业优先发展战略。这一时期，不断有农民涌入城市，北京市从 1949 年 420 万人增加至 1958 年 658 万，人口高速增长，城市就业问题严重。

2. 分割巩固时期（1959—1978 年）

为保障城乡二元经济体制运行，政府在社会各领域建立起城乡二元体制。第一个五年计划（1953—1958 年）期间，为服务中央，先后将河北省昌平县、通县、顺义、大兴、良乡、房山、怀柔、密云、平谷、延庆和通州市划归北京市。这一阶段，北京市在调整城乡经济差距、支持农村发展方面做了大量工作，城乡之间正在逐步形成经济协同发展的良好局面。

（二）统筹时期：改革开放到 21 世纪之初

1. 统筹确立时期（1979—1996 年）

1983 年《北京城市建设总体规划方案》在北京市城市性质中不再提经济中心，同时对城市基础设施建设和生态环保提出了明确要求。北京市郊区农村的城镇化由城乡接合部地区起步，并逐渐向外围农村地区和远郊区县城扩散。同时，家庭联产承包责任制解放了大量农业劳动力，加上北京市经济发展对劳动力需求增加，使得北京市流动人口从 1979 年的 26.5 万人增长到 1984 年的 70 多万人。

1986—1995 年，乡镇企业崛起进一步密切了城乡关系。"七五"时期，郊区乡镇企业以城市为依托，进入全面发展阶段。1986 年，北京市农口领导提出应把城乡一体化作为发展郊区农村经济的基本指导思想，开始加强对城乡交流的认识。1992 年，北京市提出改革长期存在的城乡二元体制结构，取消北京市行政管辖范围内的农村建制，都以"郊区"代替。这一转变是北京市城镇化发展历史上由传统城市发展观向现代大城市带动农村发展观的一次跨越。20 世纪 90 年代中期后，北京市在城乡接合部城镇化发展中，结合绿

化促进产业结构调整，加快旧村改造和新村建设，郊区城镇化快速发展。

2. 统筹发展时期（1997—2003 年）

1997—2003 年，城乡统一规划推动城乡经济和社会协调发展。随着首都市规模扩大，郊区乡镇企业出现"村村点火，处处冒烟"问题，亟需城乡统一规划。为此，1992年修订编制的《北京城市总体规划（1991—2010 年）》明确提出要在辖区范围内形成市区、卫星城、中心镇、一般建制镇四级城镇体系，推动城乡经济和社会协调发展。2002年党的十六大首次提出"统筹城乡经济社会发展"的发展战略，2003 年北京市召开郊区工作会议，北京市统筹城乡发展、推进城乡一体化进入了真正具有实质意义的新时期。

（三）融合发展时期：从 21 世纪之初至今

1. 树立统筹发展思想观念（2004—2007 年）

北京市委、市政府带头确立城乡统筹发展的新观念。2004 年《北京城市总体规划（1991—2010 年）》提出了统筹城乡发展原则，推进郊区城市化进程，形成中心城—新城—镇的市域城镇格局。2005 年，市政府打破过去政府部门城乡分割的界限，由 30 多家职能部门联动参与支持新农村建设，到 2007 年，增加到 56 家。在北京市委、市政府的努力下，城乡统筹发展的思想观念得以逐步建立，对待城乡差距逐步从"输血"转变为"造血"，实现城乡统筹可持续发展。

2. 率先形成城乡一体化新格局（2008—2014 年）

2007 年党的十七大报告指出，城乡、区域、经济社会发展仍然不平衡，并提出建立以工促农、以城带乡长效机制，形成城乡经济社会发展一体化新格局。2010 年，《中共北京市委关于制定北京市国民经济和社会发展第十二个五年规划的建议》明确提出，到2020 年在全国"率先形成城乡经济社会发展一体化的新格局"目标要求。到"十二五"期末，北京市的空间布局已基本形成中心城—新城—小城镇—新型农村社区的现代城镇体系，北京市城乡经济社会发展一体化的新格局已经基本形成。

3. 城乡一体化发展深度融合期（2015—2017 年）

2014 年习近平总书记考察北京，提出要明确"四个中心"的城市战略定位，调整疏解非首都核心功能。2017 年，《北京城市总体规划（2016—2035 年）》提出了加强城乡统筹，实现城乡发展，完善中心城区—北京城市副中心—新城—镇—新型农村社区的现代城乡体系。北京市城乡也由"二元结构"走向深度融合，"十三五"时期城乡进入深度融合发展阶段。

4. 乡村振兴背景下工农城乡融合新时期（2018 年至今）

2017 年党的十九大报告中农业农村农民问题是关系国计民生的根本性问题，必须始终把解决好"三农"问题作为全党工作的重中之重，实施乡村振兴战略。2021 年北京市委、市政府印发《关于全面推进乡村振兴加快农业农村现代化的实施方案》，提出要加快补齐北京市农业农村发展短板，推动解决城乡区域间发展不平衡不充分问题，举全市之力推进率先基本实现农业农村现代化。

二、北京市新型工农城乡关系——融合发展的现状及展望

（一）北京市宏观战略与阶段目标

1. 宏观战略

将城乡融合融入乡村振兴、共同富裕发展战略，打造首都大城市乡村全面振兴与京津冀城市群发展战略的示范和样板。推动北京市城乡融合新发展和新格局不仅是解决好"三农"问题、人民群众对美好生活的向往与维护社会公平正义问题，也将是释放国民经济增长潜力与同时实现高质量发展的重要举措，更是推动共同富裕的战略的重点。

2. 阶段目标

为实现以上宏观战略，具体阶段性目标如下。

（1）实现城乡居民资源共享的均等化。突出"以人为本，公平分享"的理念，重点实现资源性基础设施共享、民生权益共享和公共服务共享，使农村居民享受到现代文明的生活方式，促进社会的全面和谐与进步。

（2）通过产业结构优化实现城镇化的内生性发展。城乡一体化的重点是产业发展有支撑力，社会发展有活力，这是城乡一体化发展的基础和动力。虽然北京市已经形成了"三二一"的产业结构格局，但是从区域内的产业布局来看，在城乡一体化进程中，北京市产业结构优化与升级仍然有很大的空间。

（3）合理引导城镇扩张，确定北京市合理的城镇化发展速度。考虑到城镇化的艰巨性和复杂性，北京市不应该片面追求过快的城镇化发展速度，而是要与北京市特定的社会经济发展状况和北京市人口资源环境基础协调一致，走健康的新型城镇化发展道路，跳出城镇化发展速度的数量误区。

（4）构建有利于城镇功能发挥的城镇空间布局，实现北京市城镇空间布局的合理化。北京市要在国家产业政策指导下，在城镇空间范围内合理布局不同功能的用地，构建有利于城镇整体功能发挥的用地布局。在城镇总体规划指导下，北京市要合理组织不同功能的用地，使城镇内部各地块本身所具有的区位优势和潜力得到充分发挥。

（5）构建北京市城镇内部合理的生态格局，实现环境友好型的城镇化发展。城镇内部合理的生态布局有利于充分发挥自然界的自净功能，促进能源的综合利用。因此，北京市城镇生态环境保护，不仅要从城镇所在区域着眼加强生态环境建设，还应该进一步对城镇生态布局做出合理规划和分区。

（二）北京市推进形成新型工农城乡关系的主要做法

城乡融合的关键在于"融"，重点在功能融合、要素融合、服务融合、产业融合四个方面。

1. 促进城乡功能融合

在促进城乡功能融合方面，城乡空间上应注重差异化融合发展，提升新城综合承载能力、支持新市镇和特色小镇建设发展，优化乡村空间和村庄布局。城乡功能上注重互补发

展，完善平原区与生态涵养区结对协作机制，搭建城乡产业协同发展平台，乡村发挥好鲜活农产品供应、优质生态产品供给、休闲康养等功能。

密云区与朝阳区深化园区、产业合作，依托密云区生态商务区共同创建朝密高科技"双创中心"，引入市场化运营主体，积极引导符合密云区功能定位的企业实体入驻。未来，两区将持续优化完善企业总部办公在朝阳、配套研发和生产在密云的协同发展模式，实现朝阳减量发展的同时，促进密云发展壮大主导产业。

2. 促进城乡要素融合

在促进城乡要素融合方面，人才要素、土地要素、资金要素和技术要素都至为关键。《北京市关于建立健全城乡融合发展体制机制和政策体系的若干措施》提出，要组织开展"千名干部科技人才进千村入万户"活动；持续推动大兴区集体经营性建设用地试点工作；健全农业保险体系，鼓励各类工商资本下乡。

大兴区全面开展农村集体经营性建设用地入市试点，鼓励盘活利用农村闲置农宅发展乡村旅游、养老、文创等新业态，形成农民自主的低成本就地城镇化模式。主要做法包括由各村联合组建镇级联营公司，作为集建地入市实施主体；通过按年支付集建地租金，地块上市后合理设计留地、留物业、留资产和入股经营等方式保障村民利益。2015年至今已成功入市交易经营性建设用地15宗127公顷，总交易额突破210亿元。

3. 促进城乡服务融合

在促进城乡服务融合方面，聚焦群众反映最为集中的公共资源配置不够合理、农村公共服务和基础设施还需提升两方面问题，《北京市关于建立健全城乡融合发展体制机制和政策体系的若干措施》提出，推动北京市率先建成城乡统一、覆盖全民的社会保障体系，争取教育、医疗、文化、养老等公共服务水平全国领先。

支持农村地区普惠性幼儿园发展，完善乡村医疗卫生服务体系等。此外，健全城乡基础设施一体化建设管护机制，实施乡村建设行动，围绕路、供排水、垃圾等短板，加强建设和管护，引入专业企业提升管理水平。

4. 促进城乡产业融合

在促进城乡产业融合方面，重点作好"生态"文章，在科技支撑、品牌建设、新业态培育等方面打好组合拳，促进京郊农业高质高效，提升农村产业发展的"内生动力"。

平谷区打造"农业中关村"，区内京瓦农业科技创新中心探索"政府＋科研机构＋高等学校＋企业"模式，依托首农集团、中国农科院、中国农业大学等龙头企业和科技资源优势，建设中育种猪、中荷奶牛等8个项目。未来聚焦"现代种业、智慧农业、农业智能装备、生物技术、营养健康和食品安全"六大产业，力争建设具有全国引领作用及全球影响力的农业科技协同发展与创新驱动发展的先行区。

（三）北京市新型工农城乡关系呈现的主要特点

北京市新型工农城乡关系发展不仅受到首都制度环境的重大影响，同时受到"大城市小农业、大京郊小城区"的约束。因此，做好新发展阶段首都"三农"工作，必须立足北京市"大城市小农业、大京郊小城区"的市情农情，把乡村振兴作为融入新发展格局的重要举措来抓，才能走向"大城市带动大京郊、大京郊服务大城市"的城乡融合发展之路。

1. 首都多重战略聚焦，发展空间资源有限

（1）首都多重战略聚焦，对北京市城乡融合发展形成了重大影响。北京市城乡融合发展与首都和国家重大发展战略密切相关，如疏解北京市非首都功能、京津冀协同发展战略、雄安新区建设、统筹城乡发展战略、城市群建设等国家层面发展战略乃至经济社会发展总体战略的调整和变化紧密相连。

第一，北京市将以疏解非首都功能为"牛鼻子"，持续开展疏解整治促提升专项行动治理"大城市病"，提升首都功能。北京市未来将形成"一核一主一副、两轴多点一区"的空间格局，明确核心区功能重组、中心城区疏解提升。这将对城市发展与产业布局形成重大影响，进而影响城乡融合发展战略的推动。

第二，北京市作为核心区，在京津冀范围内形成了"一核"与"两翼"的发展关系，城市副中心成为京津冀协同发展的"桥头堡"。北京市作为"一核"与北京城市副中心和河北雄安新区的"两翼"将形成北京市中心城区、北京城市副中心与河北雄安新区功能分工、错位发展的新格局。京津冀协同发展将会通过产业格局变迁影响城乡关系，对于城乡融合发展不容忽视。

第三，推动建设以首都为核心的世界级城市群发展，将会为城乡融合发展注入新活力。一方面，筹办好北京冬奥会、冬残奥会、北京世园会及北京（通州）国际都市农业科技节等国际或国家级项目将会带动一系列产业发展，迸发出对农产品的需求升级。另一方面，坚持大城市促大京郊发展，对于北京市率先基本实现农业农村现代化产生重大影响。

（2）北京市发展空间资源限制，构成了城乡融合发展的主要约束。北京市"人口城镇化"明显高于资源环境所能承载的水平，人口密集、房价较高、交通拥堵、资源环境压力逐步加大等"城市病"在北京市初步显现。未来北京市将减量发展，如严格控制人口规模、城乡建设用地规模减量、严控两线三区边界，将成为城乡融合发展的主要约束。

第一，北京市人口过多，环境人口总量已超过人口合理总量。2021年，全市常住人口达到2 189.3万人，城乡建设用地从2015年总规划实施前的2 921千米^{2}减到2019年的2 860千米^2。全市人均水资源量约176米^3，远低于国际上的500米^{3}极度缺水警戒线。尽管空气污染逐年好转，2020年PM2.5年均浓度仍达到38微克/米^3，京津冀及周边地区"2＋26"城市PM2.5平均浓度为50微克/米^{3}左右，PM2.5年均浓度依然较高。

第二，土地资源利用不合理，加剧了"城市病"。现阶段，土地市场供不应求与土地资源浪费严重并存，地价、房价螺旋式上升，透支了居民的消费能力。另外，城市边缘地区快速低密度扩张的城市蔓延现象，导致交通拥堵。

2. 城乡要素流动不畅通，城乡经济循环存在障碍

第一，城乡要素流动存在制度性障碍。当前城乡建设用地市场不够完善，土地要素流动存在不合理限制，增值收益分配机制尚待完善。农民工不能完全平等享受城镇基本公共服务，城市人才入乡激励机制有待完善。城市工商资本或社会资本下乡存在隐性壁垒，产权保护、公平竞争等制度等不健全。农村生产要素长期单一流出，导致农业现代化和新型城镇化建设都受到一定影响。

第二，城乡市场基础制度与功能不健全。一是市场基础制度不健全。农村集体所有的权力范围、行使方式、保护手段等还不够清晰，农民占有、使用、支配、转让和继承等权利还不完备，影响到农村集体资产的盘活增值。二是市场功能不健全。农产品品牌产品优质不优价、叫好不叫卖，质量溢价效应不明显。三是农村产权交易市场运营配套服务链条和政策体系还不完善，存在进场交易参与度不足、产权交易二级市场尚未建立、交易平台功能不健全等问题。

第三，城乡供需存在结构性错配。从产品供给来看，我国现有农业发展模式较好地满足了城乡居民吃得饱的需求，但绿色优质农产品供给不足，与城乡居民消费结构快速升级的要求不相适应。随着收入增长和消费升级，消费行为已经逐步从"有什么买什么"发展到"什么好买什么"，但适合农村市场的消费品和生活服务供给还很不充分。

3. 乡村发展内生动力不足，农业农村现代化发展受限

由于北京市特殊的历史发展过程和作为我国政治中心、文化中心的特殊地位，城乡二元典型特征与全国其他地区和城市相比显得更加突出，中心城区的过度集聚和发展形成强大的"虹吸"效应，造成城乡发展差距不断拉大，进而又陷入农村产业衰退——人口外流的恶性循环。

首先，随着城市化进程不断加快，北京市耕地呈现明显减少趋势。根据北京市规划和自然资源委员会的资料显示，北京市耕地面积由2009年的22.72万公顷（340.8万亩）减少到2017年的21.37万公顷（320.55万亩），8年间全市耕地减少1.35万公顷（20.25万亩）。耕地减少的主要原因：一是城乡居民及工业建设占用耕地；二是交通运输等工程占用耕地；三是农业经济结构调整，退耕还林、还草或转变为园地等。

其次，农业劳动力缺失，增大了农业产业劳动成本。由于农村青壮年劳动力大量进城，农业老龄化问题突出。同时，规模农业耕作逐渐雇工化，农业劳动成本攀升。通州区家庭农场试点中，8个家庭农场的农地流转价格为1 800元/亩，其中，家庭农场自付650元/亩，财政补贴1 150元/亩。种粮补贴也补给了家庭农场，2014年，家庭农场种粮亩均净收益692元。可见，如果没有财政对土地流转价格的补贴，那么家庭农场将面临亏损压力。

4. 休闲农业发展空间巨大，优质农产品需求旺盛

郊区休闲农业与旅游业发展空间巨大。郊区休闲农业与旅游业一直以来是京郊经济发展和产业驱动的引擎，在北京市13个郊区中占据了重要的经济地位。一方面，随着人们生活水平不断提高，文化生活不断丰富，旅游消费需求在人们消费需求中的比重进一步扩大。另一方面，新生代对新的理念的兴起和个性化服务的要求旺盛。

优质农产品需求旺盛。一方面，北京市人民生活水平不断提高，人们"吃得好""吃得优""吃得营养""吃得健康"的新需求也在不断增长。另一方面，在京津冀农业协同的框架与北京"大城市小农业"市情下，城乡供给体系的突出短板在农业农村，明显弱项集中在优质农产品供给能力不充分。因此，优质农产品需求旺盛将长时期存在。

（四）未来北京市工农城乡关系发展的展望

1. 与国家战略相衔接，奠定新型工农城乡关系基础

北京市城乡融合发展只有在国家战略框架下，进一步结合自身城乡产业结构才能得到长足发展。首先，国家战略直接决定了北京市内部产业格局与变迁，也决定了城乡融合发展的基本环境。其次，北京市未来疏解非首都功能与减量化发展，将有力推动相关产业向农村和郊区转移，从而有效促进城乡融合发展。最后，城乡融合发展也给落地后的相关产业提供了更为广阔的空间和资源，将形成良性发展态势。

2. 推动城乡要素平衡合理流动，加快城乡融合发展体制改革

推动城乡要素自由流动制度性通道畅通，需加快城乡融合发展体制改革。首先，促进城乡劳动力双向合理流动。建立健全农业转移人口市民化成本分担机制，建立城市人才入乡激励机制。其次，推动土地合理开发与利用。一是进一步放活土地经营权，健全土地流转规范管理制度。二是探索宅基地所有权、资格权、使用权"三权"分置，适度放活宅基地和农民房屋使用权。三是总结推广大兴区集体经营性建设用地入市制度。最后，推动城市工商资本与技术下乡。

3. 加大农村农业投入，加快现代化农业和农村发展

近年，乡村振兴战略坚持把公共基础设施建设重点放在乡村，加快了现代化农业和农村发展，为城乡融合发展奠定了稳固的基础。

首先，建立城乡基础设施一体化规划机制。以市县域为整体，统筹规划城乡基础设施，统筹布局道路、供水、供电、信息、广播电视、防洪和垃圾污水处理等设施。

其次，健全城乡基础设施一体化建设机制。明确乡村基础设施的公共产品定位，对乡村道路、水利、渡口、公交和邮政等公益性强、经济性差的设施，建设投入以政府为主；对乡村供水、垃圾污水处理和农贸市场等有一定经济收益的设施，政府加大投入力度，积极引入社会资本，并引导农民投入；对乡村供电、电信和物流等经营性为主的设施，建设投入以企业为主。

最后，建立城乡基础设施一体化管护机制。对城乡道路等公益性设施，管护和运行投入纳入一般公共财政预算。以政府购买服务等方式引入专业化企业，提高管护市场化程度。推进城市基础设施建设运营事业单位改革，建立独立核算、自主经营的企业化管理模式，更好地行使城乡基础设施管护责任。

4. 推动农业转型升级，形成城乡联动发展新态势

践行"绿水青山就是金山银山"发展理念，推动休闲农业转型升级。目前，北京市乡村旅游经济由原来的零散无规划发展模式逐步向着"一区（县）一色"、"一沟（村）一品"特色道路发展。但是，北京市休闲农业存在单一化或同质化现象，不利于休闲农业及其相关产业进一步发展。要立足乡村文明，吸取城市文明及外来文化优秀成果，推动乡村休闲农业创新发展。

提升农产品市场核心竞争力，带动农业产业发展。一方面，立足京津冀农业协同的框架与北京市的"大城市小农业"市情下，要建立起二次分红、土地流转优先返聘、订单农业等利益联结方式带动农户增收，实现小农户与现代化农业衔接。提高农产品生产的标准化能力，提高优质农产品生产能力。另一方面，通过发展农产品精深加工业，健全市场营销体系，推动农业"接二连三"发展，尽可能将农产品价值留在乡村。

三、北京市新型工农城乡关系发展面临的主要问题

（一）乡村振兴与多重战略叠加，顶层设计有待完善

当前北京市乡村振兴战略与首都和国家战略衔接存在一定的不足，致使城乡融合发展战略顶层设计有待完善。尽管我国多重宏观战略顶层设计框架初步成熟，但战略之间重叠与衔接方面存在配套措施不完善状况。

当前在协调乡村振兴与首都多重战略衔接方面，仍存在一定空白。乡村振兴主要聚焦在农村，重点发展农村产业，吸引人才回流，让农民富裕起来。然而，这并未考虑到城市产业格局变迁，城市产业变化与农村产业发展密切相关，是一个不可分割的有机整体。在疏解北京市非首都功能、京津冀协同发展战略、雄安新区建设、统筹城乡发展战略等战略背景下，如何厘清京津冀之间产业差序互补发展格局，进一步协调北京市城乡产业发展，推动乡村振兴持续稳定发展的具体措施仍不清晰。

具体表现在部分村落前期规划工作缺乏对城乡关系统筹与协调，将规划重心过多放在城市建设上，轻视了乡村的内在价值，导致城市用地挤占农村实体空间，城乡间的文化、环境、设施等方面无法实现有效互通，人力、物力、财力等资源更多向城市集聚。乡村振兴则是将重心放在农村产业发展上，忽视了城市产业变迁的内在联系。如北京市已经建立京津冀"菜篮子"产品自控基地，但缺乏以菜篮子为基础的京津冀农业产业合作与带动发展。

（二）城乡要素合理流动存在障碍，要素配置机制尚未建立

首先，乡村产业要素流动存在障碍。农村土地集体所有权、农户承包权、土地经营权"三权"分置土地制度改革，显著改善了土地流转。农村青壮年劳动力流失，同时农业转移人口市民化压力大，普遍的半市民化降低了农民工家庭土地流转可能性。在宅基地制度和集体经营性建设用地改革上，尚未发展出一个适宜高效的宅基地流转或退出模式，"点状供地"模式仍有待进一步探索。在乡村产业发展滞缓的影响下，农村集体经济发展动力不足，农村家庭财产性收入难以得到有效提升。

其次，城乡产业要素配置的机制尚未建立。第一，城市工商资本或社会资本下乡存在隐性壁垒，由于产权保护、公平竞争等制度等不健全，市场主体合法利益受到侵害的情形时有发生。第二，农村生产要素长期单一流出，生产要素回流成本高，人才入乡激励机制有待完善。第三，优质优价农产品销售配套服务产业链有待完善，导致城乡产业供需存在结构性错配。

（三）城乡二元结构依然存在，户籍制度改革亟待深化

在地方政府推动城乡二元制度试点改革的过程中，体现出严重的路径依赖性，改革方

案的选择不是力图打破而是固守城乡分割的户籍制度观念，以及户籍的制度基础即公共服务的行政化垄断配给而非社会化配置。

首先，分割的城乡社会不仅体现在政策方面，还体现在社会管理体制和运行体制方面。以社会保障为例，城镇居民基本医疗保险归人力资源和社会保障部管理，而新型农村合作医疗制度归卫生部门管理，这种分割式管理不利于城乡融合发展。

其次，户籍制度对资源配置和城市化进程带来了负面影响。城乡二元体制使得城市居民与农村居民享有不同的福利待遇与公共服务，且存在着较大的差异。同时，户籍导致城镇劳动力市场上农民工非正规就业比重过大，就业的体制保障偏弱，明显阻碍了农民工的市民化进程。

（四）城乡基础设施差距较大，虹吸效应持续存在

城乡二元结构拉大了城乡基础设施差距，且这种差距在逐渐扩大。首先，北京市乡村的基础设施尤其是与信息技术有关的基础设施建设仍然比较落后。其次，乡村基础设施的落后不仅导致乡村产业要素流失，不利于农村产业发展，也是城市虹吸效应产生的重要原因。最后，城乡基础设施相对完善，形成了产业集聚良性发展态势，加大了城市虹吸效应。

当前，北京市农村基础设施建设滞后的问题主要集中在北京市山区和半山区地区。目前，存在的主要问题有山区基础设施建设与山区经济社会发展的需求不相适应，部分地区农村基础设施严重短缺，限制了农民增收的可能性。由于山区基础设施和生活条件落后，导致人才外流情况比较突出。

（五）乡村发展资源受限，乡村振兴投入不足

随着乡村优质劳动力大量流失，使得乡村产业发展受到限制。一方面，乡村劳动力老龄化，使得农业适度规模难度增加。另一方面，乡村人才的流失不利于农村相关产业的发展。两者交织在一起，使得乡村振兴受到资源的巨大约束，乡村振兴难度加大。

当前乡村振兴资金压力主要体现在两个方面：一是对当地农民的安置投入，包括居住、就业和社保；二是对城乡基础设施和公共服务的配套投入。目前政府的财政负担较重，土地出让收入用于农村和农业的比例依然偏低，社会资本进入有限，土地的更新利用十分困难，导致不少乡镇缺乏新的经济来源。

四、促进北京市加快形成新型工农城乡关系的政策建议

（一）完善顶层设计，推动城乡融合发展

以往关于城乡发展顶层设计的表述是"统筹城乡发展""以城带乡"，这实际还是"城市主导、农村从属"的城乡发展思路。在乡村振兴背景下的城乡融合发展，需要促进城乡社会现代化经济体系、民主政治、文化活力、社会治理、生态文明互联互通。城市化红利在于规模经济效应、范围经济效应和集聚经济效应，而城乡融合发展则在于让规模、范

围、集聚三大经济效应辐射到乡村。

乡村振兴背景下的城乡融合发展，目的在于促进城乡资源自由流动，淡化城乡分治的二元化户籍制度、财政分配制度、土地规划管理制度造成的社会保障、教育、医疗、就业、住房等方面的障碍和待遇差异。要保障农民的"十大权利"，即保障农民在乡村的土地承包经营权、宅基地使用权、集体资产收益分配权，以及城乡融合过程中的人身财产安全、就业创业、体面居住、医疗卫生、养老社保、公平教育、政治参与方面的权利。

（二）加快产业融合，提升农业核心竞争力

1. 以农业为中心，推动乡村一二三产融合发展

北京市城乡融合发展的重要一环是产业融合，要以农业为中心，深入发掘农业农村多种功能和价值，打造农业全产业链，推动乡村一二三产业融合发展。鼓励与上下游各类市场主体组建产业联盟，让农户分享增值收益。

2. 以产品为核心，推动地域农产品品牌建设

北京市农业核心竞争力的提升需以产品为核心，做强乡村特色产业，推动北京市地域农产品品牌建设。尤其是大力发展功能蔬菜、有机果品、绿色杂粮、蜂产业和中药材等小品种特色产业，做强"北京油鸡""北京鸭""平谷大桃"等一批特色农产品，发展100个全国"一村一品"示范村。支持发展特色食品、特色手工业等乡土特色产业，推动手工艺创意产品开发，支持乡村手工艺产品参与遴选"北京礼物"。

（三）深化乡村建设，打造北京市特色美丽乡村

1. 打造近郊旅游农业特色，推动农旅结合新发展

北京市近郊旅游资源极其丰富，人文和自然资源独具特色，具有广阔的市场前景。北京市应推动农旅结合新发展，实现全市乡村民宿从规模到质量的全面提升。实施"十百千万"畅游行动，鼓励民俗接待户发展以特色文化、自然景观、体验参与、特色餐饮为主题的乡村民宿。开展乡村民宿培训，提升乡村民宿从业人员的岗位技能和服务水平。

2. 推广远郊休闲农业品牌，扩大农产品销售渠道

品牌建设与推广是增加产品附加值的重要途径，北京市要积极推广远郊休闲农业品牌，一方面，既丰富了市民的菜篮子，让广大市民购买到最新鲜、最健康的农副产品，又能够过足绿色购物、休闲旅游的"瘾"；另一方面，拓宽了农产品、休闲农业景点等销售渠道，带动了乡村农产品销售、餐饮、住宿等休闲农业综合收入的提升。

3. 构建现代化农业产业园，以点带面全面发展

北京市要大力构建现代化农业产业园，以规模化种养为基础，通过"生产＋加工＋科技"，形成农业建设水平领先的现代农业发展平台，以点带面全面发展。重点发挥产业园平台支撑作用，联合高校、企业等组织，提升园区农业社会化服务能力。此外，加强园区主体培训引导，激发其责任意识和带农积极性，与农户在组织、利益等方面建立有效的联动机制，保障农民获得合理的产业链增值收益。

（四）强化党的领导，引导社会力量共同参与

1. 近郊以党的领导为主，以市场在资源配置中为决定性作用为核心，推动城乡一体化发展

近郊城乡关系融合发展思路区别于远郊，近郊发展要以党的领导为根本保障，着力发挥市场在资源配置中的决定性作用，从而推动城乡一体化发展。"市场内驱—政府补位的组合型政策"是北京市推进城乡一体化、形成新型城乡关系的基本政策选择。特别是对于北京市发展来说，其城乡融合处于较高质量发展阶段，应通过政府间的绩效考核机制变化和财政管理体制完善，促使地方政府将城乡关系完善转变为地方政府的内在目标诉求，以此为新时代北京市城乡一体化发展提供制度条件。

2. 远郊以党的领导为主，加强基础设施与销售渠道建设，推动城乡要素合理流动

远郊城乡关系融合发展思路同样要以党的领导为根本保障，但区别于近郊地理位置与休闲旅游的发展定位，远郊基础设施较为薄弱，品牌建设与农产品销售问题更为突出。因此，远郊城乡融合发展要注重加强远郊地区基础设施和销售渠道的建设。通过积极建造基础设施，缩小远郊与近郊以及城市的硬件差距；通过积极建设多方位销售渠道，拓宽农产品和休闲农业景点的销售范围，增加远郊农民收入，缩小城乡收入差距。

（五）注重分类指导，推动城乡全方位融合

北京市城乡融合发展不仅仅是简单的产业融合与缩小硬件差距，而是要通过包括休闲农业、旅游农业、农业产业园等在内的多种途径，增强农业、农村、农民的可持续发展能力，实现城乡的全方位融合。北京市城乡全方位融合是一个系统工程，需要各有关部门协调合作，做好规划，按照"规划引领、城乡一体、分类指导"的原则，打破城乡壁垒、镇间壁垒、村与村之间的壁垒，有序推动城乡经济、社会、生态环境等方面的全方位融合。通过发展休闲农业、旅游农业、农业产业园等，对市场发展主体的具体发展内容和市场定位进行分类指导。

（作者：赵雪婷，北京市农研中心城乡发展处副处长；

苗海民，中国农业大学；

苑云，北京民生智库科技信息咨询有限公司）

北京市高效设施农业发展研究

——以蔬菜生产为例

高效设施农业是保障首都"菜篮子"供应，也是北京市都市型现代农业升级发展重点。本文详细分析了北京市高效设施农业发展历程、取得成效和存在问题，借鉴国内外发

达地区高效设施农业发展经验，从科技创新、生产运营、支撑保障等方面，对北京市高效设施农业发展提出相应的发展建议。

一、绪论

（一）研究背景与意义

1. 发展高效设施农业，是保证北京市农产品有效供应的重要保障

"菜篮子"安全问题涉及首都整体安全稳定的大局。北京市人口密度大，政府机构、企事业单位多，在应对突发疫情、重大自然灾害及重大活动时，农产品有效供应和应急保障面临较大压力。发展高效设施农业，在特殊时期能够有效提高蔬菜自给率，对保障首都农产品市场有效供应具有重要意义。

2. 发展高效设施农业，是加快北京市都市型现代农业升级的重要抓手

"十四五"时期，为了更好地满足首都市民高品质农产品需求，北京市都市型现代农业亟须加快升级发展。北京市政府将提升都市型现代农业发展水平作为"十四五"重点工作，从农业产业基础设施建设、农村产业质量效益、重要农产品稳产保供等方面提出了具体工作要求。

3. 发展高效设施农业，是北京市建设科技中心的重要支撑

北京市农业科技优势发挥不充分，发展质量不高，高效设施技术储备不足，数字技术在农业领域应用场景不多、变革作用不明显。"十四五"时期，紧抓以数字技术、生物技术等为代表的新一轮科技革命和产业变革深入发展机遇，发展高效设施农业，有利于为北京市科技中心建设提供重要支撑。

（二）研究对象

本文研究对象主要指以连栋温室为设施类型，以蔬菜生产为主的高效设施农业。

（三）研究内容

1. 系统分析北京市高效设施农业发展现状与问题

回顾北京市高效设施农业发展历程，从生产经营、模式创新、市场销售、品牌创建、绿色生产等方面进行现状分析，并全面梳理高效设施农业政策现状和问题。

2. 总结国内外高效设施农业发展经验

从产业结构、科技创新、成本效益、支持保障等方面总结荷兰和日本的经验和做法，提出借鉴启示。

3. 提出高效设施农业发展建议

根据北京市"十四五"时期高效设施农业发展重点任务，结合北京市的资源特点、产业基础和市场需求，围绕科技研发、示范引领、强化支撑保障等内容，提出相关政策建议。

二、北京市高效设施农业发展历程及取得成效

（一）北京市高效设施农业发展历程

1. 起步探索阶段（1972—1994 年）

1972 年玉渊潭公社组成大型蔬菜温室筹建小组，标志着北京市大型连栋温室探索起步。玉渊潭、四季青温室的先后建成，在全国范围内第一次兴起了建设大型温室的高潮。这一阶段北京市引进与自建的大型温室，发展滞缓，原先引进的温室逐渐停用或改变用途。

2. 发展提升阶段（1995—2014 年）

1995 年，以色列赠送北京市示范农场的 1.24 公顷大型连栋薄膜温室建成投产，北京市第二次兴起了引进和建设现代化大型连栋温室的热潮。这段时期发展的大型连栋温室用途逐步扩展，结构和性能有所提升，促进了大型温室制造业的发展，但是蔬菜生产产出率仍未能大幅度提升。

3. 稳步发展阶段（2015 年至今）

这一时期北京市大型连栋温室发展更加趋于稳健和理性。随着对外交流学习的不断加强，北京市部分园区及企业开展了蔬菜工厂化生产模式的探索，蔬菜生产的大型温室发展仍在继续，面积呈逐渐增加的趋势。

（二）北京市高效设施农业取得的成效

1. 连栋温室是重要设施类型，各区分布相对集中

根据北京市农业农村局数据，2020 年北京市连栋温室面积 1.24 万亩，占比 4.51%（图 1）。

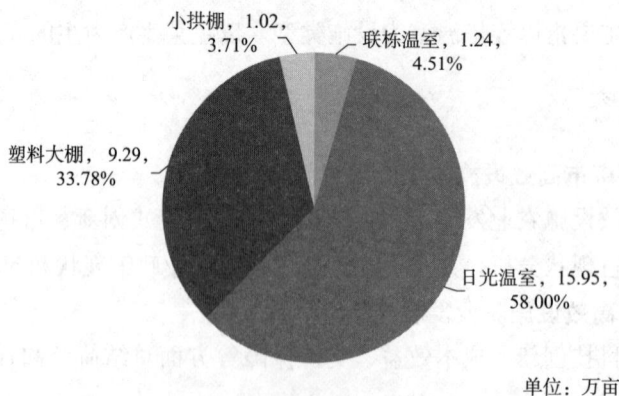

单位：万亩

图 1　2020 年北京市设施农业不同类型面积对比

数据来源：北京市农业农村局设施农业台账管理平台。

北京市连栋温室分布相对集中，13 个区中，大兴、顺义、通州、昌平、房山区 5 个区的连栋温室面积占比之和达 83.06%。其中大兴区连栋温室的面积居北京市首位，占比

为 39.52%；其次为顺义区，占比为 19.35%（图 2）。

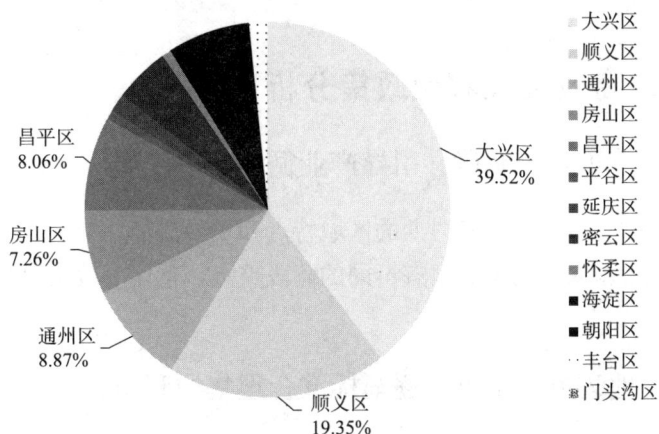

图 2 北京市各区连栋温室对比

数据来源：北京市农业农村局设施农业台账管理平台。

2. 工厂化模式较快发展，总面积和单体面积逐年增加

2020 年，北京市采用植物工厂模式，利用智能连栋温室生产蔬菜的经营主体有13 家，总面积为 358.95 亩，主要生产果菜类和叶菜类，其中果菜以番茄为主，还包括少量黄瓜和彩椒，叶菜涉及生菜、韭菜等。近年，北京市连栋温室工厂化生产模式取得较快发展，总面积及单体面积逐年增加。

3. 温室结构和性能提升，环境控制能力显著增强

近年，北京市蔬菜工厂化生产园区及企业广泛引进荷兰等国家先进温室、配套设备及产品，环境控制能力显著增强，为产量提升奠定了良好基础。目前运营的连栋温室多数由荷兰公司进行系统设计，并结合产地气候、环境等现状条件进行改良，国内施工团队进行施工，温室设计更趋合理。

4. 单产水平提升明显，生产技术体系初步形成

为提高大型连栋温室蔬菜单产，国家蔬菜工程技术中心、北京市农业技术推广站等单位进行了大型连栋温室番茄工厂化高产栽培生产试验与研究。京郊连栋温室工厂化生产企业广泛引进安莎、瑞克斯旺、德澳特等公司的优新品种，并引进了工厂化生产系列技术，在生产中进行了集成应用。

5. 产加销一体推进，基本实现全产业链发展

北京市高效设施农业生产经营主体大多是企业，代表性的有北京极星农业有限公司、北京宏福农业科技发展集团等。这些企业采用现代化经营管理理念，不断改进人员与技术管理方式，进行集约化育苗，促进种苗产业化发展，形成生产—加工—销售有机结合，与市场相适应的运行管理机制，基本实现全产业链发展。

6. 绿色生产持续加强，产品质量安全有保障

北京市高效设施农业采取生态循环农业的经营模式。北京市大型连栋温室以无土栽培技术为核心，实现生产过程资源化和生态化。北京市高效设施农业生产园区，建立了完整的农产品质量安全追溯体系，采用全程可追溯系统，保证到消费者的每个环节都能够实现可追溯。

三、北京市高效设施农业政策分析

（一）阶段支持重点较明确，引导产业循序渐进发展

北京市政府注重结合北京市各时期的区域特点和发展优势，明确设施农业总体布局和各阶段任务。高效设施农业的发展也有不同的阶段重点，整体上政策引导产业根据市场需求循序渐进式发展。

（二）设施用地政策是重点，逐渐标准合理集约利用

北京市政府制定下发了一系列设施农业用地政策文件，在用地地类划分、用地规模、用地管理方式、服务监管等方面，提出较为明确的要求，切实保障高效设施农业用地规范使用。

（三）科技支撑保障增强，促进整体水平持续提升

北京市政府持续强调农业科技创新，近年的政策分阶段、分任务地进行有力引导，先后发布了《北京市农业科技园区发展规划（2019—2025 年)》《北京现代种业发展三年行动计划（2020—2022 年)》等文件，促进了高效设施农业的发展。

（四）人才政策支持性较弱，专业技术培训较少

高效设施农业因其高度专业化、科技化、产业化等特点，所需从业人员专业技术要求相对一般设施农业更高。已出台的人才政策，大多针对一般设施农业经营主体及从业人员，专门针对高效设施的人才政策较少，发挥作用较弱。

（五）抓手项目支持较多，类型相对丰富

北京市高效设施农业围绕现代化、规模化、集约化、标准化等目标，紧抓《关于开展北京市都市型现代农业（高效农业）示范乡镇创建工作管理办法》等政策机遇，以示范镇、示范区、示范园等项目为载体抓手，统筹规划、促进产业加快发展。

四、北京市高效设施农业发展存在问题

（一）科技创新方面

1. 技术装备国外依赖度高

目前，北京市高效设施农业的技术装备多为国外引进，较少有国内自主创新的技术设备。由于温室设计与建造施工相脱离，容易导致温室环境控制能力出现问题。另外，北京市高效设施农业缺乏专业化的服务机构和公司，维修依赖国外公司，设备更换时间长，容

易延误生产。

2. 品种技术研发仍需加大

由于国产粉果品种多不耐长季节栽培，丰产性差，目前生产上多以欧美红果番茄为主。京郊蔬菜工厂化生产示范点主栽品种均为国外引进品种，一些关键技术环节依然空白或依赖于国外经验，亟须进行本土化消化吸收。工厂化栽培条件下综合防治技术需进一步完善。

（二）生产运营方面

1. 各区连栋温室闲置问题突出

2019 年，全市连栋温室中有 231 栋（占比为 13.14%）共 1 462 亩（占比为 13.06%）处于闲置状态，无论是闲置数量还是闲置面积都是所有类型中最高的。13 个区中有 9 个区的连栋温室都存在闲置问题，其中大兴区连栋温室闲置面积最大，有 862 亩，共 120 栋；其次是通州区，闲置面积 335 亩，共 38 栋；第三是丰台区，闲置面积 104 亩，共 20 栋。

2. 整体规模及单体面积仍然偏低

北京市连栋温室的生产面积为 1.24 万亩，仅占全市设施农业生产面积的 4.51%，整体规模较小。单体面积方面，荷兰单个玻璃温室面积一般在 15 亩以上，高度 5.5～6 米，日本近年在全国大力推广大型温室建造，建设面积一般为 45～150 亩。北京市平均每栋连栋温室占地面积不到荷兰的 1/2。近年，京郊新发展了北京极星、宏福等单体规模在 2 公顷（30 亩）以上的番茄工厂化生产园区，但数量很少。

3. 前期建设和后期管理运营成本高

北京市高效设施农业具有建设成本高、运营成本高、投资回报周期长的特点。初期一次性投资巨大，大型智能连栋温室每平方米的建设成本高达 1 500～2 500 元，规模园区投资额动辄数亿元，是一般经营主体难以承担的。园区建成投产后，后期运营成本压力也很大，北京市大型连栋温室果类蔬菜生产每亩总投入高达 132 540 元（不含市场营销费用），加温能耗费和用工费是构成蔬菜生产成本的主要部分，在总成本中占比分别为 33.72% 和 23.70%（表1）。

表1　北京市大型连栋温室蔬菜工厂化生产成本收益分析

单位：元/亩、%

成本构成指标	平均投入金额	占比
天然气	44 689	33.72
水电费	8 004	6.04
雇工费	31 416	23.70
种苗费	6 003	4.53
肥料费	8 671	6.54
基质	9 005	6.79
病虫害防治	3 675	2.77
设施使用和维修费	21 077	15.90

（续）

成本构成指标	平均投入金额	占比
总成本	132 540	100.00
总收益（元）	160 080	
益本比（%）	1.2	
纯收入（元）	27 540.43	

数据来源：北京市农业农村局种植业处调研数据。

4. 企业品牌为主，市场培育难度大

发展高效设施农业的企业各自经营自有品牌，部分已经注册的高效设施蔬菜商标缺乏品牌化的行业指导、长远规划和重点扶持，难以发挥品牌的持续带动作用。由于缺少高效设施农业产业化联合体，蔬菜工厂化生产园区之间缺少有效合作，各企业各自为战，一定程度还是存在竞争。另外，园区农产品营销费用较高，进一步加大了企业的运营压力，影响高效设施农业的生产效益及投资者的积极性。

5. 单产水平和亩产效益相对发达国家依然较低

北京市工厂化蔬菜生产园区平均番茄产量与国外相比单产水平依然很低，整体产量相对更少。对比北京市和荷兰大型连栋温室设施番茄亩产效益，荷兰玻璃温室番茄每亩产出高达 397 973 元，是北京市（160 080 元/亩）的 2.49 倍。北京市企业的成本收益率为−23%。2016 年以来，首农、宏福、极星等几家企业虽已投资建成十几公顷的智能温室，但现阶段尚未实现盈利。

（三）支撑保障方面

1. 专业技术人员欠缺

高效设施农业设施设备及信息化技术对从业人员的专业知识和系统操作使用有较高要求，目前生产技术人员在技术水平和熟练程度上有所欠缺，许多先进设施的功能和优势难以发挥。经营主体前期高投入的成本压力及效益低等因素，难以承担较高的待遇支付，对引进的专业人才缺少相应的落户、待遇和食宿补贴等优惠条件，难以留住人才。

2. 经营主体贷款难，政策补贴很难享受

市政府虽然加大资金投入力度，但针对高效设施农业的资金政策较少。由于大棚、温室等不能作为固定资产抵押银行，经营主体仍然存在贷款难的问题，且金融机构的资金远远满足不了高效设施农业建设、运营和维护方面大量资金投入的需求，资金不足的矛盾日益显著。另外，经营大型连栋温室的企业难以享受补贴或者没有补贴。

3. 针对性政策少，宣传解读不到位

"大棚房"问题清理整治导致很大一部分经营主体比较敏感，影响生产经营主体对设施农业的政策稳定性的信心。北京市已经出台的政策聚焦设施农业的较少，专门针对高效设施农业的政策更少，且现有相关政策内容上涵盖范围较广，针对性和精准度不够。长期以来，北京市农业政策存在"宣传不到位、解读不到位"的突出问题。

五、国际高效设施农业发展经验总结

(一) 不断优化产业结构，提高专业化水平

1. 产业结构均衡

荷兰玻璃温室与日本植物工厂中，种植面积最大的也是蔬菜，但与北京市不同的是，荷兰与日本的蔬菜种植面积占比并没有北京市这么高，两国在瓜果和花卉苗木中也有一定规模的占比，总体来看，产业结构较北京市相比较为均衡（表2）。

表2　各地设施作物种植面积占比情况

单位：%

	蔬菜及食用菌	瓜果类	花卉苗木类	园林水果类
北京市	83.50	10.10	7.80	3
荷兰	50.90	—	48.55	—
日本	69.10	15.20	15.70	—

数据来源：《2018年北京统计年鉴》、网络收集资料。

2. 专业化程度高

荷兰设施农业专业化程度高，通常每一农户只栽培一种蔬菜，有利于种植者提高生产技术和风险管理能力，稳定和提高产量与品质。不仅如此，为农业法人提供技术支持的相关厂商和咨询公司也能提高其专业技术开发效率，便于实施温室的机械化、自动化控制，提高劳动生产效率和降低生产成本，由此形成良性循环，实现规模效益。

(二) 高投入高收益，以经济效益带动社会效益

1. 荷兰温室投入产出情况

荷兰设施农业的生产理念是高投入、高产出，产业集约化、规模化，劳工专业化，尽一切可能实现利润最大化。2014年荷兰温室每亩总投入384 533.33元，总产值397 973.29元，净利润13 440元（表3）。

表3　荷兰番茄温室投入产出情况

类型	项目	每平方米投入量（产出量）	单价（元）	每平方米投资（产值）（元）
投入	天然气（米³）	38	1.84	69.92
	电（千瓦时）	246	0.48	118.08
	用工量（小时）	1	128.00	128.00
	生产资料（元）	—	64.80	64.80
	维护及其他（元）	—	196.00	196.00
产出	产量（千克）	53.30	11.20	596.96

数据来源：李跃洋，苏铁，王胤，任晓平，韩会会，张天柱：《中国与荷兰设施园艺对比分析》，《中国蔬菜》，2020年第6期，第11-15页。

2. 日本温室投入产出情况

日本大力提倡发展大型设施栽培降低成本，更好地维护环境。在设施建造成本方面，建造大型设施成本相对较低，约为 568 元/米^2，日本商业化运营的 253 家植物工厂，有 20％的植物工厂是盈利的，60％处于收支平衡，20％在亏损。据估计，建造植物工厂一半的费用是在建造外部结构，另一半是内部装备。

（三）重视科技创新，"政产学研用"紧密结合

1. 建立高水平技术研究中心

在荷兰，以瓦格宁根大学和所属研究机构为核心的一个区域，聚集了大量国际顶级跨国食品公司、科研院所和民间企业研究机构，集聚了 15 000 名农产品及食物领域的科学家，共同打造农业发展的智力引擎，使得从消费者需求到基础研究的一贯制研发成为可能，农民—政府—产业的关系更加紧密，现已成为全欧洲乃至全世界最知名的农产品和营养研发中心。

2. 设立产官学联合组织

荷兰制定了旨在促进大学与民间企业共同研究、技术转化的法律，并设立了民营的荷兰应用科学研究机构 TNO。企业直接投入科研，不完全依赖于政府，科研成果直接为生产服务；科研院校与企业全方位合作，根据需要提供技术支撑；政府鼓励企业完成既定的科研指标给予经费支持。日本建立了包括国立和公立科研机构、大学、民间（企业等）三大系统的农业科研体系。政府提供大部分农业科研经费，日本企业投入的科研经费是全世界最高的。

3. 提高生产和经营者素质

荷兰政府通过教育造就高素质劳动者队伍。一方面，通过职业教育学习现有知识，用以解决问题。另一方面，通过学术教育创造新知识，用以分析问题。所有从业人员都有资格执照，5 年为期，期满重新学习。日本在推进农业物联网发展的过程中，对相关人员进行农业信息科技方面的教育，这不仅有利于涉农人员提高他们先进信息技术的积极性，而且有利于推动农业物联网技术的发展。

（四）提升机械化程度，实现大数据智能化管理

1. 荷兰机械化智能化的管理

荷兰设施农业启用先进的全自动、智能化设施控制系统，温室内的温度、湿度、光照、二氧化碳、水肥供给、排液等日常管理几乎全部靠计算机系统控制完成。1 座 15 亩的玻璃温室除特殊季节外平时只需要 3～4 个管理人员即可，真正做到了全自动、智能化。

2. 日本农业物联网技术的普及

日本植物工厂实现了作物自动化生产和环境因素的智能化控制，从播种、育苗、定植、灌溉、施肥、病虫害防治和采收全部实现了自动化控制。植物工厂内的温度、空气湿度、光照、二氧化碳浓度和营养液等环境因子通过传感器进行感知，数据传输至计算机控制系统，通过控制系统进行分析后发出指令，实现对植物工厂各个系统的智能化控制。

（五）坚持绿色种植，注重生态环境可持续发展

一是基质循环利用。荷兰的温室蔬菜90％以上采用基质栽培，基质经高温杀菌后循环使用，对不可再利用废品由基质的生产商负责回收。二是肥水循环使用。正确地控制水分与养分的供应，数据精确到每株植物、每片叶片，多余的废水收集处理后再利用。三是生物防治病虫草害。使用天敌、色板和防虫网等非化学方法控制虫害，运用植被覆盖控制草害，精确的控温控湿方法控制病害。

六、北京市高效设施农业发展建议

（一）加强科技研发，构建科技支撑体系

1. 加大对关键共性技术和配套设备的研发

政府要鼓励围绕连栋温室，从设施结构、材料、信息技术到育种、新机械、栽培等多方面，设置专项研究课题，开展技术创新研究和综合配套技术示范应用研究与开发，提高国内自主创新能力。加快关键设备国产化及服务体系建设，及时把国产设备列入农机购置补贴目录，尽快形成具有自主知识产权的关键技术和设备体系。

2. 加强蔬菜工厂化生产集成技术研究

建立科研院所、农技推广及生产企业间紧密合作关系，针对工厂化生产中技术限制因素开展技术攻关。加快蔬菜工厂化生产品种引进及筛选，开展工厂化生产栽培技术、环境控制技术、植株管理技术、病虫害防治技术、精准化灌溉技术、育苗技术等集成研究，实现技术数据化，奠定北京市蔬菜工厂化生产技术基础。

3. 构建教育、科研、推广相结合的科教体系

构建以市场需求为导向的设施农业技术装备创新体系和新技术推广体系，引导市场参与者之间建立全方位的互信机制，构建教育、科研、推广三结合的科教体系，进一步强化连接机制，发挥好政府资助的基础研究与社会科研机构应用研究的互补耦合作用。

（二）重点环节突破，加强示范引领

1. 创新管理经营模式

建议市政府引进科学的管理方式，制定奖励机制，激励参与高效设施农业的经营主体，鼓励经营主体承包经营闲置连栋温室，如在农业园区或高效设施的招租中，优先包给有技术、会经营、懂管理的主体，降低设施闲置率，提高连栋温室使用效率。

2. 提高建设运营补贴力度

一是加大高效设施农业设施设备建设补贴，按照支持政策统一完善基础设施，对设施环境方面给予相应的资金补贴。建议对通过技术创新和变更种植策略等方式降低单位用气量予以奖励，达到鼓励科技创新和节约能源的双重作用。二是对当地生产的设施农产品进行价格补贴，引导经营主体参与区域品牌建设，在市场营销、品牌宣传、加工物流等方面给予一定补贴，降低企业营销成本。

3. 专业社会化服务体系

建立健全高效设施农业专业社会化服务体系，强化高效设施农业技术的供需衔接、推广以及标准订立等。建议通过政策支持，扶持有条件的企业或机构开展育苗、植保、营养液检测等专业化的服务，提升工厂化生产专业化生产能力，促进产业发展。

（三）强化支撑保障，优化高效设施农业发展环境

1. 加强专业人员培训

通过农村信息服务站、"阳光培训"工程、专题培训班、网络学校、远程教育等多种方式，开展多层次、全方位的技术培训，提高从业人员的科技水平。市政府可以引导大专、职高、中专等院校开设高效设施农业专业，培养从事设施农业的专业人才。建议加强各类农业科技示范园区建设，发挥好引进研究、示范培训等功能。

2. 加大金融扶持力度

一是允许农业企业以农业生产性设施设备在金融机构进行融资抵押；针对产业业绩良好的农业企业，通过农担公司担保的形式在金融机构融资；对经营效益好但暂时出现生产流动性流动资金缺口的企业，允许以贴息贷款的形式进行扶持。二是建议市政府成立高效设施农业发展基金，将一部分市财政收入专门用于基础设施配套建设、贷款贴息以及建设、生产过程中的其他补助。三是建议要求各大农业金融机构从信贷规模中安排一定比例的资金用于高效设施农业贷款，市政府给予一定扶持。四是加快推进高效设施农业保险产品开发试点，扩大保险品种覆盖面、提升保额，逐步构建有利于设施农业发展的保险险种体系。

3. 加强专项政策保障

一是系统制定高效设施农业发展规划。建议市政府制定切实可行的、有指导性的高效设施农业发展规划。二是完善高效设施农业专项政策。建议从促进高效设施农业绿色高质量发展角度，从土地、资金、人才、科技等要素渠道，加大专项政策完善。三是做好政策解读与宣传推广。市政府应加大政策宣传解读的力度，建立信息服务平台，提高高效设施农业的信息流通效率，进一步促进政策落实落地。

（作者：赵术帆，北京市农研中心城乡发展处；

张娟，北京民生智库科技信息咨询有限公司）

北京市稳定蔬菜生产措施研究

保障蔬菜供应是大都市经济发展和社会稳定的前提。北京作为超大城市，满足居民对蔬菜的需求始终是"菜篮子"工程的重要内容。在 2020 年防控新冠肺炎疫情时，北京市委、市政府提出全力抓好重要农产品稳产保供，到 2025 年，全市蔬菜自给率提升至 20%等目标要求。因此，针对北京作为超大城市的稳定蔬菜生产的研究，对构建合理稳定的蔬

菜生产体系，保持经济社会稳定发展具有重要意义。

本文在对北京市自产蔬菜的地位、北京市稳定蔬菜生产的成就进行梳理的基础上，系统分析了北京市蔬菜生产的现状与特征、稳定蔬菜生产的具体做法，北京市蔬菜生产的优势和面临的问题，最后提出稳定北京市蔬菜生产的政策建议。

一、北京市居民蔬菜消费需求及自产蔬菜的地位

（一）北京市蔬菜消费变化情况

北京市蔬菜人均消费量呈现先下降后上升趋势。2010—2020 年北京市蔬菜及菜制品的人均消费量整体呈现先下降后上升趋势，在 2015 和 2016 年呈现较低值，2020 年呈现较高值，为 122.70 千克（图 1）。

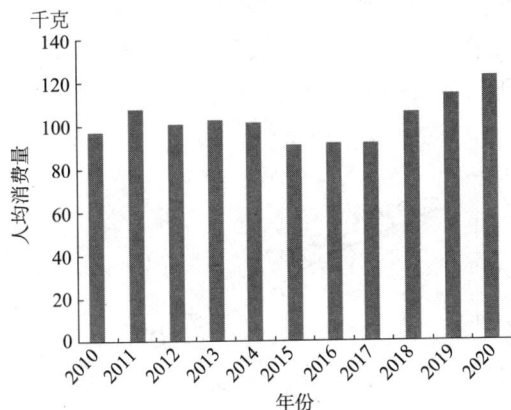

图 1　2010—2020 年北京市蔬菜人均消费量

北京市蔬菜家庭消费由单一化向多元化与特色化发展。过去，由于北方气候条件限制，加之交通条件限制，南方菜运送到北京市比较困难，北京市居民的蔬菜消费主要以大白菜、萝卜等为主，但现在市面上的蔬菜种类大大增加，消费者开始购买各种各样的蔬菜。转变原因有三：一是因为交通设施的逐渐完善以及运输技术的提高，大量南方菜进入北京市场；二是因为居民可支配收入提高，消费能力有了较大幅度提高；三是北京市居民消费习惯转变，居民食品消费早已不再停留在"温饱"层面，而是开始追求生活质量。独特、营养丰富的蔬菜开始为消费者认知与接受。

（二）北京市蔬菜自给率变化情况

1. 蔬菜自给率的概念

蔬菜自给能力是指某一区域蔬菜产量满足常住居民消费需求的程度，用蔬菜自给率来表示，即

$$R（\%）=Y\times（1-C）/（P\times Q\times D）\times100\%$$

其中，R 为蔬菜自给率，Y 为蔬菜产量，C 为蔬菜损耗率，P 为某地区常住人口，

Q 为每人每天的蔬菜需求量，D 为 1 年的天数（取 365 天）。

2. 北京市蔬菜自给率的计算

（1）Y：蔬菜总产量，由《北京统计年鉴》数据得到。

（2）P：北京市常住人口，由《北京统计年鉴》数据得到。

（3）Q：每人每天的蔬菜需求量，目前学术界、产业界以及相关政府部门对北京市蔬菜消费情况的统计、测算结果差异较大，主流观点有两类：一是据北京市农业农村局统计，得到各年的北京市人均蔬菜消费量；二是北京市场统计中心测算，北京市人均蔬菜消费量为 1 千克/天。

（4）C：蔬菜损耗率，由于蔬菜品种特性不一样、损耗率也不一样，而北京市蔬菜品种以叶菜类居多，本文参考叶菜类（大白菜）损耗率，取 36%。

根据 Q 的两种不同赋值，对北京市蔬菜的自给率采取了两种不同方法进行了测算。

方法一：根据近两年北京市农业农村局对居民、餐厅、高校以及各级市场蔬菜的调研，北京市人均蔬菜消费量接近 1 千克/天，该数据也得到了北京市价格监测中心典型调研的印证。结果如图 2 所示。

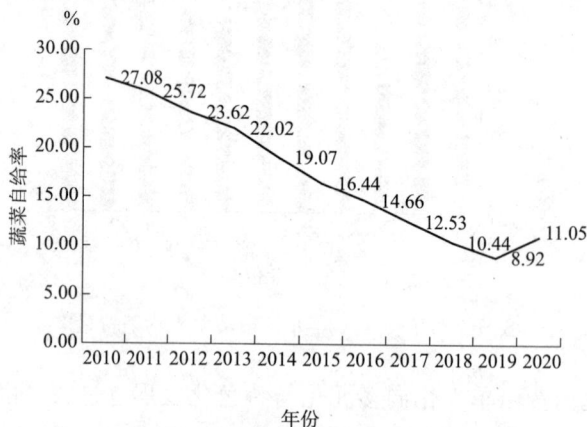

图 2　2010—2020 年蔬菜自给率变化情况（方法一）

方法二：据北京市农业农村局统计发布的数据，年人均蔬菜消费量/365，得到人均日蔬菜消费量。在此种计算中，考虑到在京消费蔬菜的流动人口情况，P 的数值按照常住人口＋650 万人展开计算。结果如图 3 所示。

可以看出，虽然根据两种不同方法测算出的北京市蔬菜自给率数值有所不同，但其变化趋势非常一致，都是从 2010 年一路下降至 2019 年最低点，到 2020 年有所反弹。

二、北京市稳定蔬菜生产的成就

（一）国内蔬菜市场保供稳价政策

1. "菜篮子"工程为我国蔬菜市场保供稳价奠定基础

党中央、国务院历来高度重视蔬菜生产和市场供应工作，早在 1988 年我国便开始实

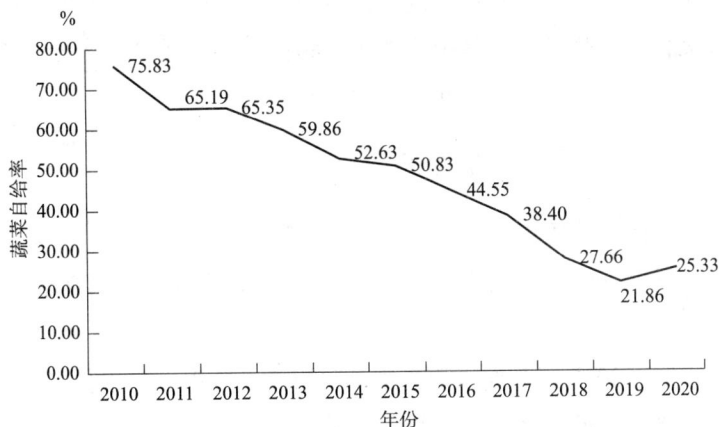

图3 2010—2020年蔬菜自给率变化情况（方法二）

施"菜篮子"工程。其中，第一阶段（1988—1993年）首次提出"菜篮子"市长负责制，重点解决了蔬菜等农副食品市场供应短缺问题；第二阶段（1995—1999年）扩大"菜篮子"工程实施范围，重点推行实施蔬菜等农副食品生产设施化、多产化、规模化；第三阶段（1999—2009年）是我国蔬菜生产快速发展阶段，也是"菜篮子"工程全面向质量层面发展阶段，蔬菜基本进入无公害产品时期；第四阶段（2010年至今）着重解决蔬菜等农副食品生产流通体制机制问题。

经过三十多年的"菜篮子"工程建设，我国蔬菜产量大幅增长，品种日益丰富，质量不断改善，市场流通体系逐步完善，为蔬菜市场保供稳价打下了坚实基础。据联合国粮农组织（FAO）数据统计，我国蔬菜产量占全球比重由1988年的26.7%提升至2019年52.0%，人均蔬菜产量是印度及美国的3倍以上。农业农村部数据显示，我国蔬菜（田头）产量由2000年的4.45亿吨提升至2020年的7.22亿吨，增幅62.2%。

2. 建立健全北方大城市冬春蔬菜储备制度

冬春两季是我国北方地区蔬菜生产淡季，为保障冬春蔬菜市场供应和价格基本稳定，2011年开始国家要求北方大城市（城区人口百万人以上）建立冬春蔬菜储备制度。该项制度实施以来，对保障节假日、全国"两会"和灾害天气期间北方大城市乃至全国蔬菜市场的平稳运行发挥了重要作用，已经成为城市政府的一项重要惠民工程。正如前所述，2011年起国内蔬菜价格上涨年份中，年度价格涨幅基本稳定在10%以内，半数年份甚至在5%以内。

3. 灾害天气等突发事件期间启动保供稳价应急机制

随着我国"菜篮子"工程推进，国家及各地政府已陆续建立健全蔬菜等重要民生商品保供稳价应急机制，用以应对灾害天气等突发事件期间市场异常，保障"菜篮子"商品市场供应，维护城乡居民生活安定和社会稳定。经过多年实践和经验积累，重要民生商品保供稳价应急机制总体上减轻了灾害天气等特殊时期蔬菜价格异动幅度，也促进了灾后菜价能够快速恢复至正常水平，降低了突发事件对居民生活的影响。如2020年突发新冠肺炎疫情，全国各地根据疫情实际形势启动重要民生商品及防疫物资应急保供稳价预案，保障了全年蔬菜等商品价格总体稳定。其中，在稳定物价方面，通过搞特价、扩仓储、发补贴等多种手段，确保市民买得到、买得起。

（二）北京市蔬菜生产的发展阶段

北京市蔬菜生产的发展历史大概分为以下四个阶段。

第一阶段，1978—1987 年，面积和产量处于缓慢上升阶段，北京市蔬菜生产属于恢复阶段。

第二阶段，1988—2002 年，面积和产量呈现快速上升趋势，主要是 1988 年开始实施的"菜篮子"工程显著促进了北京市蔬菜产业的发展。

第三阶段，2003—2006 年，北京市蔬菜播种面积和产量均出现下降趋势，主要是外地蔬菜大量进入北京市和蔬菜产业内部优化升级。

第四阶段，自 2007 年后，面积和产量的下降开始趋缓，这与基本菜田的保护管理、"菜篮子"优级标准化基地增加和"三百工程"的持续实施密切相关。随着 2015 年《北京市基本菜田蔬菜生产补贴办法》出台，北京市蔬菜生产下降趋缓。说明北京市蔬菜生产由保证数量需求向提高质量、保证安全方向转变，由粗放型向效益型方向转变，蔬菜附加值日益提高。

2019 年以来，中央财政坚持底线，实施了一系列强农惠农政策，支持保障我国粮食、蔬菜、生猪等重要农产品有效供给。特别是新冠肺炎疫情暴发以来，中央财政积极促进农业生产发展，有序推进全产业链复工复产，为我国"米袋子""菜篮子"等重要农产品稳产保供提供了有力支撑。

为加强统筹谋划和组织调度，北京市农业农村局印发了《积极应对新冠肺炎疫情抓好"菜篮子"稳产保供和春耕备耕工作的指导意见》《2020 年北京市小麦春管和玉米春播技术意见》等多个文件，为夺取全年农业丰收提供了有力支撑。

2020 年，为有效支持蔬菜产业健康有序发展，提高北京市蔬菜产量和质量安全水平，印发了《北京市农业农村局 北京市财政局关于促进设施农业绿色高效发展的指导意见》（京政农发〔2020〕157 号），并召开了市级"菜篮子"市长负责制考核工作联席会议，完善"菜篮子"区长负责制考核办法、指标解释等工作。

为落实《北京市农业农村局 北京市财政局关于促进设施农业绿色高效发展的指导意见》（京政农发〔2020〕157 号），进一步印发了《2021 年北京市菜田补贴实施办法》，要求紧紧围绕绿色高效这条主线，切实增面积、提产能、优结构、促质量，力争用五年时间，使全市蔬菜生产面积达到 50 万亩以上，总产量达到 220 万吨以上，蔬菜自给率提升到 20% 以上，设施农业机械化水平达到 60% 以上，土地产出率、劳动生产率、资源利用率水平明显提升，培育一批高素质职业农民，培养一批新时代农民企业家，打造一批本地蔬菜产品品牌，显著提升设施农业质量效益和竞争力。

三、北京市蔬菜生产的现状及特点

（一）蔬菜生产的基本特征

1. 蔬菜播种面积变化趋势

从北京市蔬菜播种面积变化情况来看，2010—2019 年播种面积呈现逐步下降趋势，下降幅度较大，播种面积从 102.00 万亩降低到 47 万亩（图 4）。

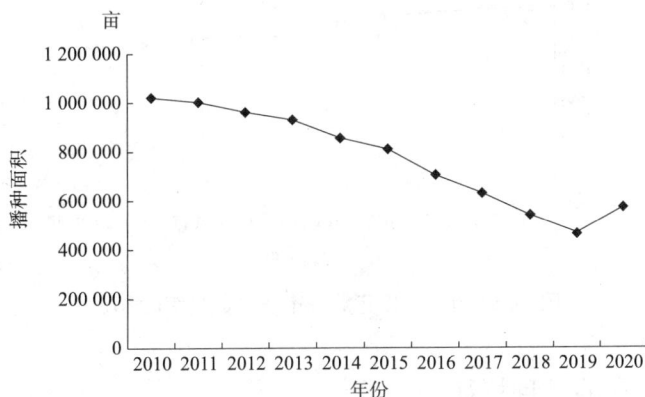

图 4　2010—2020 年北京市蔬菜播种面积变化情况

2019—2020 年播种面积略有增长，2020 年达到近 57 万亩，产量超过 130 万吨，比 2019 年增长超过 20%，扭转了蔬菜生产连续多年下滑的局面（图 5）。

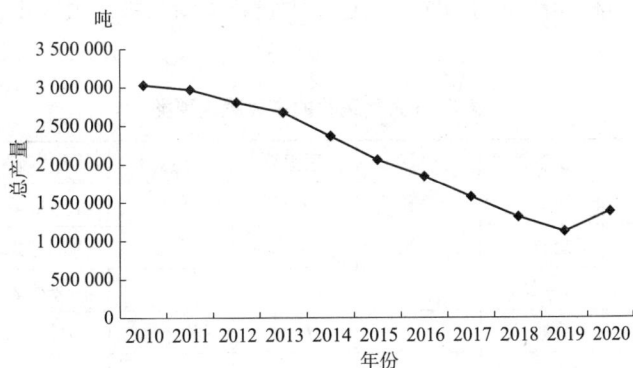

图 5　2010—2020 年北京市蔬菜总产量变化情况

2. 蔬菜总产量变化趋势

北京市蔬菜总产量变化趋势与蔬菜播种面积变化趋势相同。其中，2010—2019 年呈逐渐下降趋势，主要受到蔬菜总体面积缩减影响，说明播种面积是影响蔬菜产量的一个重要因素；2020 年蔬菜总产量增长到 137.9 万吨。

3. 蔬菜亩产变化趋势

北京市蔬菜亩产变化从 2010 年到 2020 年整体变化不大。其中，2010—2015 年，受蔬菜总体面积缩减影响，蔬菜亩产从 2 970.4 千克/亩下降到 2 532.7 千克/亩；2016—
2020 年，蔬菜亩产基本维持在 2 460 千克/亩左右。这主要是由于采用新技术和新模式而
使单位面积产量维持稳定（图 6）。

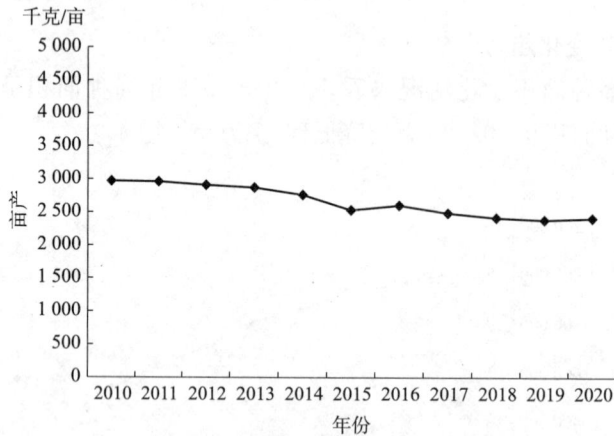

图 6 2010—2020 年北京市蔬菜亩产变化情况

（二）蔬菜生产的品种特征

北京市目前种植的蔬菜品种按大类来分，可分为 8 大类，包括叶菜类、瓜菜类、根茎
类、茄果类、葱蒜类、菜用豆类、水生蔬菜类、食用菌类。北京市适宜的气候条件和配套
的设施条件使蔬菜主要品种做到了春秋品种配套，早、中、晚熟配套，形成了周年生产、
周年供应。在提高品种和产量的同时，引进了大量特菜新品种，大大丰富了首都蔬菜品种
的多样性（表 1）。

表 1 8 大类蔬菜的主要蔬菜种类

叶菜类	瓜菜类	根茎类	茄果类	葱蒜类	菜用豆类	水生蔬菜类	食用菌类
大白菜	黄瓜	萝卜	番茄	大葱	菜豆	莲藕	香菇
普通白菜	冬瓜	胡萝卜	辣椒	韭菜	豇豆	慈姑	平菇
结球甘蓝	南瓜	马铃薯	茄子	大蒜		荸荠	双孢菇
生菜	西葫芦	莴笋		葱头			
芹菜							

可以看出，北京市蔬菜种植品种以叶菜类、瓜菜类品种最多，这与北京市居民饮食结
构息息相关。叶菜类、茄果类对流通时间和条件要求较高，北京市郊区倾向于种植这些相
对不耐储存蔬菜，提供给市区，一些耐储存的蔬菜可以考虑依赖外省供应。

（三）蔬菜生产的地区特征

1. 北京市各区蔬菜播种面积变化情况

2010—2020 年北京市各区蔬菜播种面积变化情况如下。

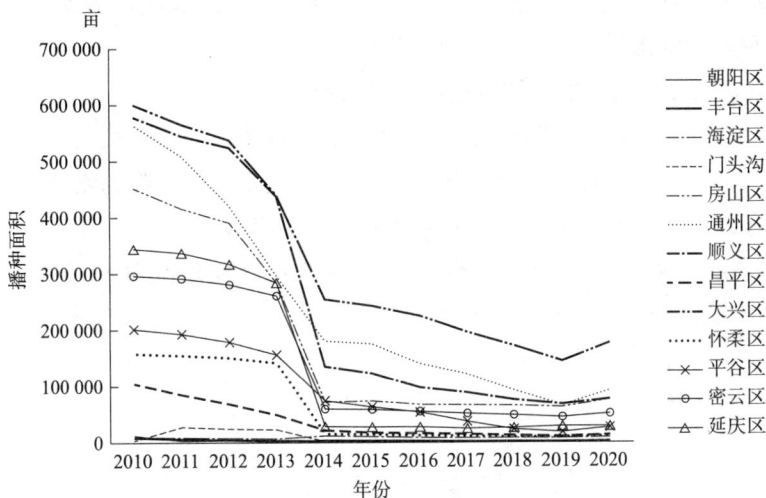

图 7　2010—2020 年北京市蔬菜播种面积变化情况

2. 北京市各区蔬菜总产量变化情况

从北京市蔬菜播种面积和蔬菜总产量的变化情况来看，北京市蔬菜主产区从大到小依次为大兴、通州、顺义、密云、房山、平谷、延庆（图 8）。

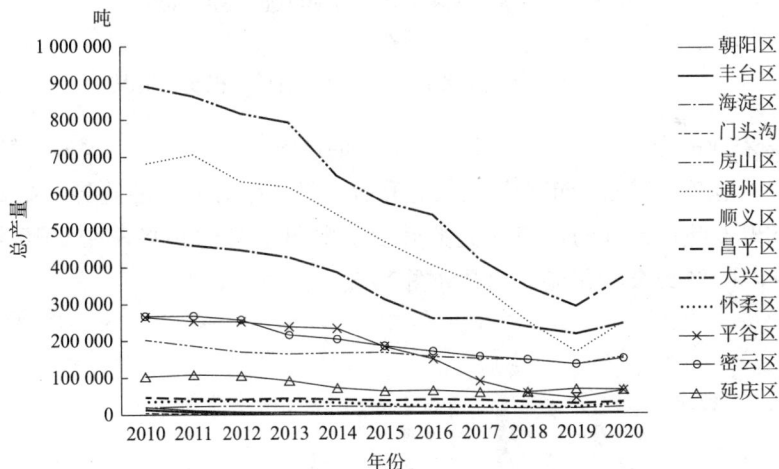

图 8　2010—2020 年北京市蔬菜总产量变化情况

（四）蔬菜生产的技术特征

1. 蔬菜生产的技术结构

蔬菜生产分为露地菜田、设施农业、水生菜田三种技术类型。其中，露地菜田和设施农业的种植面积较大。2020 年，设施农业和露地菜田占比分别为 70.04% 和 29.20%。

2020 年，北京市设施农业中以日光温室为主，占比为 57.98%；塑料大棚占比为 33.77%；连栋温室占比为 4.51%。

北京市露地菜田中以秋季菜田为主，占比为 83.78%；其次，为春季菜田，占比为 55.19%；春秋连种菜田最少，占比为 38.97%。

2. 蔬菜（包括食用菌）的设施种植的变化趋势

（1）设施农业的播种面积变化情况。北京市温室播种面积比重最大，其次为大棚，中小棚占比较小；其中，温室的播种面积近十年来呈现先上升后下降到略有回升的趋势，在 2015 年最高值为 21 141.0 公顷；此后开始下降，2020 年略有回升，为 12 115.9 公顷；大棚播种面积呈先上升后下降再上升的趋势，在 2016 年有较高值为 11 324 公顷，到 2020 年又略有上升，为 11 658.6 公顷（图 9）。

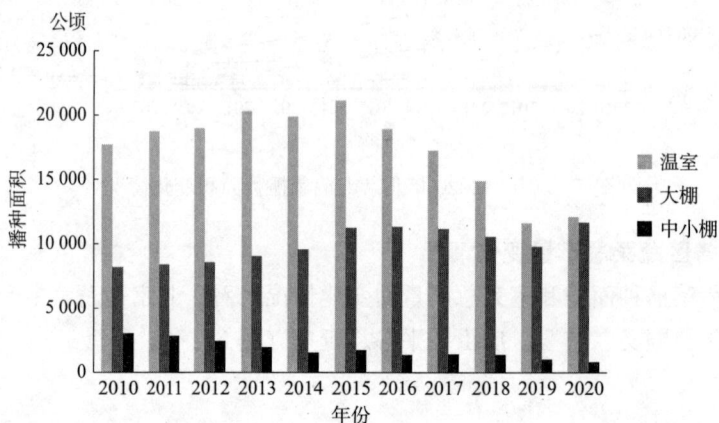

图 9　2010—2020 年北京市设施农业播种面积变化情况

（2）设施农业的产量变化情况。北京市温室的产量占比最大，其次为大棚，中小棚占比较小；其中，温室产量近十年来呈现先上升后下降到略有回升的趋势，在 2015 年最高产量为 758 625.0 吨；大棚的产量呈先上升后下降再上升的趋势，在 2016 年最高产量 418 373.0 吨，在 2020 年产量略有回升（图 10）。

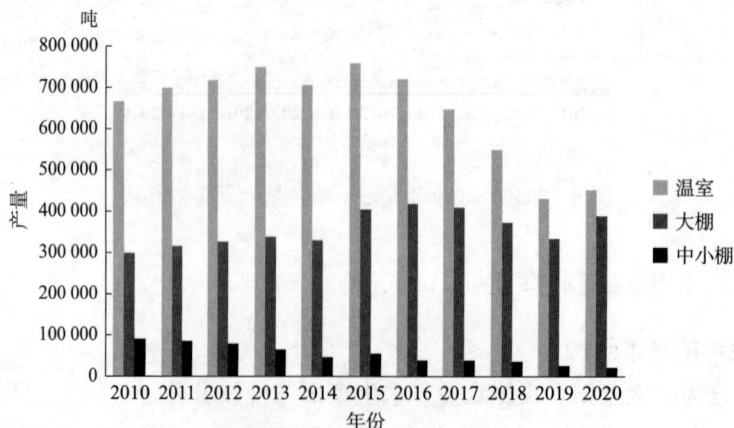

图 10　2010—2020 年设施农业产量变化情况

3. 北京市蔬菜生产技术的地区分布

北京市蔬菜种植总面积约为 39.28 万亩，其中蔬菜种植面积较大的有大兴区、顺义区、通州区、房山区、昌平区、平谷区，分别为 9.84 万亩、7.07 万亩、4.82 万亩、4.36 万亩、2.99 万亩、2.61 万亩。

（1）设施农业的地区分布。北京市设施农业种植面积约为 27.51 万亩，其中设施农业种植面积较大的地区有大兴区、顺义区、通州区，分别为 7.29 万亩、5.77 万亩、3.25 万亩。

北京市设施农业技术的地区分布：使用联栋温室的主要地区为大兴区、顺义区、通州区，种植面积分别为 0.49 万亩、0.24 万亩、0.11 万亩；使用日光温室的主要地区为顺义区、大兴区、通州区，种植面积分别为 2.62 万亩、2.51 万亩、2.13 万亩；使用塑料大棚的主要地区为大兴区、顺义区、通州区，种植面积分别为 4 万亩、2.6 万亩、0.95 万亩；使用小拱棚的主要地区为顺义区、大兴区、昌平区，种植面积分别为 0.31 万亩、0.29 万亩、0.16 万亩。

（2）露地菜田的地区分布。北京市露地菜田种植面积约为 11.47 万亩，其中露地菜田种植面积较大的地区有大兴区、房山区、通州区、顺义区、延庆区、平谷区，分别为 2.53 万亩、1.59 万亩、1.55 万亩、1.2 万亩、1.13 万亩、0.84 万亩。

北京市露地菜田种植的地区分布：春季露地菜田的主要地区为大兴区、房山区、延庆区，种植面积分别为 1.17 万亩、1.03 万亩、0.71 万亩；秋季露地菜田的主要地区为大兴区、房山区、通州区，种植面积分别为 2.05 万亩、1.35 万亩、1.29 万亩；春秋连种露地菜田的主要地区为房山区、大兴区、通州区，种植面积分别为 0.79 万亩、0.69 万亩、0.62 万亩。

（3）水生菜田的地区分布。北京市水生菜田种植面积约为 0.31 万亩，其中水生菜田种植面积较大的区有顺义区、平谷区、朝阳区，分别为 0.09 万亩、0.09 万亩、0.07 万亩。

4. 北京市蔬菜生产技术的乡镇分布

（1）万亩以上菜田乡镇统计。北京市万亩以上菜田共有 6 个镇，其中大兴区 3 个镇、顺义区 1 个镇、房山区 1 个镇、通州区 1 个镇。

设施农业中，种植面积最大的三个镇从大到小依次为大兴区庞各庄镇、顺义区杨镇、大兴区长子营镇。

露地农田中，种植面积最大的三个镇由大到小依次为房山区琉璃河镇、大兴区庞各庄镇、通州区漷县镇（图11）。

（2）千亩村菜田地区分布情况。千亩村菜田共有 49 个村，其中大兴区 21 个村、顺义区 12 个村、通州区 6 个村、房山区 3 个村、延庆区 3 个村、昌平区 2 个村，平谷区 2 个村。

由此可见，蔬菜规模化生产主要集中在大兴区、顺义区、通州区、房山区四个区，其他区的蔬菜生产规模化程度较小，仍有待提升。

万亩

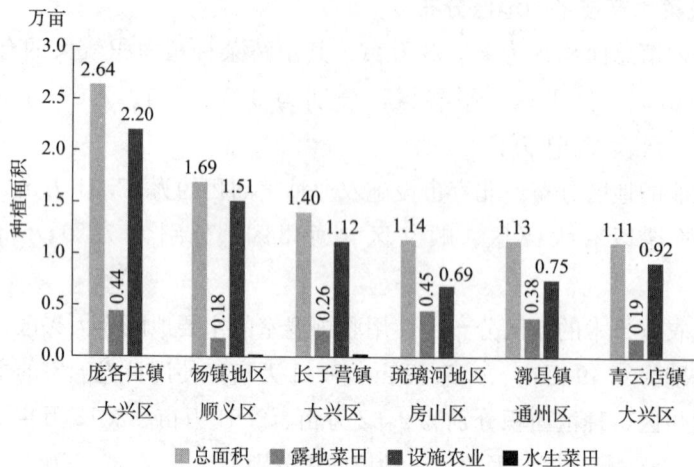

图 11　万亩以上菜田乡镇分布情况

四、北京市稳定蔬菜生产的做法

一是研究出台了《关于促进设施农业绿色高效发展的指导意见》，深化农业供给侧结构性改革，提前谋划设施农业未来五年的发展方向，强化"储菜于地、储菜于技"，提高蔬菜产品稳产保供能力。

二是严格落实市级蔬菜生产补贴政策，稳步提升生产面积。印发了《2020 年北京市菜田补贴实施办法》，加大设施蔬菜生产奖励力度，鼓励生产主体积极生产，扩大生产规模，鼓励支持蔬菜产业健康有序发展，增加绿色优质蔬菜产量。

三是积极开展耕地地力保护补贴工作。对北京市拥有耕地承包权的种植农户（含村集体土地承包户）和国有农场（含首农食品集团双河农场）种植职工，对承包集体土地或经营流转土地的，发放补贴资金。享受补贴的农户和种植职工，应以绿色生态为导向，采取有效措施保护耕地和提升地力。

四是鼓励设施农业发展以奖代补工作。市级安排设施农业发展以奖代补资金，通过引导各区优化品种结构、变革生产方式、加强科技创新，推动设施农业生产提档升级和全产业链发展。奖补资金使用紧扣增蔬菜产能、补产业短板、促消费升级等方面，切实增面积、提产能、优结构、促质量。

五、北京市蔬菜生产的优势和面临的问题

（一）北京市蔬菜生产的优势

一是品种优势。北京市自产蔬菜中多以叶菜类、茄果类和瓜菜类为主，考虑到叶类菜和茄果类相对于其他品种属于不耐储存品种，对流通时间和条件要求高，北京市郊区倾向于种植这些相对不耐储存蔬菜。

二是技术优势。北京市逐步形成了以设施蔬菜为核心技术体系的蔬菜生产模式，设施蔬菜生产不受季节和天气制约，冬季往往是蔬菜供应减少，受供需关系影响，价格出现上涨，因此设施蔬菜可以在这一时期获得相对较高的收益。

三是地区布局优势。京郊区资源禀赋、地理环境以及经济发展等差异，导致农业种植结构不同，蔬菜生产正在不断向优势区域集中，北京市蔬菜主产区域，面积和产量最高的为大兴区，接下来依次为顺义、通州、平谷、房山、密云。

四是经营主体优势。传统家庭经营是北京市农村的基本经营主体，而且仍然是重要的组成部分，一些新兴经营主体（企业、合作社和家庭规模化经营人）逐渐出现。

（二）北京市蔬菜生产存在的问题

1. 蔬菜生产主体组织化程度不高

当前北京市蔬菜生产主体仍以小规模、分散经营的农户为主，抵抗自然风险和市场风险能力很薄弱。主要表现为：一是难以解决设施蔬菜发展需要的资金投入，制约产业向更高水平发展。二是采用新技术较慢，影响农民对技术和信息的获取，也影响到新技术的扩散和推广。三是难以拓宽市场渠道，导致生产的盲目性和设施效益的不确定性。四是农业服务体系建设滞后，企业、合作社等没有真正与农民建立风险共担、利益共享机制，没有形成产加销全发展链条。

2. 设施蔬菜产能发挥不够充分

现存部分农业设施建设年代比较久远，存在安全隐患，亟待更新换代。原有老旧温室墙体保温性能差，截获太阳能少，温室内空间小，作业机械无法进入，劳动生产强度大。根据"大棚房"清理整治工作要求，对部分操作间超标拆除或违建拆除，拆除后的温室无法起到冬季缓冲温度的作用，使得设施生产功能受损，影响喜温果菜的越冬生产。

3. 蔬菜生产科技水平有待提升

在智能化和数字化的大背景下，北京市的蔬菜生产仍以传统生产方式为主，露地蔬菜种植面积占到近三分之一，在生产效率方面劣势明显。当前北京市蔬菜生产科技水平不足体现在：一是自动化水平低，劳动强度大，增加劳动成本。二是数字化水平低，导致产品品质和产量均得不到保障。三是机械化水平低，劳动生产率水平不足等问题突出。

4. 蔬菜销售流通渠道不畅

北京市具有中等规模的批发市场数量不多，专业化的流通企业和农业龙头销售企业很少，同时批发市场还存在管理不够规范的问题。设施蔬菜生产六成以上面积以一家一户的种植方式为主，品种规模小而分散，难以形成价格优势，制约了设施蔬菜经济效益的发挥。

六、稳定蔬菜生产政策建议

（一）持续加大政策扶持力度

持续加大政策扶持力度，保证蔬菜产业稳步发展。积极探索建立健全"产前、产中、产后"全程机械化服务体系,引进(研发)推广大宗蔬菜生产全程机械化设备,不断提升蔬菜生产的机械化程度。继续重点扶持示范带动能力强、蔬菜种植规模大的家庭农场、合作社和龙头企业。建立蔬菜产业政策性保险制度,完善"菜篮子"保险服务,提高蔬菜产业抵御市场风险的能力。

(二)促进蔬菜生产主体规模化发展

建议加快推进乡村土地流转整合,优化蔬菜产业区域布局,突出规模连片,引导蔬菜生产进一步向优势产区集中。在此基础上,加快培育一批农民专业合作社和规模化生产主体,引导农民建立产销合作组织,鼓励成立菜农协会并发挥其积极作用,加大菜农种植技术和市场营销知识培训力度,使菜农向专业化、规模化方向发展,促进产销衔接,把菜农引入现代农业发展大格局,以适应大市场大流通的竞争。

(三)提高蔬菜生产科技应用水平

建议北京市范围逐渐淘汰中小棚,向大规模的连栋温室和日光温室大棚发展,推动节能日光温室和大棚标准化建设,提高保护地建设的科技水平。引入节能日光温室墙体保温新材料,双层充气膜保温,适合机械化作业的无柱化设计和机械化自动卷帘装置等新技术。此外,应大力促进叶菜、瓜果菜种质资源研究,引进和推广高产蔬菜品种,推广标准化生产技术,充分发挥软、硬件综合优势。

(四)健全完善蔬菜信息监测体系

建议市有关部门加强沟通合作,充分运用大数据、云计算、人工智能等现代技术,以种子销售、种植意向、蔬菜长势、市场交易、流通运输信息为重点,建立健全覆盖全市蔬菜全产业链的信息监测发布预警大数据体系,针对不同区域、关键时节蔬菜上市数量、流向、消费、价格等进行预测预警,及时发布供需平衡表、产销动态等市场信息,平抑菜价大幅波动,保障蔬菜生产和市场价格稳定。

(作者:赵雪婷,北京市农研中心城乡发展处副处长;

苑云、康林园,北京民生智库科技信息咨询有限公司)

以"六化"引领北京市设施蔬菜产业发展

2022年北京市农村工作会议明确提出,稳定常年菜地保有量,蔬菜播种面积、产量分别达到75万亩、180万吨以上。设施蔬菜是北京市今后蔬菜产业的主要发展方向,当前北京市设施蔬菜产业面临着设施老旧率高、更新资金缺口大,农民组织化程度不高、种菜积极性不强,科技应用不够,销售市场化能力薄弱等方面问题,本文基于对北京市设施蔬菜重要产区调研，提出以"建设规模化、生产智能化、品质绿色有机化、营销网络化、运营专业化、投资社会化""六化"方向引领北京市设施蔬菜产业发展，确保"菜篮子"稳定供应。

一、建设规模化

所谓建设规模化就是适应现代种植技术的发展和机械化水平提高，通过合理规划，科学设计，不但扩大单体大棚规模，还要扩大区域（园区）建设规模，促进规模化、集约化发展，降低成本、实现规模效益。

现在，北京市日光温室和塑料大棚等设施单体面积大部分在1亩以内（其中塑料大棚占地0.92亩，日光温室占地0.8亩），设施蔬菜经营主体88%为农户，数量多、规模小。无论是大棚单体面积还是区域（园区）种植面积都难以满足机械化、集约化要求，造成生产成本高、效益差。

近两年，平谷、大兴和房山等区的蔬菜园区学习引进山东寿光等地的先进大棚建设技术对大棚进行改造，新建和升级的日光温室，单体跨度在15米、长度在50米以上。大兴区四季阳坤有限公司在实践中不断创新、改良，设计出第九代下沉式温室，单体跨度甚至达到40米。采用新标准建设的钢架结构大棚，适宜小型机械作业，提高了生产效率，降低了人工成本，实现了节能降耗。房山区泰华芦村种植专业合作社以"农户土地＋合作社＋园区"方式，将380户芦村村民的2 000亩土地集中起来，统一种植、统一管理、统一运营，设施大棚种植面积达到1 200亩，规模效益显著。

建设规模化和北京市提出的规模化、园区化、集群化发展格局本质一致。实现规模化一是要完善体制机制，加快制定乡村蔬菜产业发展规划，优化设施蔬菜产业区域布局，突出规模连片，推进土地流转，引导设施蔬菜生产进一步向优势区域集中；二要利用北京市农业科技资源优势，加强适应北京市自然气候和人文环境的技术研究，科学确定单体和园区的建设规模，在保证安全可靠前提下，促进设施宜机化操作，有效提升种植的生产效率和效益；三要通过"点状供地"等方式予以土地政策支持，保证必要的管理看护、分拣包装、物资存储、农机库房等配套辅助设施建设用地。

二、生产智能化

所谓生产智能化就是利用物联网、大数据、云计算等现代信息技术，在卷膜、卷帘、放风、增温增湿、补光、喷灌滴灌、喷雾、水肥一体化、自动打药、电动运输等生产环节实现精准、高效智能化控制，通过引进现代农业生产管理方式，实现标准化生产。

当前设施蔬菜生产企业普遍存在劳动力紧缺、劳动力成本不断上涨的问题，按亩计算总成本，雇工费能占到30%左右。同时，北京市设施农业的机械化和智能化程度依旧不高，设施农业综合机械化率仅为36.18%，实际生产过程中机械化利用程度还要更低。带来的直接影响是生产成本高、利润低、蔬菜品质不稳定，影响生产者的积极性和蔬菜品质的稳定性。

生产智能化是破解蔬菜种植劳动力短缺、蔬菜品质参差不齐的有效手段，更是把北京市蔬菜种植推向现代化的必经之路。平谷区开展蔬菜设施智能化改造试验，在沱沱工社、康安利丰等基础条件好的企业、合作社内对蔬菜种植设施进行智能化改造试验示范，直接降低20％人工成本、提高20％～30％蔬菜产量，减少20％灌溉水肥用量。通过智能化手段可以实现消费者对产品的全程监控并可追溯，从食品安全角度极大地吸引高端消费者。

加大全市设施智能化改造力度，一是要设立专项政策支持资金，鼓励生产主体进行智能化改造；二要进行技术攻关，提供成本低、效果好、易操作的智能技术，建立相应的生产技术模式，同时加大培训力度，提高操作人员素质，拓展智能化运用范围；三要配套推进设施蔬菜生产全程机械化，实现机械化、智能化联动发展。

三、品质绿色有机化

所谓品质绿色有机化就是以生产绿色有机产品为导向，通过使用先进的育种技术、种植技术、管理技术等，建立一套由品种选育到产品生产的全流程标准化品质管理模式，以高品质适应首都消费市场需求。

首都市场消费多样化、高端化，消费者更加关注蔬菜的多样性、安全性、新鲜度和营养价值，对蔬菜的色、香、味、形、营养等品质提出了更高要求。从当前北京市蔬菜种植面积、产量和土地与劳动力成本等现状出发，北京市需要集中力量发挥在地鲜食的优势，打造绿色、有机化的蔬菜消费品牌，抢占中高端市场。

沱沱工社从育苗到生产按照有机标准化严格执行，不断提高产品品质，深耕有机农产品领域，形成自有的稳固消费群体和电商平台。房山区在发展设施蔬菜产业过程中，注重有机产品认证，目前有机产品达到总生产品种的40％，取得了明显的市场效益。

实现设施蔬菜生产绿色有机化，一是要严把品种选育关，从源头上保证产品质量；二要大力推广绿色有机生产标准化建设，通过智能化手段等促进蔬菜标准化生产，进而稳定并提高蔬菜品质；三要加强品牌建设，以品牌引领品质，以品质保证品牌，从而不断满足北京市民更高层次的市场需求。

四、营销网络化

所谓营销网络化，是借助网络、通信和现代数字技术，丰富产品销售渠道，提高流通速度，区别不同消费群体精准营销，实现优质优价。

当前北京市设施蔬菜经营主体大多仍为一般农户，营销能力弱，多数采取原地等候小批发商收购或进市区集市零售，容易出现贱卖等问题。即便一些有一定规模的生产园区，网络营销占比也不高。要通过网络手段从电子商务、农超（企业）对接、产地市场、私人定制等各方面入手实现产销快速高效对接。

地处密云区的北京密农人家农业科技有限公司，通过天猫、淘宝、京东、微信等电商平台累计客户消费数据，通过大数据分析消费喜好，实现由"种什么，卖什么"到"要什么，种什么"转变，带动当地460个农户，120余家合作社优化了生产结构。2012年至今公司累计单次消费群体14万户，经常性消费人群1万户，年销售额近4 000万元，连续9年位居淘宝平台蔬菜生鲜类销售第一名，促进了农户增收。

实现营销网络化，一是要支持和鼓励蔬菜生产企业及其他社会机构加大区域营销网络基础设施建设，提高网络营销水平，使蔬菜产品销售的交易方式更加自如快捷；二要以网络为基础，针对不同的消费群体实现不同产品的精准营销，实现优质优价；三用培育孵化农产品销售自媒体，通过网红带货、抖音直播等方式实现销售方式多样化。

五、运营专业化

所谓专业化就是建立一支与现代市场经济体系相衔接、与规模生产相匹配、与智能化生产相适应的专业化运营团队，提高现代化管理水平，实现由传统管理向现代化管理模式转变。

当前，北京市设施蔬菜生产大都停留在传统管理模式上，随着规模化、智能化、优质化、网络化水平不断提高，必须打破传统行业管理模式，实现现代化管理的转型升级，这就需要有一支高素质的专业化运营团队。通过专业化运营可以有效促进一二三产业融合发展，同时让农民主体在这个过程中得到锻炼，有利于培养高素质农民，推动全方位乡村振兴。

大兴区四季阳坤有限公司有一支非常优秀的运营团队，他们瞄准首都高端消费市场，选择"精而优"的生产模式，把好优良品种关，通过订单农业有计划安排种植面积、品种和数量，取得了良好的经济效益和社会效益。平谷区南独乐河镇设施蔬菜园区建设不但引进大兴四季阳坤的技术，还引进其管理团队负责运营，园区建设正在积极有效地推进。密云极星农业在引进全套荷兰联动温室蔬菜生产技术的同时，也引进了荷兰瓦赫宁根大学毕业的学生领衔的专业管理团队，使公司实现了高效运转。

实现运营的专业化，一是要通过政策支持和资金支持鼓励生产企业以市场化手段引入高素质的专业团队，提高管理运营水平；二是要通过职称评定、规范社保、改善工作环境等手段，营造良好氛围，吸引高素质管理人才；三是加快高素质农民教育培训体系建设，培育本土高素质农民，同时吸纳具有专业知识的大中专毕业生从事设施蔬菜生产经营。

六、投资社会化

所谓投资社会化是通过政府引导、金融带动等实现设施蔬菜生产投资主体多元化、社会化，解决单靠财政支持和村集体、农户投入资金不足的问题。

北京市现存蔬菜生产设施建设年限平均在10年以上，最长年限在30年以上，普遍存在大棚空间小、墙体保温差，不能适应机械化、智能化需要等问题，不仅生产率低下，而且存在安全隐患，亟待更新换代。要以新型钢架大棚改造为切入点，实现前面"五化"联动，需要大量资金投入，大多数中小生产经营者难以承受，必须以投资的社会化作为前提条件和基础。

大兴区庞各庄镇政府通过对四季阳坤有限公司给予1 000余万元的支持，撬动企业投入资金2 000余万元，实现了公司蔬菜种植设施设备升级改造。平谷区对马昌营镇蔬菜种植设施提升改造的多个主体实行1 200万元以奖代补，实现总投资2 638.74万元，加快了园区建设。

引导社会资本投入，一是要加大政策的扶持和引导，营造连续和稳定的政策环境，打消一些经营主体对于发展设施农业信心不足、积极性不高的顾虑，鼓励合作社、家庭农场、社会企业等新型经营主体加大投入力度；二要创新资本投入模式，鼓励社会资本与政府、金融机构开展合作，发挥政府投资撬动作用，加快投融资模式创新，为社会资本投资设施蔬菜产业开辟更多有效路径；三要加强对社会资本的监督管理，通过制定相应的程序、规则，选择一批稳定的、优质的企业带动发展设施蔬菜产业，避免一些社会资本打着拓展设施农业"休闲功能"的幌子重蹈"大棚房"覆辙。

以上对北京市设施蔬菜产业发展的"六化"建议，是针对设施蔬菜生产纵向产业链的全流程考虑，以期明确北京市设施蔬菜产业未来的发展趋势，也是促进设施蔬菜发展的具体举措。希望能以"六化"组合拳破解当前北京市蔬菜产业发展的难题，走出一条符合首都实际，适应首都市场的设施蔬菜产业发展之路，让北京市设施蔬菜成为首都"菜篮子"稳产保供的重要支撑。

（作者：吴志强、赵术帆、季虹、赵雪婷，北京市农村经济研究中心；
张娟，北京民生智库科技信息咨询有限公司）

深化基层治理改革
推进乡村治理共建共治共享

2021年，北京市农业农村"接诉即办"工作深入贯彻习近平总书记对北京重要讲话精神，践行以人民为中心的发展思想，按照市委、市政府总体部署和《北京市接诉即办工作条例》（以下简称"《条例》"）《关于进一步深化"接诉即办"改革工作的意见》（以下简称"《意见》"）具体要求，以"每月一题"为抓手，为群众办实事、解难题。全年，自办诉求响应率达98.23%，解决率达95.27%、满意率达99.03%，行业响应率达98.56%、解决率达94.63%、满意率达95.74%，建立健全服务北京市农业农村领域内群众诉求的响应机制，不断提升"接诉即办"管理和服务水平，持续推进并逐步深化京郊农村基层治理改革，认真做好"民有所呼，我有所应"。

一、坚持党建引领，统一决策部署

基层治理变革是一项系统工程，党的全面领导是关键，运转高效的制度机制是保障。2021年，全市农业农村"接诉即办"工作坚持党建引领、高位推动，主要领导为第一责任人，进行顶层设计、统筹谋划、整体推进。全年，主要领导就贯彻落实《条例》和《意见》专门进行了批示和部署，针对中共北京市委农村工作委员会、北京市农业农村局"接诉即办"工作情况多次进行指导、督办，先后在中共北京市委农村工作委员会、北京市农业农村局各类会议上批示、调度15次，在相关重点问题、重点任务上批示18次。同时，注重发挥党组织在基层治理中的领导核心作用，更好发挥党的政治优势、组织优势，更好发挥基层党组织统筹协调、服务群众能力，从而推动将党的领导与城市治理形成良性互动，有力发挥党的领导的政治引领作用和农村治理效能。另外，成立工作专班，层层压实责任，加强统筹调度，按照"把'接诉即办'作为一项全局性工作"的要求，构建了组织有力、协调顺畅、联动高效的"接诉即办"工作体系，推动市级干部直奔一线解决问题，筑牢为民服务的责任体系。

二、树牢服务意识，压实即办责任

坚持以人民为中心，聚焦"七有""五性"，着眼涉农郊区人民群众切身利益问题的解决，积极探索建立了市级"接诉即办"工作分级响应、多渠道沟通、重点巡查、数据决策等经验模式。通过对年度4万多件涉农行业诉求的梳理与分类，总结、归纳出837个诉求"关键字"，将任务精准分解到对应业务处室，做到快速精准派单。同时，将诉求办理情况第一时间向主要领导和分管领导报送，落实市委"各级领导上班第一件事就是看工单"的工作要求。提出诉求办理"三度"工作规范，即受理诉求要有温度，与诉求人心贴心、交朋友；办理工单要有速度，事不过夜，快速办理；解决问题要有力度，从"有一办一"向"主动治理"转变。强化限时办理，全面压实即办责任，规范为民服务的工作方法。认真落实首接负责制，对于涉及多个市级部门的诉求，根据相关规定判断牵头部门，由中共北京市委农村工作委员会、北京市农业农村局负责牵头的诉求，以中共北京市委农村工作委员会、北京市农业农村局名义牵头办理；对于涉及中共北京市委农村工作委员会、北京市农业农村局多个处室、单位的诉求，由中共北京市委农村工作委员会、北京市农业农村局分中心批转，并做好诉求事项的督办。持续完善部门联动和协同办理机制，与市民热线服务中心建立数据共享机制，实现联勤联动、互通信息、快速响应。2021年以来，依托"每月一题"和党史学习教育，在市委"接诉即办"改革专项小组的"提级响应"下，同规划和自然资源、住房和城乡建设、卫生健康、水务、城市管理等多部门建立了较为顺畅的联动机制，领导包案、部门会诊，扎实开展集中治理，共同解决群众"急难愁盼"诉求，推动实现息诉罢访、事心双解。在宅基地、农村基础设施建设和煤改电设备维护等诉求问题的治理解决方面有了较大的突破，行业"三率"处在较高水平，形成为民服务的部门合力。

三、坚持向前一步，探索主动治理

按照中央和市委领导的指示精神，着眼于向前一步、主动服务，推动"接诉即办"工作从"有一办一、举一反三"向"主动治理、未诉先办"转化。积极对农民群众诉求集中的高频、共性问题主动开展专项治理，按照"一方案三清单"，重点抓好"每月一题"，围绕农村基础设施建设和宅基地等方面的重点诉求，积极探索建立"未诉先办"的工作机制，坚决扛起加快补齐农村民生短板的责任担当，着力解决好群众普遍关心的突出问题。针对农村基础设施相对薄弱、农村人居环境偶现边整治边反弹的情况，建立检查考核机制和奖惩通报机制。制定了《农村人居环境整治考核验收评分标准》，以农村"厕所革命"、生活垃圾治理、生活污水治理和村容村貌提升为主要内容，对群众诉求量较多的村实施常态化农村人居环境检查考核，建立月检查、月考核、月排名、月通报的考核机制。针对发现问题及时反馈到各区进行整改，督促指导村"两委"加强宣传引导和问题排查，督促属地各区加大农村基础设施建设的工作力度。结合农村人居环境考核验收，对照整治成效进行排名。对排名靠前的区给予表扬，在美丽乡村建设及基础设施长效管护资金安排方面予以倾斜；对村庄环境保持较好的村，在评选"先进基层党组织"和党支部"评星定级"工作中给予重点关注，充分调动基层工作的积极性。对排名比较靠后的区通过北京电视台、《北京日报》等媒体对村庄环境脏乱差问题进行曝光，促进问题整改，让农民群众共同监督人居环境治理。2021年，全市第二批1 041个村的美丽乡村基础设施建设任务全面实施，整村完工907个，完成公厕1 000余座，户厕5.4万户，农村街坊路310万米^2，路灯3.2万余盏，清洁取暖65个村、3.8万户，全部超额完成任务。农村基础设施建设在全市"接诉即办""每月一题"治理满意度调查中，排名全市第二。针对政务咨询类诉求，及时梳理归纳集中共性问题，对水生野生保护动物养殖、禽产品进京备案、职业兽医资格认证等群众疑问比较多、类型比较相似的问题，制作高频事项专题答复模版，并及时在官网公布，便于有需要的市民及时掌握，做到"未诉先办"、向前一步，将诉求防之于未萌，治之于未乱。

四、深化改革，赋能涉农郊区基层治理现代化

三年来，涉农"接诉即办"遵循"以人民为中心"的服务理念，以在基层一线解决问题为导向，构建了问题识别、分类、派单、办理、考评、通报、预警等各环节紧密衔接的工作机制，推动了京郊农村基层治理模式新的变革。下一步，涉农"接诉即办"工作将坚持党建引领、重心下移、科技赋能，不断提升基层治理科学化、精细化、智能化水平。一是通过加强分管行业领域的诉求研判和趋势分析，多渠道了解群众诉求，进一步将"接诉即办"向主动治理和"未诉先办"转变。二是加大数据赋能应用，以提升诉求办理质量为目标，加大数据分析、提高数据汇聚质量。三是充分借助市政务服务管理局"提级响应"机制，进一步加强同各相关市级部门间的沟通配合，加强同涉及农村问题职责较多的规自、住建、水务、文旅、民政等部门的联动。四是在"工单改革"关于农业农村行业诉求

问题分类修改建议的基础上，进一步加强同市民热线服务中心相关部门的对接联络，共同做好农业农村行业诉求问题"工单改革"工作。

（作者：张旭、高晓红、闻爽，北京市数字农业农村促进中心）

海淀区"十四五"时期农村城市化发展思路研究

"十三五"时期，面对错综复杂的外部环境和突如其来的新冠肺炎疫情，海淀区"三农"干部队伍全面落实区委、区政府"两新两高"发展战略要求，积极应对风险挑战，以中关村科学城建设为契机落实乡村振兴，以推进农村地区城市化为核心目标，以首都中心城区标准规划好、建设好、管理好农村地区，走出一条农民融入市民、农村融入城市、农业融入科技的城乡融合发展道路，为中关村科学城和首都创新发展提供有力支撑。"十四五"时期，肩负"高水平新型城镇化发展路径实践区"历史使命，全区推进农村城市化进入新的发展阶段、面临新的发展任务。

一、基本情况

海淀区是首都中心城区、超大城市近郊区和涉农区，《北京城市总体规划（2016—2035 年）》对海淀区的定位之一是"高水平新型城镇化发展路径实践区"。"十三五"时期，在区委、区政府带领下，在各相关单位的大力配合下，全区"三农"干部队伍牢牢遵循功能定位，借力中关村科学城建设的"东风"，率先探索以人为核心的新型城镇化路径，实现美丽乡村深度融入科学城建设；率先探索深化农村改革新路径，推动集体产业在科技创新中升级迭代；率先探索农业与科技融合新路径，现代科技农业产业联盟横空出世。得益于中关村科学城高端产业的发展优势和美好前景，海淀推动全区整建制农转非取得历史性成就、产权制度改革和"无煤化"攻坚实现历史性收官，现代科技农业开启历史性航程，人居环境整治取得显著成果，走出了一条农民融入市民、农村融入城市、农业融入科技的城乡融合发展道路。

2018 年以来，全区已经撤销 31 个行政村，占原有 84 个行政村的 37％，目前 13 个行政村撤村工作正在推进中。预计到 2035 年，海淀区将仅在苏家坨镇、上庄镇的 24 个村保留村庄形态。从经济发展来看，截至 2020 年底，海淀区农村集体总资产 2 133 亿元，净资产 728 亿元，均位居全市第一。受益于集体经济发展壮大，2020 年全区共有 20 家股份社实现分红，分红总额 7.2 亿元，人均分红 1.61 万元。2020 年末，全区农民所得总额 47.2 亿元，人均所得 43 784 元，相比"十三五"初期增加 20 304 元，年均增速 13.3％。全区集体经济经营主体有 600 多家经营实体，服务 4 000 多家企业，50 多家上市公司。

"十三五"时期，全区农业农村以人为本、南北均衡、产城融合、产业发达的城乡新格局已初现端倪，在破解"三农"问题上交出了高质量发展的海淀答卷，为"十四五"率先探索新发展路径、践行新发展理念、融入新发展格局取得良好开端。

二、形势任务

（一）农村城市化势不可挡，以人为核心的新型城市化开启农业农村工作新篇章

农村城市化（农村城镇化）既创造巨大需求，也提升有效供给。在我国，它逐步接力工业化，成为经济发展的主驱动力。在海淀区，加快农村城市化，能够推动传统农村地区在科学城发展浪潮中，不仅更好承担传统意义上的要素支撑、战略腹地和纵深功能，而且能为科学城发展注入更多新动能、加快实现从以园区建设为主转向创新型城市全面发展。我们的农业、农村、农民，也能伴随"城"的发展，分享更多、更好成果。

城市是人类文明的坐标与容器、现代经济和社会生活的载体，是随着文明的进步而生长的"生命体"。农村城市化在人类文明史尤其是现代文明史上，占据着不可或缺的重要地位。从全球城市演进历史看，城市化是大势所趋、势所必然。世界主要发达国家城市化率都在80%甚至90%以上。第七次人口普查数据显示，我国2020年常住人口城市化率（城镇化率）为63.89%，尚处在城市化较快发展阶段的中后期，有较大挖潜空间。从我国40余年改革开放历史看，从农民"离土不离乡"，进入"村村点火、户户冒烟"的乡镇企业，到农民"自带干粮进城"，再到"全面放开放宽落户条件""试行以经常居住地登记户口制度"，农民离开土地、进入工厂、留在城市，获得更高的收入和保障的历史，就是"人的城市化"历史。从二〇三五年远景目标擘画的宏伟蓝图看，届时，我国将基本实现城镇化，京津冀、长三角和粤港澳将成为引领中国经济发展的三大世界级城市群，北京市将率先基本实现社会主义现代化、建成国际一流的和谐宜居之都，海淀区将成为现代化国际化创新型宜居宜业城区。在海淀区，农村城市化势不可挡、扑面而来。

"十三五"初期，区委、区政府多次研讨、反复斟酌，最终将海淀区"三农"专项规划，命名为"农村城市化"规划。"十四五"时期，我们的专项规划，仍然是"农村城市化"规划。这不仅是基于对全区农村发展脉络与现实的准确认识；也是基于对未来全区坐拥国家服务业扩大开放综合示范区、中国（北京）自由贸易试验区科技创新片区、中关村国家自主创新示范区"三区"政策叠加的独特优势，建设现代化国际化创新型宜居宜业城区宏伟蓝图的深刻把握；还是全区农业农村从宏观视角服务、支撑和融入北京国际科技创新中心核心区建设新浪潮的主动担当。

在历史性完成全区整建制农转非和农村集体产权制度改革以后，海淀区的农民已经带着保障和资产"就地市民化"，4.5万农民享受城镇职工同等社保待遇，达到退休年龄的农民，将和退休的城镇职工一样，每月能领取到1 714元"退休金"。86家新型股份经济合作社带领9.5万股东，发展壮大新型集体经济。农村集体总资产已经达到2 133.6亿元，"十三五"期间年均增速12.6%；所有者权益728亿元，年均增速9.4%；农民人均所得

4.4 万元，年均增速 13.3%。集体经济园区直接服务 4 000 余家企业，57 家上市企业。全区原有 84 个行政村已撤销 31 个，占比为 37%。海淀区的农业农村工作已经迎来崭新局面、开启崭新篇章。

（二）农业农村将长期存在，农业仍是一片蓝海，农村仍有广阔天地，可以大有作为

城乡关系历来是一个国家和民族在现代化过程中所要面临和解决的重大关系。城市和乡村是不可分割的整体，是生命共同体、生态共同体。城乡发展不是此消彼长的零和博弈，而是融合发展、共享成果的共生过程。我国是有着 960 万千米^2 国土的大国，600 多个城市、1 500 多个县城和 2 万多个建制镇，加上交通设施土地和工矿区，总面积不超过 20 万千米^2，只占 2%～3%，也就是说 97% 以上依然是乡村。在未来，我国还会有 3～4 亿人生活在乡村。在城市化浪潮中，不少有志之士将城市的知识、技术、资本带回农村，发展特色产业、乡村旅游。农业逐步规模化和现代化，"三产"界线不再分明，乡村振兴全面推进。这就是习近平总书记指出的，城市化和逆城市化相得益彰、相辅相成。

我国"三农"问题专家、全国人大农业与农村委主任委员陈锡文指出，乡村是守护和传承国家乃至民族生存和发展的根脉所在。它承担着保障粮食和重要农产品供给、提供生态屏障和生态产品以及传承优秀传统文化等功能。乡村发展如何、功能发挥如何，将影响整个国家现代化的进程。

就海淀区而言，从农业看，按照市级要求，我们划定 1.5 万亩耕地保护空间，其中基本农田 1 万亩，基本农田储备区 0.11 万亩，耕地保有量储备区 0.39 万亩。目前全区现有农田面积 4.9 万亩，规模化农业园区 45 家。2020 年，北京市农业农村局在时隔多年以后，重新开始对海淀区下达粮食蔬菜生产任务，并明确具体播种面积和产量。这不仅意味着，在可预见的将来，农业将在海淀区长期存在；更重要的是，我们在首都粮食蔬菜保障、农业综合执法、农业综合服务等领域，将持续承担重要任务。近两年，我们大力发展现代科技农业，"科技＋农业""数字＋农业"的启航，也为我们如何在海淀这样一个寸土寸金之地，找寻到一条农业创新发展破题之路。

从农村来看，党的十九届五中全会首次提出"实施乡村建设行动"。农业农村部已经明确，"十四五"时期要启动实施农村人居环境整治提升五年行动，把公共基础设施的重点放在农村，在推进城乡基本公共服务均等化上持续发力。北京市已经印发加快农业农村现代化的实施方案，要科学规划、建设具有北京市特色风貌的美丽乡村。海淀区到 2035 年，将在苏家坨镇、上庄镇的 24 个村保留村庄形态。以这 24 个村为重点，接续开展人居环境整治和美丽乡村建设，推进"百村示范""美丽庭院"创建，推动城乡要素平等交换、双向流动和城乡区域协调发展，将不仅是持续提升农村地区百姓获得感、幸福感的有效途径；也是打造以"城"为底色谋划"村"的发展示范样本的有效方式；更是在全面推进乡村振兴进程中，以"需求牵引供给、供给创造需求"，更好融入新发展格局的有效探索。

（三）以农村城市化带动乡村振兴，率先开启基本实现农业农村现代化新征程

"十四五"时期，是海淀区集中释放中关村科学城创新发展动力活力潜力、引领北京国际科技创新中心建设的战略机遇期；是海淀区全面开启高水平新型城镇化发展路径、实现以"人"为核心城市化的创新实践期；是海淀区率先探索破解"三农"问题、基本实现农业农村现代化的关键窗口期。《北京市海淀区国民经济和社会发展第十四个五年规划和二〇三五年远景目标纲要》已由区十六届人民代表大会第七次会议批准，以区政府名义正式印发。其中明确，坚持农村城市化方向不动摇，加快中关村科学城南区三镇全面城市化，差异化推进北区四镇城市化，有效破解"三农"问题。这为我们在"十四五"时期，如何前瞻十五年、干好这五年、抓紧每一年，指明了方向、提供了遵循。

2020年12月23日，北京市海淀区委书记于军主持召开区委农村工作领导小组全体会，从历史和发展角度，高屋建瓴地指出，"十四五"时期，将是海淀农村地区全面开启高水平新型城镇化发展路径的实践期，我们将进入从根本上破除城乡二元结构体制、彻底解决"三农"问题、率先实现乡村振兴、深入推进城乡融合发展的关键时期。这是时代赋予我们的崭新历史使命。作为海淀区的"三农"工作者，要做到知势明局、因势而谋、应势而动、顺势而为，围绕探索高水平新型城镇化发展路径主动谋划自身工作、主动融入全区创新发展大格局，开启新征程、谱写新篇章。

三、几点建议

"十四五"时期，坚持以习近平新时代中国特色社会主义思想为指导，深入贯彻落实中央、市、区各项涉农决策部署，立足首都中心城区、高水平新型城镇化发展路径实践区和超大城市近郊区"三区"定位，以中关村科学城为"底色"谋划农业农村新发展，探索以人为核心的农村城市化发展和农业农村融入新发展格局的有效路径，全面推进乡村振兴，持续深化"两新两高"，推动农民身份转变与城市生活的融合、集体经济与创新产业的融合、村庄提升与城市创新空间的融合、农业发展与科技元素的融合，实现城乡要素互联互通、以人为本更好彰显、产业水平显著提升、均衡发展有效改观、产城融合长足进步、城乡一体协调发展、治理转型衔接顺畅，在首都率先基本实现农业农村现代化进程中走在前列，为北京国际科技创新中心核心区发展做出应有贡献。到2025年，实现中关村科学城南北协调发展能力显著增强，科学城北区产城融合水平显著提升，农村地区总体形成支撑首都"四个中心"建设和区域创新发展的新型城市形态。

一是率先探索新型城镇化发展有效路径。"十四五"时期，加快科学城南区全面城市化和北区差异化城市化。推动南区腾笼换鸟、有机更新、提质增效，北区完善功能、全面突破、做强腹地，一体化推进空间规划、创新生态、产业布局、城市设计、建设管理。推进老旧小区更新改造和综合整治。利用腾退空间，打造创新成果转化、创业孵化等功能服务区，补充口袋公园、绿地广场等，开展适老化改造。推进棚户区和平房区改造，预计完

成所有非保留村搬迁腾退。持续巩固人居环境整治成果，提升村庄村容村貌，开展乡村建设行动。开展"百村示范""美丽庭院"创建，打造乡村振兴示范村。深化农村生活垃圾、污水治理、厕所革命，补齐村庄基础设施和公共服务设施短板，提升农业基础设施保障水平，鼓励保留村加快推动特色小镇和田园综合体建设，让美丽乡村既有颜值、更有气质。

二是争当集体经济高质量发展引领示范。"十四五"时期，立足监管、服务、统筹、指导四个功能，探索现代化监管手段、对接集体园区个性化需求、统筹镇域融合式发展。健全股份经济合作社内部治理，深化镇级集体产权制度改革，优化运行机制。激活股份潜能，完善农村产权流转交易，提高农村要素利用率，挖掘集体经济发展新动力，增加农民财产性收入。理顺土地所有权、承包权、经营权关系，鼓励农用地向集体经济组织流转集中，促进适度规模经营。引导集体经济功能优化和质量提升，推动农民集体产业和中关村科学城创新产业全面对接、融合发展，有效支撑"两区""三平台"建设。在东升科技园、国家网络安全产业园（海淀），打造国际化生态型高科技园区。在玉渊潭打造创新创业与文化产业聚集地。在苏家坨镇北京协同创新园、温泉镇创客小镇二期、西北旺镇万合科创园等打造"一镇一园"特色双创集群。推进"职住平衡"，建设集体租赁住房。引导搭建北部地区类金融资本运营平台，培育具有上市预期的集体经济基因企业。

三是优化要素配置推动公共服务均等化。"十四五"时期，引导农村地区适度承接科技创新资源及医疗、教育等功能，推进土地征转、完善社会保障、加强新型农村社区建设，吸纳本地就业，实现城乡一体发展。鼓励和引导高端装备、智能制造、医药健康等产业在永丰产业基地、翠湖科技园等实现重大科技成果转化和产业化运作。落实"村地区管"，加强规划引领管控，推进集体建设用地减量提质增效，推动农村集体经营性建设用地入市，加强永久基本农田和耕地保护利用，规范农村集体生态林地管理。严格宅基地及房屋建设管理，支持和引导保留村合理利用闲置宅基地。鼓励保留村加快推动特色小镇和田园综合体建设，补齐北清路沿线产业园区公共服务设施短板。点亮中关村壹号和稻香湖景酒店等新兴商圈夜经济。引导"三山五园"地区带动外围区域协同发展，重塑滨水空间环境、优化路网交通体系。强化全域空间管控，坚决守住生态保护红线、永久基本农田保护红线、城镇开发边界，严控战略留白空间。加强全要素资源统筹，推进"山水林田湖草"全要素综合整治。在科学城北区塑造"生态芯""科技核""国际范"的城市特质。

四是先行推进治理体系治理能力现代化。"十四五"时期，坚持党建引领农村治理改革创新，推动现代城市治理模式向农村延伸。高质量完成全国乡村治理体系建设试点，探索超大城市近郊区乡村治理体系和治理能力现代化路径。加快构建适应未来完全城市化新局面的农村工作体制机制，加强党对农村集体经济的领导。加强农村基层党组织建设，完善群众自治组织，鼓励各类农村社会组织发展，全面推进和规范基层红白理事会、道德评议会等评议机制建设，强化村规民约建设，注重发挥家庭家教家风在基层社会治理中的作用，构建乡村多元共治新格局。加强农村地区社会管理服务规范化、制度化，强化社区功能，完善基层自治，传承乡土亲情，探索构建适应城乡融合的基层组织治理体系。深入实施《北京市物业管理条例》，建立健全党建引领框架下的社区居民委员会、业委会（物管会）、物业服务企业的协调运行机制。完善多元化纠纷解决机制，确保小事不出村（社区）、大事不出镇，重大矛盾风险解决在区级层面。

五是积极构建现代科技农业创新发展格局。"十四五"时期，推动现代科技农业创新联合体建设，整合辖区内技术、人才、资本、土地等创新要素，搭建政企学研用协同创新平台，开展生物育种、智能高效设施、农业智能生产和智慧经营等技术和产品研发，提供农业综合智能信息化解决方案。与中国农科院、北京农林科学院等院所在育种创新平台搭建、现代农业示范园区建设、数字设施农业创新基地建设等方面加强合作。加强大数据、物联网、云计算等信息技术在农业生产、经营、管理等环节的应用，开展农业物联网应用示范，推动农业领域科技场景应用。提升农业基础设施保障水平，以四季青镇"一河十园"等为重点，逐步推动规模化农业园区基础设施升级换代，重点建设现代连栋温室、植物工厂等现代化农业生产基地，打造现代都市农业品牌。盘活土地资源，探索集体土地流转补充科研用地需求，为科技创新企业增资扩产提供用地补充，打造农业双创基地，推动农村产业升级发展。

2021年，是实施"十四五"规划的开局之年，是现代化建设进程中具有特殊重要性的一年，是中国共产党百年华诞之年。做好2021年全区农业农村工作，意义重大。当前，新冠肺炎疫情阴霾仍未完全消散，农村地区疫情防控仍需警惕，粮食蔬菜稳产保供和农产品质量安全、行业安全责任如山，现代科技农业建设方兴未艾，百姓对于集体经济发展、美丽乡村建设、乡村治理水平提高等都有了更多美好期待。我们将提高站位、找准定位、补齐缺位，保持一往无前的奋斗姿态和风雨无阻的精神状态，开拓进取、求实创新，以新担当新作为展现新气象，为率先基本实现农业农村现代化开好局、起好步，助力现代化国际化创新型宜居宜业城区和北京国际科技创新中心核心区建设新征程。

（作者：侯晓博，北京市海淀区农业农村局副局长）

通州区"小微项目惠民生"工程实践探索

近年，通州区深入推动"疏整促"向纵深发展，开创性实施"小微项目惠民生"工程（以下简称"小微项目"），通过微更新、微利用、微治理等务实创新举措，问需于民、问计于民，推动城市副中心建设红利向"毛细血管处"延伸，与"接诉即办"深化改革创新相结合，与城市有机更新相结合，推动政策效益向农村拓展，为基层治理特别是乡村治理贡献了副中心方案，打造了副中心精细化治理金名片。

一、基本情况

聚焦12345市民热线反映问题的"最大公约数"，找准"病根儿"，以项目化方式构建全过程协同推进机制，统筹解决好群众身边"急难愁盼"的"关键小事"。由区"疏整促"

专项办（以下简称"区专项办"）牵头，从市级"疏整促"考核奖励资金切块，按照单个项目不超过 50 万元标准，于 2020 年 4 月正式启动实施小微项目。与属地街道、乡镇以及区城指中心构建信息共享机制，每月梳理群众反映问题集中领域和重点点位，基于此重点支持解决闲置地块更新利用、基础设施改造修复、空间修补等问题，补齐公共服务设施短板。项目初期主要向北苑、新华、玉桥、中仓等老旧小区较多的老城区以及马驹桥镇等治理类乡镇重点倾斜，这些区域基础设施及配套建设已逐渐老化，特别是无物业或物业管理不完善的小区，缺乏资金维护，居民多有不满，投诉量居高不下。其后，在认真总结项目实施经验和成效的基础上，逐步向全区范围内 22 个街乡镇全面推广实施。截至目前，共支持 7 批次 420 个项目，投资 8 764.38 万元，平均单个项目 20.86 万元，最小项目投入仅 500 元。涉及相关问题基本实现零投诉，精准惠及居民约 27.3 万人。

二、主要做法、成效

（一）自下而上"雪中送炭"：以"小项目"解"大难题"，下足"绣花"功夫

干哪些项目，项目怎么干，群众说了算。通州区充分发挥"接诉即办"在政府与市民之间的"连心桥"作用，转换思路，项目化手段推动解决市民投诉和"有求未诉"问题。针对无物业或者物业管理不完备的小区、拆迁腾退后补短板不足的村，基于满足群众基本需求"雪中送炭"出发，围绕 12345 市民热线集中诉求和高频问题及民生短板，同步结合居民议事厅、楼门议事会、敲门行动等途径加强调研，梳理集中诉求，形成"问题清单"。街乡镇与社区工作人员、村干部、居民（村民）现场"找病因、开药方"，拟定治理方案，形成"初步项目清单"。结合实地踏勘、部门联审，最终确定"支持项目清单"，报区政府备案后由街乡镇招投标组织实施。针对差异化需求，区专项办在实地走访踏勘研判梳理基础上，确定了既支持织补民生短板，也聚焦社区微更新的思路，在支持屋顶防水、自行车棚改造等项目基础上又新增了路灯修复、活动场所修缮、人车分流改造、公共区域下水管道修缮、积水点治理等项目，通过增补范围更加贴近百姓心声，以小切口视角全力把群众身边的小事办好。树立起了"又好又快"的金口碑，打造了基层治理新样板。

（二）线上线下相结合：以"小平台"带"大协同"，加强项目全过程管理

构建从问题清单到事后评价的全过程协同推进机制。小微项目利用"疏整促"平台开展"线上申报、云端审核、线下踏勘"的信息化管理模式，建立区、镇、村（社区）三级响应渠道，从申报到实施仅需 20 个工作日，开工建设到投入使用最快仅需 2 天时间。实现了"小而精、速实施、快见效"。并纳入"疏整促"信息平台同调度、同跟进。项目建成后，构建街镇指导、社区（村）主导、物业或群众参与的三级协同管护机制，确保项目建得好，更要管护得好。加强事后评价，对于完成和管护较好的街镇给予适度鼓励，对于出现舆情的，及未能如期实施、造价标准过高等情形给予调整。实施以来，有效利用金角银边、腾退空间解决村、社区民生问题，修复破损道路 17.98 万米²、修缮文体广场 8 966 米²、屋顶防水 5.2 万米²，修建自行车棚 303 个，增加生态停车场 1.8 万米²、小微绿地1.4 万米²。

（三）同频共振激活力：以"小治理"创"大联动"，推进基层协同发力

将共治共享融入征集、议事、决策、实施、监督全过程，让居（村）民主动找问题、想办法，"把社区（村）的事当作自己的事"，提高了社区与村庄的自治水平。社区（村）党组织、自治组织发挥引领作用，主动"找角色"。在街镇、村（社区）设立项目专员，主动到群众中间，以"服务管家"的理念常态化回应群众诉求的模式，为基层治理上了"永久险"。项目施工全程向社区、居民公开，一些居民主动参与项目方案设计讨论，还力所能及义务参与项目实施，不少物业、居民主动要求参与后期管护，共同为建设美好家园"出把力"。居民与项目实现良性互动，成效显著。"小治理"正在实现越来越多居民的"小心愿"，群众自发向社区、街乡镇、区专项办赠送了锦旗、感谢信并"口头点赞"。

（四）多政策联动汇合力：以"小集成"促"大融合"，打造共建共治共享新格局

探索"小微项目＋"新路径，如"小微项目＋社会力量""小微项目＋体育""小微项目＋责任规划师"等，推动部门大联动，实现政策效益最大化，通过"小投入"撬动"大成效"。部分项目通过政府资金投入一部分，物业出一部分解决资金问题。后期物业管护纳入进来，居民力所能及贡献智慧、力量，撬动了社会资本投入的同时激发基层治理的活力和动力，也凝聚了合力。通过对美丽乡村、绿化、供排水等现行"促提升"政策进行集成，将多部门资金统筹利用，撬动多元主体参与，达到"1＋1〉2"的效果。譬如通过"小微项目＋体育"模式解决军屯村 848.3 米^2 便民广场改造及健身设施更换问题，通过"小微项目＋责任规划师"模式支持金桥时代小区废弃景观改造，实现了政策效益叠加。

三、对策建议

通州区立足以人民为中心的发展思路，着眼于民生诉求和突出问题，探索出了一条具有副中心特色的基层治理新模式，以"小成本"取得了"大成效"，项目化手段推动解决 12345 市民投诉，以"小项目"解"大难题"促进"大协同""大联动""大融合"，撬动多元主体参与基层社会治理等方面具有一定的借鉴推广意义。回应好、解决好 12345 市民热线反映问题和"有求未诉"问题，关键是本着"小事不小"的服务理念做好自下而上"雪中送炭"功夫，在处理好政府和社会合理分担、引导示范和全面带动、短期改造和长效管控、精准施策和政策集成等关系方面持续发力。

（一）坚持党建引领，构建多元主体参与的基层治理长效机制

民生无小事，枝叶总关情，通州区紧扣 12345 市民投诉和"有求无诉"分析梳理，从项目征集、推进及后期管护等各环节"自下而上"抓住群众最关心、最直接、最现实的问题，让居（村）民参与进来、出点子，是小微项目的关键所在。通过政府引导投入整合物

业、社区、部门等多元力量建立长效治理机制是其落脚点。坚持党建引领是贯穿项目实施全过程及后期管护的动力源泉。开展基层治理，要牢牢坚持党建引领作用，抓好党员先锋意识、干部"管家"意识，建强党组织，筑牢战斗堡垒。着重在精细化管理和共建共治共享能力构建上下功夫。提升干部治理能力，激发基层内生动力，提升区、镇、社区三级联动效率。

（二）深化改革创新，推动治理重心与力量向一线下沉集中

小微项目引领推动作用明显，各街镇提升服务意识，建立项目专员和"服务管家"高频次、高密度、常态化下沉到基层社区、村、户的机制，从"接诉即办"和主动治理两方加大分析研判，当好精细化治理的"吹哨人"和"救火队员"，在项目实施全过程也发挥了重要的支撑作用，树立了"在治理中服务，在服务中治理"的样板，在构建基层社会长效治理机制方面具有重要的推广意义。建议区级相关部门进一步研究制定配套政策，加大对政策难点、历史遗留问题的关注，进一步扩大小微项目有序实施的政策效益。

（三）树立"一盘棋"思想，加大各部门政策、资金整合利用力度

发挥统筹思维、融合意识，是小微项目取得长效发展的重要保障。通过加大与重大项目建设、城市有机更新、"疏整促"等重点任务的统筹融合力度和深度，构建基层治理特别是乡村治理工作"有机互动、优势互补"的新局面。随着"努力走出一条具有首都特点的乡村振兴之路"的要求落实，农林水等领域项目化、配套性、奖励性资金还会在原先基础上进一步增多，更加需要发挥好政策集成效用，打好组合拳，破解治理"概念化""碎片化"等现实问题，转"冷治理"为"暖治理"，达到投入少，资源整合效应大的实效。要更加注重激发街乡镇的积极性与主动性，探索实施"小微项目＋政策＋X（资金、项目、活动等）"模式，以小微项目为样板，推动各项政策、服务、管理重心下移，充分整合各方资源向治理一线集中，做到发力精准、融合有效，助推治理体系和治理能力优化提升。

（作者：郭轲，北京市农研中心办公室；张芳，通州区发展改革委）

"三农"
数字化发展

2021年北京市农业农村信息化发展水平评价报告

按照农业农村部市场与信息化司《关于开展全国农业农村信息化能力监测试点的函》（农市便函〔2021〕154号）的要求，北京市组织了有关监测工作，对全市13个涉农区农业农村信息化发展水平进行了评价分析，并提出了对策建议。

一、北京市农业农村信息化发展水平评价结果

（一）北京市农业农村信息化发展总体水平

近年，北京市农业农村信息化建设稳步推进，不断探索区域农业农村信息化发展模式和路径，逐步形成了区域优势和建设特色，但差距明显，需要大力支持和强力推进。2020年北京市农业农村信息化发展总体水平为34.9％，低于全国平均水平3个百分点，在除香港、澳门、台湾外，全国31个省（区、市）中排名第17位（图1）。

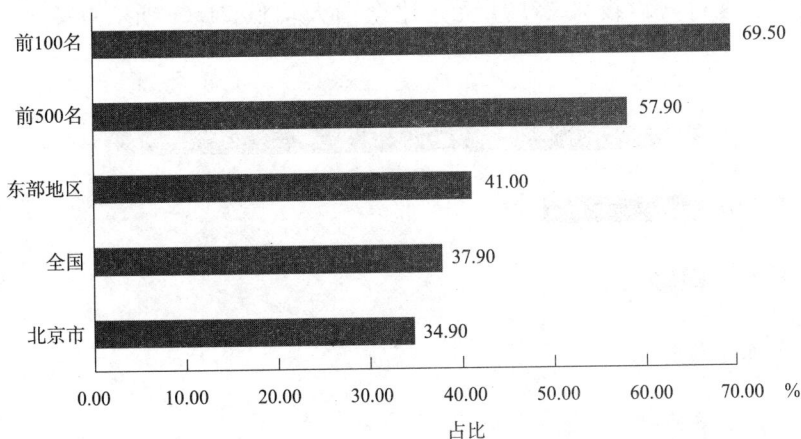

图1 北京市与全国及其他地区农业农村信息化发展水平对比

（二）农业农村信息化管理服务机构综合设置情况

2020年北京市区级农业农村信息化管理服务机构综合设置情况为65.38％，排名全国第22位。其中具体看，有10个区农业农村局是区网络安全与信息化领导机构成员或组成单位，有7个区农业农村局成立了网络安全与信息化领导机构，有10个区农业农村局设置了承担信息化相关工作的行政科，有7个区农业农村局设置了信息中心（信息站）等事业单位。

（三）农业农村信息化资金投入情况

2020 年北京市农业农村信息化财政投入总额为 1.30 亿元，区级平均投入为 997.27 万元，乡村人均投入 18.01 元，均低于全国平均水平，其中乡村人均投入排名全国第 19 位（图 2）。

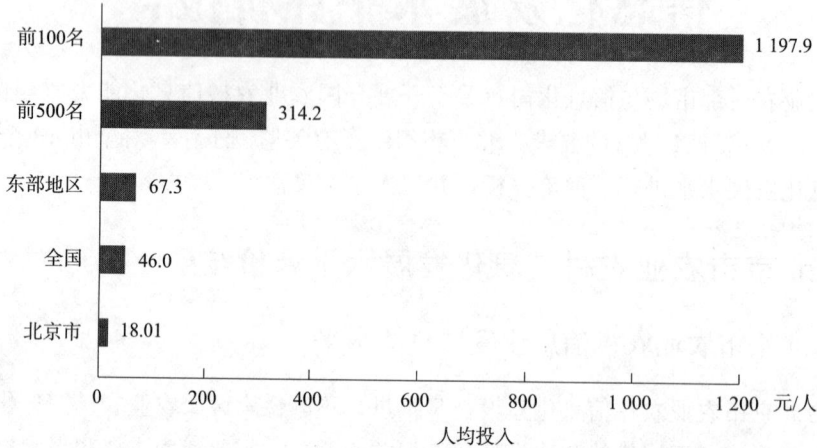

图 2　北京市与全国及其他地区乡村人均农业农村信息化财政投入对比

2020 年北京市农业农村信息化社会资本投入总额为 2.73 亿元，区级平均投入为 2 100.41 万元，乡村人均投入 37.94 元，比全国人均低 71.06 元，排名全国第 25 位（图 3）。

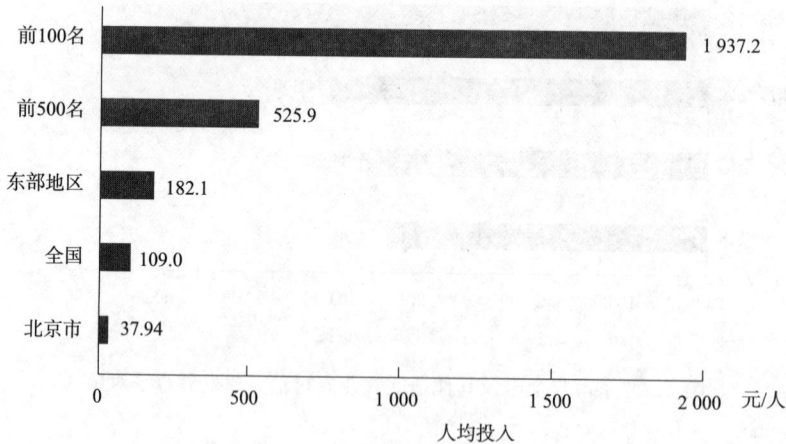

图 3　北京市与全国及其他地区乡村人均农业农村信息化社会资本投入对比

（四）生产信息化水平

2020 年北京市农业生产信息化水平为 16.46%，排名全国第 25 位。其中，畜禽养殖相对较好，为 25.18%，排名全国第 15 位；大田种植发展较快，为 18.70%，排名全国第 23 位；设施栽培和水产养殖分别为 5.84%、10.69%，排名全国第 29 位、第 18 位（图 4）。

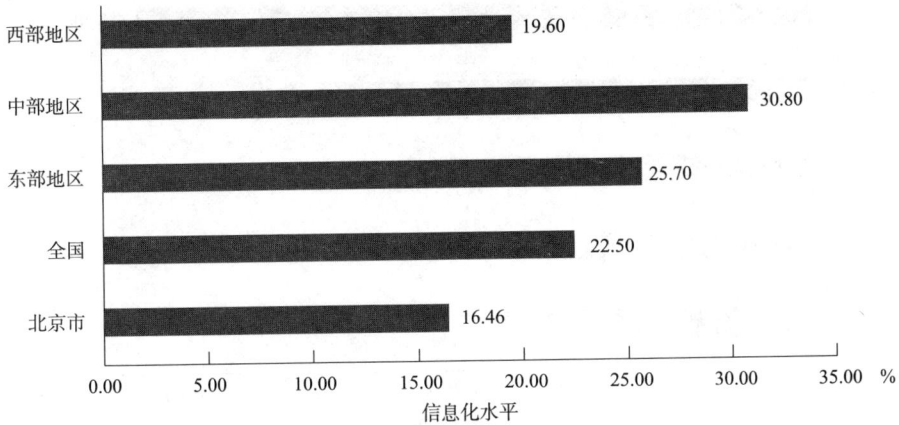

图 4　北京市与全国及其他地区农业生产信息化水平对比

（五）农产品网络零售情况

2020 年北京市农产品网络零售总额为 10.6 亿元，农产品网络零售额占比为 9.61％，比全国平均水平低 4.19 个百分点，排名全国第 19 位（图 5）。

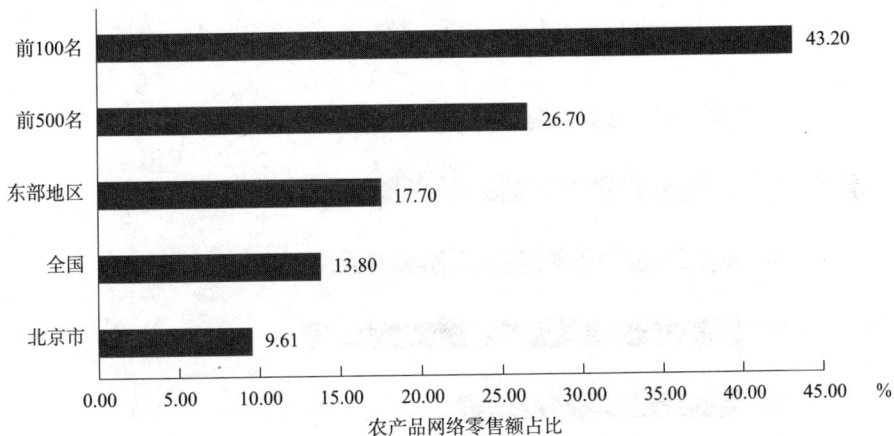

图 5　北京市与全国及其他地区农产品网络零售额占比对比

（六）农产品质量安全追溯信息化水平

2020 年北京市通过接入自建或公共农产品质量安全追溯平台，实现质量安全追溯的农产品产值占比为 22.02％，比全国平均水平低 0.08 个百分点，排名全国第 9 位。其中，大田种植、设施栽培、畜禽养殖、水产养殖业分别为 9.71％、21.27％、45.74％ 和 8.46％，排名全国第 26 位、第 22 位、第 5 位和第 24 位。仅畜禽养殖高于全国平均水平 17.44 个百分点，大田种植、设施栽培、水产养殖业比全国平均水平分别低 6.89、8.43、16.04 个百分点（图 6）。

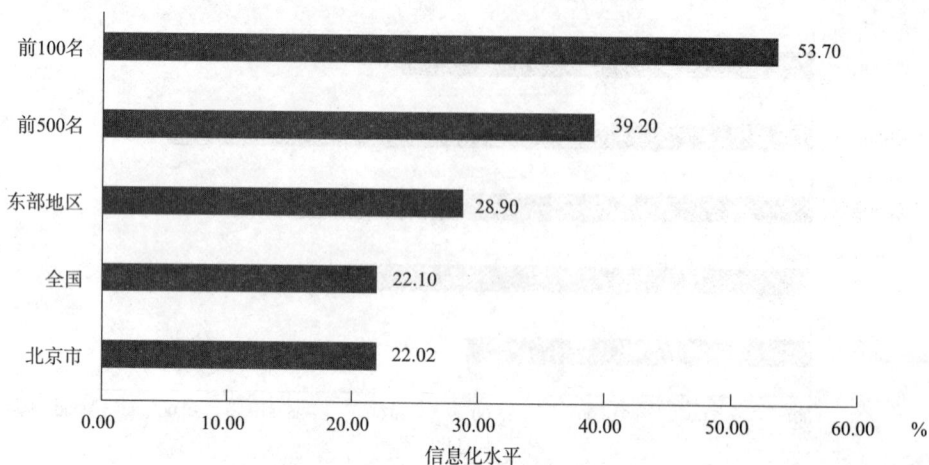

图6　北京市与全国及其他地区农产品质量安全追溯信息化水平对比

（七）应用信息技术实现行政村"三务"公开情况

2020 年北京市应用信息技术实现行政村"三务"公开水平为 47.34％，比全国平均水平低 24.76 个百分点，排名全国第 28 位。其中，应用信息技术实现行政村党务、村务、财务公开水平分别为 40.53％、40.53％和 60.97％。分别低于全国平均水平 32.57、32.27、9.53 个百分点，分别排名全国第 29 位、第 29 位、第 20 位（图 7）。

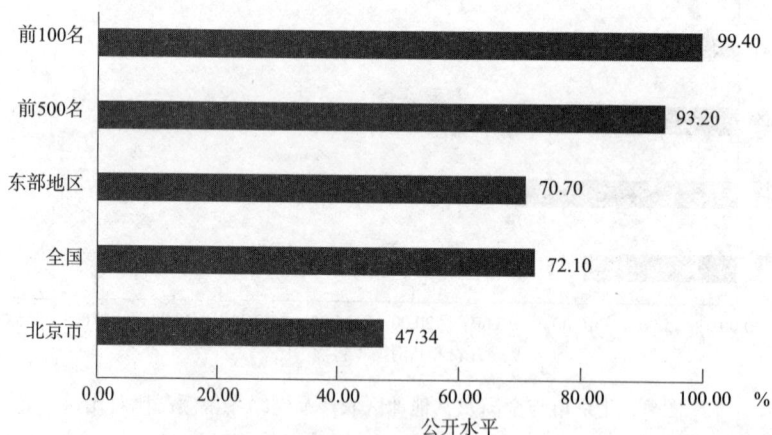

图7　北京市与全国及其他地区应用信息技术实现行政村"三务"公开水平对比

（八）"雪亮工程"行政村覆盖情况

2020 年北京市"雪亮工程"行政村覆盖率为 65.47％，比全国平均水平低 11.53 个百分点，排名全国第 18 位（图 8）。

（九）涉农区政务服务在线办事情况

2020 年北京市涉农区政务服务在线办事率为 90.11％，比全国平均水平高 23.71 个百分点，排名全国第 5 位（图 9）。

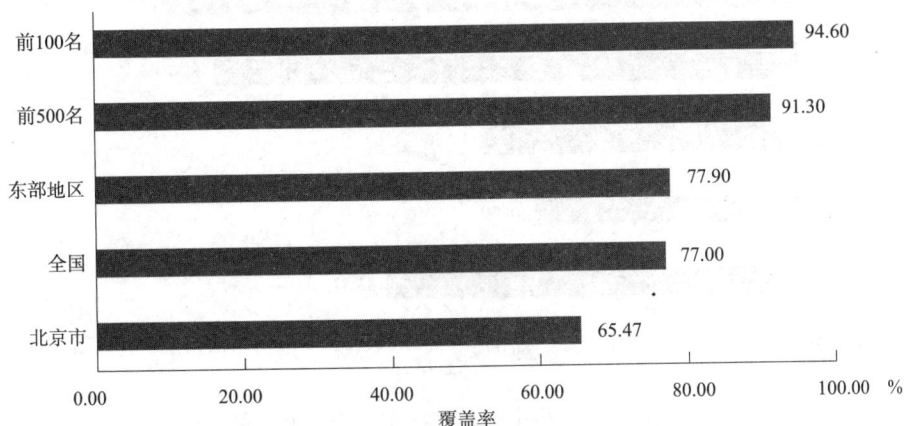

图 8 北京市与全国及其他地区"雪亮工程"行政村覆盖率对比

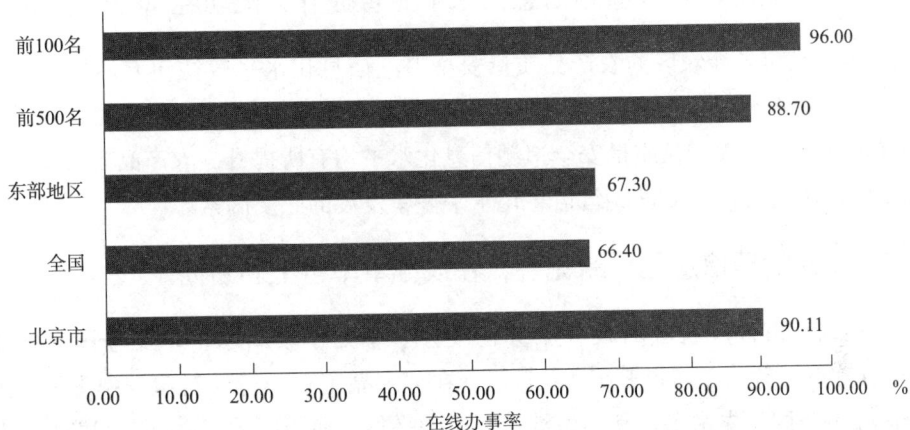

图 9 北京市与全国及其他地区政务服务在线办事率对比

（十）电商服务站行政村覆盖情况

2020 年北京市涉农区共有电商服务站 5 000 个，建有电商服务站的行政村有 3 245 个，电商服务站行政村覆盖率为 83.87%，比全国平均水平高 4.97 个百分点，排名全国第 13 位（图 10）。

二、北京市农业农村信息化发展的优势与特点

（一）基础支撑有力，为农业农村信息化发展奠定良好基础

2020 年北京市各涉农区的农业农村信息化基础支撑均处于较高水平，在互联网普及方面，有 8 个区高于全国平均水平，其中丰台、密云、平谷、顺义区的互联网普及率均超过 90%，顺义区达到了 99%。在家庭宽带入户方面，9 个区数值高于 80%，其中海淀、顺义两区达到了 98% 以上，为当地农业农村信息化发展提供了良好的基础。

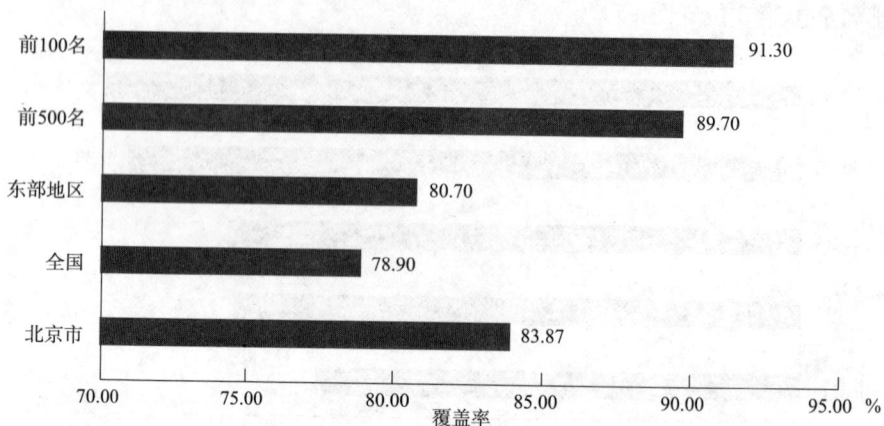

图10 北京市与全国及其他地区电商服务站行政村覆盖率对比

（二）农产品质量安全追溯信息化水平显著提升，推动经营信息化健康发展

2020 年北京市各涉农区的农产品质量安全追溯信息化水平较往年有所提高，有 6 个区高于全国平均水平，其中丰台、门头沟两区达到了 100％。同上一年度对比，昌平、大兴、顺义等 9 个区的农产品质量安全追溯信息化水平均有所提升。农产品质量安全追溯信息化水平的稳步提升，是促进经营信息化水平健康发展的必要因素。

（三）乡村治理信息化不断完善，在线办事率再上新台阶

2020 年北京市各涉农区的政务服务在线办事率处于较高水平，比全国平均水平高 23.71 个百分点，较前一年提升了 16.41％。在"雪亮工程"行政村覆盖率方面，北京市有 6 个区处于全国领先水平，其中海淀、怀柔、平谷、通州区的"雪亮工程"行政村覆盖率达到了 100％，为乡村治理提供了有力的硬件支撑。

（四）电商服务站行政村覆盖情况较好，服务信息化建设逐步完善

2020 年北京市各涉农区的电商服务站行政村覆盖率处于较高水平，昌平、丰台、怀柔、密云、平谷、延庆、房山区的电商服务站行政村覆盖率均超过 99％，有 6 个区都实现了 100％覆盖。农村电商服务站的建设发展，为提升农村地区生活服务质量发挥了积极作用。

三、北京市农业农村信息化发展的短板与差距

（一）信息化财政资金投入偏低

从监测评价数据来看，2020 年北京市乡村人均农业农村信息化财政投入为 18.01 元，较前一年人均增加了 4.21 元，但与全国人均相比仍有差距。全市有 7 个区乡村人均农业农村信息化财政投入不足 10 元，财政资金投入仍需加强。

（二）农业农村信息化社会资本投入积极性不高

从监测评价数据来看，2020年北京市农业农村信息化社会资本投入较前一年减少0.46亿元，仅有3个区人均投入高于全国平均水平，有4个区乡村人均投入为零，区域发展不平衡问题突出。社会资本投入不足，对全市农业农村信息化发展环境有所影响。

（三）生产信息化水平滞后，整体亟需提升

从监测评价数据来看，农业生产信息化是北京市农业农村信息化发展的短板。除延庆区外，其他涉农区生产信息化水平均低于全国平均水平。与前一年相比，延庆、密云、房山、大兴、朝阳5个区小幅度增长，顺义、门头沟等5个区有所下降，总的来说，提高生产信息化水平，仍然是北京市农业农村信息化工作的重要抓手。

四、加快推进农业农村信息化发展的对策建议

（一）加强组织领导与顶层设计

农业农村信息化是一项系统工程，具有全领域、跨行业、全过程、多环节等特点，因此要站在全局的高度来看待。一是要加强组织领导，高度重视农业农村信息化工作，明确农业农村信息化建设的目标与任务，通过领导小组进行落实与监督。二是加强顶层设计工作，强调规划实施方案，细化政策措施，各区按照规划方案因地制宜实施工作。

（二）重视信息化发展环境创设

更好地发挥政府的引导作用，积极探索农业农村信息化资金投入机制，研究出台更多可执行的政策，设立农业农村信息化专项资金和应用补贴，将农业信息技术产品纳入农机购置补贴目录，鼓励和支持电信运营、信息服务、系统集成等企业和社会力量参与农业农村信息化建设，鼓励农业企业进行信息化转型，不断增强农业农村信息化发展的内生动力，逐步形成与之适应的生产经营方式和政策制度安排。

（三）加快农业智能化示范建设

推动农业遥感、无人机、大数据、云计算、物联网等智能化技术在农业农村领域的应用，在基础设施较完备的科技园区、产业园区优先布局建设5G智慧农业试点；打造一批建立信息智能感知系统与无线传输网络并配置远程墒情监测站、水文水质监测设备、动物体征监测设备、巡检机器人等的生产基地；加快无人驾驶拖拉机、无人植保机、动物精准饲喂（投喂）设备、采摘机器人、水下机器人等技术的研发与应用，培植一批配备智能作业系统的农业企业。

（四）推动农业农村信息化人才培育

一是推动产学研的进一步深度合作，发挥属地高校、研究院所的资源优势，促进农业

生产经营主体与高校、农业科研单位、信息技术研发企业等在信息技术研究应用方面的深度合作。二是探索建立跨学科、跨专业的农业人才交叉培养新机制，注重人才在智慧农业、农业软件等学科领域的科研创新能力。三是培养一线操作人员，各级农业农村人事、科教、信息等部门应强化农业农村信息化知识培训，增加农业信息化专业技能知识更新。

（执笔人：王大山、张军、常剑、李云龙、丛蕾，北京市数字农业农村促进中心）

关于数字农业农村建设的调研报告

为学习和借鉴浙江省、上海市的数字农业农村建设实践经验，进一步提高北京市农业信息化、智能化、数字化水平，务实推进北京市数字农业农村建设。2021 年 4 月 25—28 日，由北京市农业农村局副局长马荣才带队，市财政局农业农村处、市纪委监委驻市委农工委市农业农村局纪检监察组、市农业农村局种植业管理处、种业管理处、科技处、合作交流处、产业发展处、市场与信息化处、信息中心，以及市朝阳区农业农村局、市海淀区农业农村局、市农林科学院信息与经济所一行 17 人组成的调研组，先后赴浙江省农业农村厅、桐庐数字农业产业园、母岭数字产业特色村、安吉余村、南浔区产业发展园，以及上海市农业农村委、上海市崇明区、崇明由由农业产业园进行考察调研，了解了两省（市）在数字农业管理、数字乡村建设、数字园区发展的先进经验和做法，并对北京市数字农业农村建设提出工作建议。现将调研情况报告如下。

一、调研背景

数字乡村建设是"数字中国"建设的重要一环，同时也是实现乡村振兴的有效手段。党的十八大以来，中央高度重视农村信息化建设，作为重要抓手的数字乡村建设正在整体带动和提升农业农村现代化发展，为乡村经济社会发展提供强大动力，成为数字中国和乡村振兴战略实施的重要结合点。2019 年 5 月，中共中央办公厅、国务院办公厅印发《数字乡村发展战略纲要》指出，数字乡村既是乡村振兴的战略方向，也是建设数字中国的重要内容。2019 年 12 月，农业农村部、中央网络安全和信息化委员会办公室印发《数字农业农村发展规划（2019—2025 年）》指出，用数字化引领驱动农业农村现代化，为实现乡村全面振兴提供有力支撑。

北京市已进入传统农业、传统农村向数字农业、数字乡村加快转变的关键阶段，如何在数字中国战略的大背景下，高质量推进数字农业乡村建设，实现数字乡村建设与全面实施乡村振兴战略的有效衔接，是当前做好农业农村工作亟待研究和破解的重要课题。近年，浙江省、上海市在数字农业农村建设中所采取的创新举措，取得的显著成效，其经验值得学习推广。

二、两省（市）数字农业农村建设概况

此次考察的浙江省、上海市在数据农业管理顶层设计、信息资源整合共享、配套政策、数字农村建设以及数字化赋能粮食、畜牧、果蔬、渔业等产业发展方面，各具特色，值得我们学习和借鉴。

（一）数字农业管理情况

1. 浙江省数字农业管理情况

农业农村部发布的《2020 全国县域数字农业农村发展水平评价报告》显示，浙江省数字农业农村发展总体水平为 68.8%，居全国首位。其中 20 个县（市、区）获评"2019 年度全国县域数字农业农村发展水平评价先进县"，先进县数量全国第一。

浙江省农业农村厅在数字农业农村建设方面的总体思路是：当好"重要窗口"要求，充分体现浙江特色。立足服务，面向政府部门、乡村组织、生产经营主体和农民群众，为行政管理、生产经营和公众办事提供支撑；立足应用，推进生产智能化、经营网络化、管理信息化、服务在线化，助推乡村振兴；立足前列，对标国内一流水平，加快乡村领域数字化改造，缩小城乡"数字鸿沟"，推动全省数字乡村建设走在前列。

浙江省目前在数字乡村发展情况体现在以下几个方面。

（1）初步搭建浙江省数字"三农"协同应用平台。浙江省农业农村厅初步搭建"数字'三农'协同应用平台"，涵盖 1 个数据仓、1 张地理信息图、1 个数字化工具箱、5 大领域应用（生产管理、流通营销、行业监管、公共服务、乡村治理）。

（2）数字技术与现代农业生产加速融合。截至 2020 年底，全省已创建 163 个数字农业工厂，1 184 个种养基地完成数字化改造，建立了全球第一个数字养蚕工厂，主体应用数字化技术基本成熟。

（3）农产品流通线上线下加速融合。培育电子商务示范村 350 个、农村电商示范服务站（点）720 个，累计建成电商专业村 1 720 个；2020 年全省农产品网络零售额 1 143.5 亿元，增长 35.7%；"网上农博"建设加速推进，建有 80 个县馆和 3 个特色馆，1 207 家经营主体，2020 实现成交额超 6 000 万元。

（4）行业监管数字化水平不断提升。建立了全省农产品质量安全追溯体系，47 个县应用"数字农安"监管 App，6.3 万家规模主体纳入管理，其中 2.2 万家主体实现农产品质量安全可追溯管理；运用"互联网＋监管"手段，2020 年春季"绿剑"执法行动，使用"掌上执法"检查 5 678 次，使用率达 99.78%，畜牧推行红黄绿三色码管理，实现畜牧养殖、检疫、流通等全程监管。

（5）公共服务在线化不断丰富。深化农民信箱应用，实名注册用户 292 万户，累计发送个人短信 136 亿条次、邮件 76 亿封；推进"最多跑一次"改革，梳理农业农村系统公共服务事项 135 项，平均审批时间缩短至 4.2 个工作日。

（6）乡村治理数字化积极探索。构建了德清县"一图全面感知"数字乡村一张图，让

老百姓参与村庄治理；开发了南湖区农村垃圾分类软件"垃非"App，充分运用数字化手段，解决村庄垃圾分类监管难问题，加快农村生活垃圾分类推进进程。

2. 上海市数字农业管理情况

上海市高度重视数字农业建设工作，将其纳入《上海市现代农业"十三五"规划》《上海市乡村振兴战略规划（2018—2022年）》以及《上海市乡村振兴战略实施方案（2018—2022年）》等。将智慧村庄建设作为上海市智慧城市示范五大地标之一纳入上海市智慧城市建设"十三五"规划。会同市财政局联合制定上海市科技兴农项目及资金管理办法，将数字农业项目纳入科技兴农项目管理范畴，以项目推动数字农业发展。

（1）加强顶层设计。上海市农业农村委员会绘制了"1＋N＋X"数字农业蓝图。以全市农业数字底图和主题数据库为基础，建立系统联通融合应用标准，打造1套市区两级农业管理者数字看板、N类综合应用场景、X个核心业务系统，最终形成集种植、畜牧、渔业、农机、农产品质量安全监管、农业执法等管理为一体的数字农业综合管理网。

（2）加快大数据建设。上海数字农业信息平台以"一网、一图、一库"为总架构，积极推进农业农村大数据建设。基本绘制了全市一张农业数字底图；依托"农业一个库"建设和市数据共享交互平台持续开展数据共享和开放；依托市电子证照库，完成农业农村领域30类政务服务电子证照归集；构建综合应用场景，将"农业一张图"地块与农产品网格化实时监管情况相关联，构建农产品质量安全监管应用场景。

（3）整合政务信息系统。围绕"三农"管理和"三农"服务能力的需要，按"大数据、大系统、大平台"设计架构，以"六个统一"为基本原则，标准化、规范化、集约化推进农业政务信息系统整合；围绕现状农用地、宅基地、建设用地等整合建设北京市农业农村一张图；将行政许可、政务服务、行政执法等系统整合为政务服务一网通办系统；将行政办公、人事管理、后勤管理等内部日常事务系统整合为内部协同办公大系统。

（4）全面推进农业数字化转型。全面开展农业生产作业信息直报，全市粮食、瓜果、蔬菜、水产等6 000多家经营主体纳入统一直报体系；围绕畜牧产业管理，构建一套集生产、防疫、检疫、屠宰等为一体的智慧畜牧系统；推进北斗终端在拖拉机、收割机等农机装备上应用，建设一套智能化、精准化、可视化的农机智联系统；围绕质量兴农、助力乡村振兴，构建覆盖全市各级农产品监管机构和生产主体的农产品质量安全移动监管及数据分析系统，实现对生产主体的全方位、精准监管。

3. 上海市崇明区数字农业建设情况

上海市崇明区重点围绕实施数字农业"一图一库一网"的建设要求，探索建立具有现代都市农业发展特征的一套数字农业的管理平台和体系建设。目前崇明区已建设完成"崇明智慧农业大脑"1个集成信息平台，崇明农机智能化管理系统、崇明GIS地理信息系统、崇明绿色农药封闭式管控平台3个子信息系统。崇明智慧农业大脑集合了农业GIS地理信息、农资封闭式管控、农机管理、农业智能识别、农业产业链智能监管、农产品数字流通、农技服务等信息模块。

（二）数字乡村建设情况

1. 浙江桐庐数字乡村建设

浙江省杭州市桐庐县把数字化技术、数字化思维、数字化认知贯穿农业农村各领域，推进数字化与农业农村各领域环节的深度融合。桐庐县与浙江安厨大数据技术有限公司合作，以数字赋能美丽乡村建设，为政府构建了"数字乡村驾驶舱"，为生产主体打造了"公共服务平台"，搭建了"数字乡村大脑"，实现生产管理、行业监管、流通营销、公共服务、乡村治理5大领域数字化。

"数字乡村驾驶舱"采用挂图，用最直观的方式为政府决策、职能部门管理提供县、乡、村三级"一站式"支持，通过数字驾驶舱可以详细了解数字赋能乡村基层治理。有了数据支撑，发现问题、解决问题的闭环式管理流程将更加完善，防汛应急、垃圾分类、乡村旅游等方面的数据都能动态更新、实时共享；"公共服务平台"打造面向农村居民和农业生产主体一类用户的终端应用，结合大数据、人工智能等技术，数据赋能创新驱动，激活村民的创新力量，提升乡村公共服务能力；"数字乡村大脑"是基于5G、大数据、云计算及AI能力为一体的"乡村大脑"，以数字基础设施建设为突破点、以数字场景为立足点，深入发掘产业、民生、治理等领域的重点动态数据，推动具体场景落地应用。

2. 浙江桐庐母岭数字产业特色村

母岭村致力于推进桂花产业的发展，与杭州安厨电子商务有限公司合作，深化数字营销，运用大数据、人工智能等新技术，打造桂花产业数字化建设，包括桂花产品、文创产品、乡村旅游精品路线、农家乐和民宿等农旅产品的电商化打造，品牌数字化传播，数字化推广营销，村级物流体系搭建。同时依托县级统一的治理和服务平台，提升村治理数字化水平，带动乡村居民积极参与到乡村治理之中，将母岭村打造成为新时代的"数字乡村""创业乡村""艺术乡村"等数字产业特色村。

3. 浙江桐庐芦茨慢生活民宿村

芦茨村主打以文化体验为核心的"慢生活民宿村"，以民宿产业基础为优势，数字兴业、数字治理、数字服务深度融合，实现"宿在芦茨，慢在生活，全域数智芦茨"。构建了"芦茨数字乡村"，包括芦茨慢生活馆、游客服务小程序、停车管理系统、一户一码档案系统、数字驾驶舱、村级数据基础库六个模块的基础设施建设和平台系统的开发，以及民宿产业数字化营销推广。

4. 浙江省安吉余村

安吉县天荒坪镇余村作为"绿水青山就是金山银山"理念的发源地，余村坚持走绿色发展之路，在保护好生态的前提下，积极发展多种经营，将生态效益更好地转化为经济效益和社会效益。余村从事旅游休闲产业的农户有40多户，从业人员300多人。2020年，村民人均收入达到5.6万元。余村将引入"农户＋集体＋公司"的管理模式，打造以政务接待和青少年爱国主义教育为主的研学基地，积极拓宽产业链条，拉动二次消费。2020年7月，余村被列入浙江省首个乡村版未来社区项目。将围绕人本原乡、生态原乡、数字原乡三大特色，通过数字赋能，探索乡村振兴新模式。

（三）数字园区发展情况

1. 浙江省桐庐数字农业产业园

桐庐数字农业产业园是浙江省首个数字农业产业园，占地 33.5 亩，总建筑面积 37 495.41 米²，其中仓库用房 10 141.3 米²：由智能化仓库 3 000 米²、常温仓储 3 000 米²、冷冻冷藏库 2 000 米² 和恒温生鲜分拣包装区 1 000 米² 等组成。凭借着优越的地理位置和全面、现代化的基础设施，产业园为区域内涉农企业、农业经营主体、农户及消费者们提供覆盖农业生产、流通、消费全产业链的农业服务；桐庐数字农业产业园先后开放专注于农产品的冷链仓配、检验检测及品质溯源等多项农业产业链服务，使区域内农业经营主体在农产品的流通和销售过程中有标准可依，也有了接受市场和消费者检验的底气。

2. 浙江省南浔红美人柑橘可持续发展示范园

南浔区红美人柑橘可持续发展示范园区总面积 200 余亩，总投资 1.6 亿元，主要种植品种为以"红美人"为代表的精品柑橘，拥有红美人果树 2 万余株，种苗 12 万余株。园区基础设施建设和科技投入水平高，园区大棚全面应用智能水肥一体化喷滴灌与可视化物联网系统。为实现园区的规范化经营管理，提升市场竞争力，以公司基地为依托组建了南浔区红美人产业农合联，通过"三分六统"模式（"三分"，即分类规划、分片管理、分户结账；"六统"，即统一苗种供应、统一生产物资、统一技术标准、统一信用支持、统一品牌销售、统一物流配送的"六统一"生产经营管理模式）积极开展"三位一体"为农服务，转零散式经营为抱团式发展，以高质量的农业产业振兴助力乡村振兴。

3. 浙江省旧馆华维果蔬标准化生产数字工厂

旧馆华维果蔬标准化生产数字工厂计划建设智能玻璃温室 1 万米²，高标准联栋大棚 5 万米²，建有数字草莓工厂、数字番茄工厂、数字立体栽培工厂和数字瓜果工厂 4 个功能区，并配备蔬菜配送车间和数字化平台，实现农产品产地直供，确保城市"菜篮子"供应。将建设成为集绿色化投入、数字化管理、规模化和工厂化生产、农业大数据应用等于一体的数字化农业产业园。以打造农业未来数字工厂为发展定位，通过数字化创新串联农业领域内的创新。搭建新的业态平台，创新商业模式与生产管理方式，探索果蔬数字农业发展的新模式，引领可控农业的发展方向，创建乡村振兴的示范性样板。以农业全产业链的数字建模，信息技术和生物技术、智能制造技术的联合应用，优化生产过程，便捷产品流通，改变消费习惯等。

4. 浙江省旧馆星光数字粮油示范基地

旧馆星光数字粮油示范基地总面积 3 000 亩，产业为高品质粮油生产。基地整合耕地、农机、人才、金融等要素，采取"公司＋农户"规模化、信息化、标准化、生态化生产经营管理模式，打造集"耕、种、管、收、储、碾、销"服务于一体的现代农业发展新模式。该基地全面应用数字化、机械化大田生产模式，实行病虫害智能预警监测，全程利用无人机播种、施药和施肥，全面实行"肥药两制"，通过智能化管理手段，科学监测用药量，严格把控用药进度，并全面应用绿色防控技术，保障农产品质量安全和生态安全。该基地以经营数字化、产销生态化、服务社会化，带来数字化智能化农业生产新方式，带动粮食增产、大户增效、农民增收。

5. 浙江省南浔庆渔堂渔业物联网平台

浙江省南浔庆渔堂渔业物联网平台是基于物联网"六域模型"标准建立首个智慧渔业的物联网运营服务平台，将零散鱼塘资源组织成规模化科技养殖服务体系，通过人工智能等算法实现 24 小时全过程监管，并实现农业大数据的综合开发利用，提供农资溯源及高效利用服务、农产品溯源销售服务、农业物联网金融服务等，自主创新设计的生态高效养殖新模式。已上线运行智慧渔业监控平台、农户智慧养殖 App、养殖管家 App、麦渔平台、"鱼粮"区块链积分系统、物联网金融、物联网保险服务系统等。

6. 上海市崇明由由农业产业园

崇明由由农业产业园总占地面积 1 979 亩。一期规划建设面积 543 亩，计划总投资 5.6 亿元，建成 26 万米^2 的半封闭温室。即将成为全球先进的集蔬菜育苗、种植、加工于一体的现代化基地。这座植物工厂采取全球最先进的种植技术，不仅能抵御气候变化、稳定生产，而且能精确控制农产品生产生长的每个过程，为市场增添更多价廉物美的生态蔬果。项目一期规划种植黄瓜、番茄、彩椒和生菜。整个项目投产后，年产量将超过 7 000 吨，平均每天可以为上海市民提供 30～40 吨高品质绿色果蔬。

三、两省（市）数字农业农村建设主要经验

（一）强化政策支撑

2021 年初，浙江省委办公厅、浙江省人民政府办公厅印发《浙江省数字乡村建设实施方案》，该方案以开展国家数字乡村试点建设工作为牵引，提出了未来数字乡村建设的总体要求、总体框架、重点任务、保障措施等，为浙江省推动数字乡村建设提供重要的指导和遵循。

上海市政府印发了《上海市推进农业高质量发展行动方案（2021—2025 年)》，该方案中明确指出夯实数字农业发展基础，建立涉农数据标准和整合利用机制，建设人、土地、资金等主题应用库，推进农业生产管理信息系统建设，蔬菜、水稻及特色果品生产管理信息实行"一网"管理，推进畜产品、水产品质量溯源监管系统建设，提升全产业链数字化管理水平。

（二）顶层设计，层级规划

浙江省围绕数字农业农村建设，做好顶层设计、层级规划，加强各层级规划的全面衔接，把数字农业农村建设全面融入相关规划中。实施数字农业农村战略，做好整体规划设计是首要任务，要把数字农业农村建设作为全面推进乡村振兴的重要抓手，要衔接"十四五"规划和 2035 年远景目标，在既有的数字农业农村发展相关规划和文件基础上，制定数字农业农村建设的规划实施方案及可实施细则，做到与顶层设计的有效衔接、与不同区域发展的协同配套，确保数字农业农村规划的科学性和可操作性。

（三）加强新基建，提升数字乡村技术设施

浙江省加速新型基础设施建设，提供优良基础支撑。加快农村网络升级换代与普及覆盖；推进农村互联网、电信网、广电网"三网融合"；扩大农业农村场景应用；加快乡村5G基站建设，推动5G网络与万物互联等物联网技术融合应用；加强网络安全基础设施建设，维护数据完整性、安全性和可靠性。

上海市农业农村委与市经信委、发改委、财政局、科委、规资局联合印发《关于加快推进农业机械化和农机装备产业转型升级的实施意见》，支持智能农机、设施农业智能控制系统、农用无人机等设施装备关键技术研究，推动高端智能农机装备产业发展。

（四）推进乡村治理数字化应用

数字乡村要通过实施乡村治理数字化建设工程，实现乡村村务、政务、党务等信息与服务的在线化，提高村民参与度，有效实现法治、自治和德治"三治"的有效融合，促进乡村治理的现代化。浙江省坚持"整体智治"理念，初步搭建了省级乡村治理数字化平台，集成农村自然资源、生态环境、集体资产、宅基地、村情村貌等数字化模块。推动4个市、11个县（市、区）数字乡村整建制示范建设，引导乡村生产、生活、生态空间数字化、网络化、智能化发展，开启乡村全域数字化治理。桐庐芦茨以民宿产业基础为优势，以大数据、人工智能、物联网、产业互联网、5G等技术为依托，数字兴业、数字治理、数字服务深度融合实现"宿在芦茨，慢在生活，全域数智芦茨"。

上海市以"互联网＋"、大数据、云计算、物联网、人工智能等数字技术与乡村建设的深度融合，形成了涵盖乡村资源要素、乡村治理、乡村服务的"数字乡村一张图"应用体系。通过该体系建设，管理人员可一目了然掌握农田、农房、农民、农业主体的现状和变化情况，对可视化数据进行研判、决策，推动传统管理模式向智能化转变，让乡村治理更加精准，助力探索出一条以数字技术赋能撬动乡村振兴的发展新路子。

（五）加强农业全产业链数据融合

数字农业关键技术应用到农业生产的产前、产中、产后的整个过程，覆盖农资供应、农产品生产、加工、流通以及终端销售的全产业链。推动数字农业技术体系与农业全产业链融合。

浙江省桐庐自然生态＋综合服务＋社会治理"三位一体"模式创新乡村数字化应用场景，实现数字智治。桐庐安厨助力母岭村打造了一条以桂花为主的"母岭香"产品线，并打响桂花产业品牌，实现全链条发展。桐庐县近年在政府主导下，充分利用和调配市场因素，强化和安厨、阿里云等创新型企业的合作，为农业经营主体提供包括公共服务、流通服务、数据服务和创业服务等在内的一条龙服务。桐庐已凭借数字技术，通过助推农产品特别是生鲜产品上行，探索出了一条富民增收、创新农业业态和营销方式的新路子。

（六）注重政企合作，多方参与

习近平总书记指出，"要加强政企合作、多方参与，加快公共服务领域数据集中和共

享"。浙江安厨大数据技术有限公司是一家专注于农业的产业互联网公司，致力于用创新的产品赋能农业部门，帮助其用数字技术变革决策、管理和服务方式，提升其能力和效率。浙江桐庐与安厨大数据公司签订数字乡村战略合作协议后，双方以推进农业农村数字化转型为主要合作内容，该企业充分发挥其在数字乡村规划、实施、运营上的能力及领先的数字乡村建设经验和本化运营团队，协助桐庐做好数字乡村整体规划与建设等工作，政企联动、实现共赢。

上海市崇明区致力于将由农业产业园建设打造成为世界最先进的植物工厂，积极推动崇明农业实现"高科技、高品质、高附加值"的发展目标，打造和生态岛相匹配的都市现代绿色农业。

（七）发挥产业园区示范带动作用

数字农业产业园可以为区域内涉农企业、农业经营主体、农户及消费者提供覆盖农业生产、流通、消费全产业链的农业服务。浙江省南浔区练溪红美人柑橘可持续发展示范园以公司基地为依托组建了南浔区红美人产业农合联，通过统一苗种供应、统一生产物资、统一技术标准、统一信用支持、统一品牌销售、统一物流配送的"六统一"生产经营管理模式，积极开展"三位一体"为农服务，转零散式经营为抱团式发展，以高质量的农业产业振兴助力乡村振兴。旧馆华维果蔬标准化生产数字工厂以打造农业未来数字工厂为发展定位，通过数字化创新来串联农业领域几乎所有的创新，搭建新的业态平台，创新商业模式与生产管理方式，探索果蔬数字农业发展的新模式，引领可控农业的发展方向，创建乡村振兴的示范性样板。

四、北京市数字农业农村工作建议

（一）提高对数字农业农村发展重要性和紧迫性的认识

加快发展数字农业农村是顺应信息化进入大数据新阶段的必然要求，是实现北京市都市型现代农业高质量发展的现实选择，是提升城乡公共服务水平、满足人民日益增长的对美好生活向往的迫切需要，是推动美丽乡村建设、提升农村人居环境、乡村治理体系和治理能力现代化水平的重要途径。不断强弱项、补短板、增优势，是抢占农业农村现代化制高点，进一步推进首都乡村全面振兴，让广大农民共享数字经济发展红利的有力杠杆。

（二）积极谋划主攻方向和关键领域

以推动首都农业农村高质量发展为主题，以数字化与农业农村现代化深度融合为主线，在智慧农业和数字乡村两个维度，以数据为关键创新要素，围绕北京市优势产业和特色区域，在农业生产经营、农产品质量安全追溯、乡村公共服务等领域强化完善农村政策支持，实现全面提升；在乡村治理数字化应用领域，巩固已有成果，并不断创新发展模式，实现更高质量发展。

（三）加强顶层设计，营造良好发展环境

进一步优化完善市—区—镇三级协调工作机制建设，通过强化标准、分类规划、分区指导、分级管控统筹推进数字农业农村建设。围绕《北京城市总体规划（2016—2035年）》，加快出台全市及各区数字农业农村发展中长期规划和实施细则，设立数字农业农村发展专项基金，鼓励和提升数字农业农村转型积极性，发挥新型基础设施的效能，强化新技术、新产品、新装备的建设与应用落地。

（四）加速新型基础设施建设，提供优良基础支撑

加速农村地区5G基建、大数据、人工智能新型基础设施建设与落地应用；整合农业农村全行业、全系统数据资源，建立农业农村大数据平台，围绕农业产业和乡村治理现代化，依托北京市科技优势，加强产学研合作，强化原始创新、集成创新和系统布局，重点攻克一批关键核心技术。

（五）发展智慧农业，助力都市型现代农业高质量发展

坚持产业集群和区域特色相结合，促进农业产业链供应链优化升级。大力推进数字技术在蔬菜、籽种、生猪等特色产业中的推广应用，打造一批智慧农业示范镇、先行镇、农业园区（企业）。持续提升北京市现代农业物联网应用服务平台服务能力，建立农业大数据管理应用中心，推进农产品质量安全追溯系统建设和特色农业电子商务发展，大力促进产销衔接、优质优价。

（六）建设智慧乡村，提升乡村治理现代化水平

将智慧乡村建设融入美丽乡村村庄规划和重点工程，与北京市"百村示范、千村整治"工程、农村人居环境整治等有序衔接，持续打造一批国内领先的智慧绿色村镇示范样板，在乡村规划、美丽乡村建设、传统村落保护、惠民工程等建设中，促进数字乡村建设，培育乡村新业态，形成区域示范带动，探索长效机制建设。创新村庄数字化服务新模式，把公共信息服务从解决"有没有"的问题转向解决"好不好"的问题，为农村居民提供更加丰富和精准的公共信息服务。

（七）加强主体培训与模式创新，提升数字化应用水平

针对不同主体开展数字化学习与培训计划，发挥现代农业远程教育传播优势与运用社交网络平台，培育一批具备互联网思维和较强信息化应用能力的"新农人"；加大数字农业宣传推广力度，创新农产品线上销售模式，提升农户对自媒体认知能力和应用水平。

五、北京市数字农业农村下一步工作设想

（一）制定"十四五"数字农业农村实施规划

"十四五"时期，中共北京市委农村工作委员会、市农业农村局将紧扣"大城市小农

业""大京郊小城区"的北京市情与农情，以推动首都农业农村高质量发展为主题，以推动数字化与农业农村现代化深度融合为主线，以改革创新为根本动力，全面提升农业农村生产智能化、经营网络化、管理高效化、服务便捷化水平，为首都乡村全面振兴，率先基本实现农业农村现代化，建设国际一流的和谐宜居之都提供动力和支撑。

（二）"十四五"期间重点工程

1. 推进乡村振兴大数据工程，夯实数字农业发展基础

建设北京市乡村振兴大数据平台，按照"四个层级、三个流向"进行顶层设计，按照资源整合充分利用、纵向管理横向共享、技术先进智能创新原则，搭建"数据一仓库、管理一平台、决策一张图、应用一掌通"的总体框架。成为北京市大数据平台的四梁八柱之一，也是"三农"工作者的业务工作平台、各级管理者的决策平台、信息公开共享的服务平台，实现北京市"三农"数字化、规范化、高效化、智能化目标。

2. 推进数字农业提升工程，加快农业数字化转型

深入实施大数据、物联网、人工智能等现代信息技术集成应用，提升农业生产数字化水平。围绕设施农业产业集群建设工程，持续推进数字菜田全产业链运营服务、发展智能化养殖，推进种业大数据建设，建立种业数据技术标准，推进种业数据智能采集和市场化服务。

3. 建设综合业务管理平台工程，促进治理能力现代化

建设农田数字化监管系统、农业综合执法信息平台、农产品质量安全追溯平台等，实现监督检查智能化、指挥调度实时化、案件查处协同化、风险预警可视化、现场执法移动化。

4. 建设数字乡村工程，推进乡村治理体系现代化

推进数字乡镇示范建设，提高数字化对乡村治理体系的支撑作用，实现乡村治理"四级"有效协同。做实做细信息进村入户工程，完善益农信息社长效运营机制。

5. 建设数字农业创新工程，加强数字农业技术推广

充分利用首都各方资源优势，形成政府引导、科研单位支持、企业主导、农户参与的科技支撑技术推广体系。探索建立农业科技成果转移服务新模式新机制。

（三）2021年重点工作

（1）建设北京市乡村振兴大数据平台。搭建完成乡村振兴大数据平台总体框架，并按照乡村振兴五个方面对现有涉农数据资源进行整合、汇聚。

（2）完成北京市设施蔬菜产业集群平台建设和应用。按照"聚要素、搭平台、强服务"的思路，建设完成乡村振兴大数据重要子平台——种植业综合管理平台，实现设施蔬菜产业集群数字化管理，为政府、生产主体、第三方服务组织、消费者等提供综合信息服务。

（3）推进信息进村入户工程。在益农信息社"建起来"的基础上，通过政府引导、市场主导的方式"运营起来"，整合涉农资源，汇聚社会力量，融合技术渠道，逐步实现公益服务、便民服务、电子商务、培训服务可持续运行。

（执笔人：李理、芦天罡、于峰，北京市农业农村局）

北京市设施农业产业智慧监管和
服务体系建设与应用

设施农业是都市现代化农业的重要形式，北京市印发的《关于促进设施农业绿色高效发展的指导意见》中明确了以发展设施农业产业为核心的发展思路。"十三五"期间，北京市数字农业农村促进中心围绕设施农业数字化领域，先后启动了智慧农园、数字菜田、智慧农场、农业物联网技术推广等项目建设，试验示范了一批农业物联网关键技术和智能装备，推广大数据、人工智能在设施农业生产、经营、管理中的运用，局部提升了农业生产智能化水平。

一、建设内容

北京市设施农业产业监管和服务从技术研发、平台搭建、区县推广应用等方面入手，搭建以设施农业产业数据中心、综合管理与服务平台为核心的北京市设施农业产业智慧监管和服务体系，夯实设施农业底数，汇聚全市设施农业数据资源，挖掘数据价值，打造北京市设施农业产业核心数据生态，为政府决策、行业监管、生产主体等提供综合信息服务。主要工作内容如下。

（一）摸清设施农业数据底数，构建数字化管理模式

建立了北京市设施农业台账管理系统，摸清全市设施农业产业数据底数，解决"谁在种、在哪种"的问题，实现全市生产设施台账式管理，并在设施悬挂二维码标牌，建立信息动态更新机制，构建"一棚一码，一主体一码"的管理模式。

（二）汇聚设施农业数据资源，建立全方位的采集模式

汇聚全市设施农业数据资源，构建全方位的数据采集模式，与生产设施和经营主体数据底数进行关联，形成核心的数据资源。一是推广应用农业物联网智能监测设备，实现设施数据的自动化采集；二是建立市、区、镇、村四级设施动态巡查机制，对全市设施进行动态的跟踪；三是实现政策补贴申报、审核的数字化管理，通过数据交叉验证，实现补贴的精准发放；四是整合蔬菜生产报表、农产品质量安全检测等现有系统，汇聚全市设施农业产业相关数据资源，建立云端共享、共建的数据生态。

（三）建立设施农业产业数据中心，实现数据的综合利用

构建统一的数据指标体系，形成涵盖经营主体、设施大棚、作物生产、农产品市场行情、农产品检测、生产空间和物联网监测7大类指标；构建数据中台，为整个监管和服务体系提供数据支撑；构建物联网中台，统一管理全市物联网监测设备，并将物联网设备与设施台账编码进行关联；利用区块链技术构建北京市设施农业产业联盟链和服务平台，为数据提供公共账本和透明履历。

（四）构建多样化的数据应用场景，充分发挥数据价值

依托数据中心，为不同主体提供精准信息服务：为政府提供北京市设施农业产业一张图、生产主体画像、设施画像和区域画像，汇聚、多角度动态展示设施基础数据资源；为行业监管构建设施动态监管、政策奖补管理、农产品流通等多样化的应用场景；为生产主体提供个性化、定制化服务，实现补贴申报、种植管理、信息咨询、农产品溯源等功能。

二、运营模式

结合北京市设施农业产业发展现状及实际需求，一是建立了市、区、镇、村四级联动工作机制，服务于设施动态管理、设施巡查、补贴发放等工作，保证数据采集的时效性；二是整合市级设施农业相关系统数据资源，规范数据采集和共享标准，建立全方位的数据采集模式，保障数据的全面性和可用性；三是联合在京科研院所及高新技术企业的科技力量，成立了大数据算法研究团队，推进产学研用的深度融合。同时，在北京市数字农业创新团队中专门设立了大数据与数字化推动功能研究室，联合岗位专家，充分挖掘数据的价值，保证数据开发利用的先进性。

三、经验效果

（一）摸清了全市设施农业产业数据底数

建立了覆盖全市的设施农业台账，掌握了设施基本情况，实现了"一棚一码，一经营主体一码"管理，解决了设施农业产业存在设施底数不清，监管粗放的问题。截至目前，全市农业设施182 118栋，设施蔬菜经营主体29 553个，设施面积16.6万亩，累计新增设施数量6 216栋，新增设施面积7 910.6亩，销账设施数量3.8万栋，销账设施面积3.48万亩，设施信息更新11.7万栋。

（二）打造了北京市设施农业核心数据生态

汇聚了北京市设施农业产业的核心数据资源，建立了北京市设施农业产业数据中心，形成了北京市设施产业数据指标体系，为农业大数据在产业链各环节的深化和创新应用打下了坚实的基础。截至目前，数据中心构建了经营主体、设施大棚、作物生产等7大类

430 小类的指标体系，累计 3.1 亿条业务数据，数据量累计达到 4.3 太字节，图片数据 900 多万张。同时，在全市推广应用农业物联网智能监测设备 1.97 万套，全部接入物联网中台，日光温室覆盖率达到 20%，日均产生温室图像数据达到 3.9 万张。

（三）提供了综合信息服务

搭建的综合管理平台有效支撑了政府精准高效管理。上线以来，开展设施巡查工作累计 143 万栋次，填报种植品种信息 150 多万条，发现各类问题 11 万次；通过政策奖补系统累计发放补贴 4.5 亿元，累计补贴面积 109 万亩，涉及经营主体 22.6 万个。一张图汇聚了生产空间、生产设施、经营主体、产销分析、市场行情、质量安全等数据资源，为政府决策、行业监管提供了数据支撑。北京市设施农业综合服务门户依据不同用户的生产和经营情况，定制化为生产主体提供了定制化信息查询、补贴申报、种植管理、产销对接等服务，实现了服务的精准化、便捷化。

（四）经济价值成效显著

该项工作改变了传统数据信息逐级填报的采集模式，通过物联网设备自动采集、奖补促进数据上报、人工动态巡查、相关系统数据对接四种多样化、互为补充、相互校验的信息采集模式和有效的推广模式，有效保证了系统推广应用和数据资源的真实性、时效性和可用性。同时，根据生产主体不同的生产和经营需求，通过经营主体画像，以主动推送的方式，提供个性化、定制化的信息服务，有效增强了信息服务水平，实现了服务的"千人千面"。

经测算，项目推广创造的经济价值合计约 5.49 亿元，其中通过增加产量和提升品质创造经济价值约 41 283 万元，节约农资投入和节省人员成本创造经济价值约 13 648 万元。在"十四五"期间实现全市设施面积的全覆盖后，预计每年可创造经济效益达到 60 亿元。

（执笔人：芦天罡、王剑、张辉鑫、郭嘉、唐朝、何继源，
北京市数字农业农村促进中心）

延庆区 2021 年"互联网＋"农产品出村进城试点工作完成情况与展望

2020 年 5 月，农业农村部印发《关于实施"互联网＋"农产品出村进城工程的指导意见》，并制定《"互联网＋"农产品出村进城工程试点工作方案》。方案指出，要发挥"互联网＋"在推进农产品生产、加工、储运、销售各环节高效协同和产业化运营中的作用，培育出一批具有较强竞争力的县级农产品产业化运营主体，建立完善适应农产品网络销售的供应链体系、运营服务体系和支撑保障体系，实现优质特色农产品产销顺畅衔接、优质优价，供给能力和供应效率得到显著提升，农民就业增收渠道进一步拓宽。2021 年，

延庆区作为农业农村部的"互联网＋"农产品出村进城工程试点单位，结合现有资源要素，发挥区域公用品牌引领带动作用，依托现有资源构建冷链物流体系，融合线上线下产销模式，多措并举，全面发展，扎实推进试点区建设。

一、工作完成情况

（一）开展"妫水农耕"品牌建设，提升品牌管理水平

2019 年，延庆区农产品区域品牌"妫水农耕"正式发布。围绕"妫水农耕"，延庆区构建了以蔬菜、园艺花卉、果品、杂粮、畜牧产品为核心的产业体系。自品牌发布以来，延庆区立足北京市都市农业发展现状，利用生态优势、地域优势，以绿色有机、产业融合发展为支撑，持续推进品牌建设，提升品牌管理水平。组织召开"妫水农耕"区域品牌研讨会和培训会，开展"妫水农耕"品牌管理制度及形象体系设计，完成 45 类全品类的商标注册申请，完善品牌授权及商标使用管理办法。在京东等线上电商平台开设"妫水农耕"旗舰店，在北京农商行、北京工会 12351 等 App 上开展推介活动，建立社区微信群扩大客户。线下开设世园公园园艺小镇等 6 家实体店，海淀区紫竹社区、国防大学等 4 个社区点对点供应渠道。

（二）丰富产销对接渠道，健全农产品物流体系

面对新冠肺炎疫情和恶劣天气带来的产销难题，延庆区一是扫清农产品运输障碍，将"农邮通"物流体系纳入区域品牌"妫水农耕"建设当中，政府主导建设"农邮通"三级物流体系，与邮政集团分公司签署战略合作协议，有针对性地对有机、绿色认证企业和国家级、市级、区级合作社进行补贴，通过减少运输成本促进本地农产品提升市场竞争力，2021 全年运输农产品 3 076 车次，7 600 余吨，其中商超 2 746 车次，宅配订单 32 003 件。二是多方联系国有企业、商超大户，充分利用线下直营店、礼盒包装等资源开拓销售渠道，共解决全区滞销草莓 10 大棚、水果番茄 10 大棚、马铃薯 100 亩、玉米 6 亩，切实保障农民利益。三是充分利用中国农民丰收节、龙头企业协会年会、农产品消费扶贫产销对接会等契机将农产品供需双方有机结合，统筹淘宝、京东、邮乐网等电商资源。四是借力直播销售东风，以"妫水农耕"为主题庆祝中国农民丰收节，举办 6 场延庆区优质农产品网络直播活动，累计观看人数达 211 万人次，销售农产品 2 337 单，极大减轻农产品滞销压力。

（三）监测蔬菜产销信息，丰富数据资源

为充分利用产销数据价值，把握市场、引导产业发展，延庆区在全区部署蔬菜产销信息监测工作，共选取了 9 个乡镇的 15 个监测点，通过生产者将数据传入京冀农产品产销信息管理系统，从而确保市区两级蔬菜产销信息的流动共享。同时，按照农业农村部要求，积极配合做好信息上报工作，组织全区 15 个乡镇每月向"互联网＋"农产品出村进城工程信息填报与管理系统上报蔬菜、水果、花卉等销售信息；另外上报宣传文字稿件 3 篇，视频 1 个。

（四）继续推进益农信息社建设

自 2016 年开始，延庆区积极配合市农业农村局按照"六有"标准推进益农信息社建设，截至 2019 年，累计建设信息社 117 家，2020 年底新增加 192 个村参与信息社建设，全区益农信息社达到 309 家，占全区 376 个行政村的 82.2%。

二、下一步思路

（一）加强农产品品牌建设

积极组织参加农交会等展会，加强区域交流合作，推进农产品网络销售，深度融合优质农产品的宣传、营销、物流等方面产业链条，开展农产品网络销售工作。

（二）不断完善现代农产品流通体系

统筹推进农产品产地冷藏保鲜设施建设，相对集中布局，促进延庆区农产品产地冷藏保鲜能力、商品化处理和减损增值能力提升，主体服务带动能力提升。

（三）持续做好"互联网+"农产品出村进城试点建设

以区域品牌"妫水农耕"为抓手，对农业生产、销售等大数据进行深度挖掘与融合，为农业生产提供精细化服务指导。推进农村电商服务平台的发展，提升可持续运营能力，助力乡村产业振兴。

（执笔人：何玉洁，延庆区农业农村局；
芦天罡、唐朝、何继源、郭嘉，北京市数字农业农村促进中心）

房山区打造国家现代农业
产业园总部基地模式

一、基本情况

房山区国家现代农业产业园，立足北京、面向全国，构建"全要素、全周期、全视角"云服务平台，将产业园涉农数据资源、物联网监测数据及扎赉特旗国家现代农业产业园壹号基地数据汇聚整合到园区大数据中心，通过大数据分析决策服务于主导产业全产业链各环节，集中打造先进农艺技术与现代信息技术融合的基地模式。通过与智慧农业平台运营相结合的"良乡优品"公共品牌建设，服务于全国现代农业建设，支撑县域数字经济实体建设。

二、主要做法

北京市房山区国家现代农业产业园智慧农业应用基地由北京农业信息技术研究中心赵春江院士团队和北京市房山区政府共同打造。基地总面积 3.89 万亩，辐射 16 个行政村，服务 2.1 万农业人口、50 家入驻企业。

（一）硬件设施建设

在全产业园推广部署了中心各类物联网监测控制设备 200 余套，构建了大数据业务集成、环境监控、远程监控、"三链合一"透明链品控、电子商务、大数据分析等 10 个智慧农业系统，整合了房山区及全国 114 个国家现代农业产业园的基础数据资源，集中打造了先进农艺技术与现代信息技术融合的国家现代农业产业园总部基地模式。

（二）软硬件集成系统建设

建设现代农业产业园，构建了"1＋N＋N"的国家现代农业产业园总部平台，实现要素集聚和辐射，充分发挥了园区的整体效应。"1"，构建一个"监—控—管—营"为一体的智慧农业云平台，依托房山国家现代农业产业园大数据中心基础设施，按照总部基地模式，打造先进的农艺技术与现代信息技术深度融合，构建全要素、全周期、全视角的智慧农业平台；依托智慧农业大数据和透明链品控体系，以区块链技术结合物联网技术和互联网技术，推进"良乡优品"公共品牌数字体系，支撑农商互联、农社互通、产销互促、产融互利智慧农业运营模式。"N"，研发多项产业数字化管理与数字产业化运营公共云服务。结合园区公共服务管理、物联网监测、视频监控管理以及总部平台供应链、资金链和数字链"三链合一"产销对接核心模块，为产业园导入科技、政策、资金、人才等核心资源，提供园区公共管理、标准化生产社会化服务、品质提升和农民利益连接等全方位公共服务，实现立足北京面向全国现代农业产业园的战略目标。"N"，平台可定制分地域、产业、业务的多维度"良食地图"。面向大田、设施、果园、畜禽水产等领域，主导产业全产业链各环节，提供资源管理、物联网智能管控、品牌提升与产业融合服务、三链合一透明链品控、天空地一体化遥感监测、农机智能作业与社会化监管服务、水肥一体化智能灌溉、病虫害绿色防控、农业业态与农业投入品监管、生产管理服务、电商、大数据分析和智慧农业服务等多项专业指导，为实现农业产业数字化转型提供技术支持。

针对产业园全国示范引领和可持续运营模式支撑等问题，设计了数字孪生体总部基地模式。就是在物理空间，按总部基地模式构建"全要素、全周期、全视角""监—控—管—营"智慧农业平台，实现产业数字化，面向全国进行产业示范，吸引优秀经营主体、园区入驻产业园。在数字空间，按总部经济模式充分利用并盘活智慧农业平台汇聚的大数据数字资产，为产品品质保障提供数字身份认证，驱动并支撑运营对接，实现数字产业化，吸引更多国家现代农业产业园加盟以"良乡优品"公共品牌标准为导向的数字经济建设。

（三）运营模式创新

在产业园建立了"三链合一"的良乡优品总部经济数字化透明链品控与电商服务模式，以保障农户、合作社利益为核心，连接政府、企业和农户，促进可信流通、促进优质优价、对接线上线下多维渠道，以北京市房山区为数字港，通过"现代农业产业园＋农业合作社＋中小农户"建立农业社会化服务体系，系统性帮助全国各地农业增效、农民增收。

三、项目效益

（一）社会效益

房山区国家现代农业产业园总部平台不断注入农业现代化辐射应用活力，成为驱动国家现代农业产业的发展引擎。平台面向农业农村部等国家部委建立的大数据价值仓，可有效协助其宏观掌控全国产业园及全国现代农业建设动态。总部平台积极构建"政府引导、平台赋能、龙头引领、机构支撑、多元服务"的联合推进机制。国家现代农业产业园总部平台的建设，将为我国农业产业园实现种养规模化、加工集群化、科技集成化、营销品牌化，为一二三产业融合发展提供科学、全面的技术支持。

（二）推广示范效益

房山区国家现代农业产业园总部基地通过与运营相结合的"良乡优品"公共品牌建设，服务于北京市乃至全国的现代农业产业园建设，已经初步实现内蒙古自治区兴安盟扎赉特旗等基地产业园的数字化接入与主导产业品种在房山产业园的现代化种植展示，正在为湖南常德、安徽天长、山西隰县等国家现代农业产业园输出建设经验和模式，成为全国现代农业产业园建设首都窗口，成为首批获得农业农村部认定通过的国家现代农业产业园，得到了中央电视台等媒体报道，先后开展了20余批次、600人次的产业园平台服务和建设模式培训。新冠肺炎疫情期间，园区智能调控42栋日光温室、15 000米^{2}连栋温室，绿色防控54栋日光温室，日供9.8万斤鲜菜。

（执笔人：郭嘉、王剑、张辉鑫、唐朝，北京市数字农业农村促进中心；

王秀珍，房山区农业农村局）

以"数智"赋能打造碳中和智慧牧场

在工业互联网的浪潮下，我国乳业正在积极发生数字化变革，国内牧场发展规模化、标准化、集约化步伐明显加快。牧场作为碳排放大户，目前管理粗放，缺乏有效的数字化手段进行综合能源管理，以信息化手段对牧场高能耗设备进行低碳化科技改造，建设智慧型牧场，推动牧场发展转型升级，符合现阶段乳业发展大势。中国农业科学院北京畜牧兽医研究所联合常州辉途智能科技有限公司共同建立数智碳中和团队，致力于数智碳中和智慧牧场建设。团队参与打造的伊利集团的标杆项目——敕勒川生态智慧牧场位于内蒙古自治区呼和浩特市，项目整体建设用地 1 600 亩，一期总投资超过 5.8 亿元，设计配套了国际最先进全自动挤奶设备、多功能牛舍设施、全天候奶牛饲喂 TMR 配料系统、牛粪资源化 CTB 智能好氧发酵垫料一体化装备系统，以及还田、参观和旅游等多个功能为一体的示范性现代化奶源基地。敕勒川生态智慧牧场建设旨在充分整合产业上下游资源，打造以数智碳中和智慧牧场为核心的智慧牧业，在低碳牧场、阳光牧场等领域积极探索，打造集团乃至行业标杆。

一、建设目标

团队对敕勒川生态智慧牧场的牛舍、粪污与饲料区进行数字化改造，以全息牧场作为核心系统引擎，接入设备管理和光伏发电系统构成新一代数字界面，通过精益管理以及碳足迹 IPCC 特征因子，全程追溯能耗变化及碳排放量。在牧场正式运营之后可以全程通过数字引擎计算牛只、设备等管理成本，制定合理的碳排放策略，帮助敕勒川生态智慧牧场完成科技转型，全力打造全球第一个数字引擎全息牧场、中国第一个融合高科技创新牧场、中国第一个试运营碳中和牧场、中国第一个直接参与中国轻工业乳源碳足迹牧场以及中国第一个接轨国际碳足迹产业链发展牧场。

二、技术路线

项目利用现代化的互联网技术栈、成熟的工业物联网设备和易扩展的智慧算法平台，搭建了核心产品 FarmCloud 智慧牧场云平台，核心逻辑的实现及方案实施已获得 20 余项自主知识产权。具体技术路线如下。

（一）软件硬件结合，优化操作策略

通过自主研发的超 13 种环控数据采集器，与云平台和牛轻松手机 App 联动，通过手动、自动、联动三种控制模式，集智能控制、能耗监测、智能维保于一体，实现从宏观到微观的观测、管理、控制。

（二）改造智能设备，提高运营效率

通过集成智能环境装备，打通风机、喷淋、照明、水槽、卷帘等设备端口，智能监测温湿度、光照度、氨气浓度、硫化氢浓度、风速、用电量、用水量等数据，根据温湿度数据计算 THI 指数并通过手机、电脑等多终端进行远程控制、自动管理设备。

（三）算法数据联动，辅助管理决策

将采集到的牧场环境数据融合智能环控、牛只监测、精准饲喂、挤奶系统、粪污处

理、光伏设备等模块，再结合国内外卫星遥感数据、高分辨率卫星数据、地面观测站等多渠道环境数据，采用多种算法对牧场设备及碳排放状态进行梳理分析，在数字牧场中实时孪生牧场现状，生动、实时体现出不同指标变化对成本和产奶量的影响，辅助牧场管理者决策高效的管理办法，再与硬件互通实现云端控制、极端天气预警等功能。

三、应用成效

敕勒川生态智慧牧场现在已落地实施，为业内提供了新一代数智碳中和牧场建设的科技样本，所产生的社会效益和经济效益也为我国农业信息化数字化研究提供了一定参考。

（一）打造行业标杆

从品牌效益和牧场规模来看，敕勒川生态智慧牧场的顺利建设，将成为智慧牧场改造的典范案例，带动乳企做出积极有益的探索和尝试。以信息化改造提升牧场管理水平，推动牧场发展转型升级，从而推动现代乳业向高效、专业、规模化和可持续方向发展。

（二）实现精细化管理

通过自主研发的 Farmcloud 智慧牧场云平台融合卫星遥感、智能环控、设备监测、精准饲喂、挤奶系统、粪污处理等模块，帮助牧场构建了一套智慧牧场信息化解决方案，在数字牧场中动态展示牧业现状，辅助牧场实现智能控制及高效、精细化管理，有效提高牧场养殖管理信息化、数据化、可视化管理水平，达到降本增效目的。

（三）易于复制推广

项目以建设新一代低碳数字牧场为目标，以牧场全生命周期数字化为主线，全方位构筑了敕勒川生态智慧牧场项目前期设计、建设施工及运行维护生命周期内的数字化生产体系，可有效推进牧场运维管控及信息化水平全面提升。项目搭建的平台也可根据客户需求，拆分成可以组装的工作模块，实施灵活，便于各牧场同步复制推广。

（执笔人：赵连生，中国农业科学院北京畜牧兽医研究所；

高杰，辉途智能科技有限公司）

百旺农业种植园打造"智慧农场"样板间

一、基本情况

北京百旺农业种植园位于北京市海淀区西北旺镇唐家岭村，占地面积约 500 亩，是集生态开发、农业技术研发示范、水果蔬菜采摘、农耕认养、休闲体验于一体的现代化、智慧化都市型农业园区。园区现有设施大棚 44 栋，其中玻璃温室一栋占地 3 600 米^2，严格执行标准化基地管理，种植作物包括 30 余种蔬菜和草莓、樱桃、水蜜桃等，突出生态特色和可持续发展农业模式，融合现代科技农业与传统农耕文化示范和推广工作，致力于构建现代农业生态园区。北京数字农业农村促进中心联合农业技术推广单位、科研院所、高新技术企业，以北京百旺农业种植园为合作示范园区，利用农业物联网、传感、图像识别、人工智能等高新技术，打造"智慧农场"样板间。

二、主要做法

(一) 硬件设施建设

园区建成了北京市首个 5G 高架无土栽培草莓智能温室，在日光温室配置安装了一系列物联网智能设备，对温室中的空气温度、湿度、二氧化碳浓度、基质温度、水分等多参数进行实时监测和精准调节，为作物生长提供最佳环境。通过使用农业物联网、传感器、图像识别等高新技术，打造百旺"智慧农场"，大大节省人力成本、降低劳动强度、提高工作效率。

(二) 软硬件集成系统建设

环境数据实时采集和自动监控系统。可通过环境策略进行设施温室或大田作物光、温、水、气的智能控制，实现生产环节的标准化管理，节约劳动力投入 50% 以上，降低病虫害发生率，提高设施蔬菜品质及产量。

水、肥、药的精准控制系统。可通过水肥灌溉策略进行水肥一体化控制，实现不同生长时期定时、定量、按需灌溉、节水节肥，降低生产成本，实现设施安全生产，肥药精确调控，提高劳动效率。

智慧农园生产数字化管理系统。应用园区智慧农业监测平台，实现园区生产管理数据一站式监控、远程指挥和决策辅助，实时动态监测作物种植信息、农资使用、设备运行、农事安排等过程动态，实现园区生产管理的数字化、可视化。

(三) 运营模式创新

园区以服务模式创新、休闲体验友好、农业科教注入及绿色生态发展为理念，集农业观光、休闲、旅游为一体，不断提升园区休闲农业的服务能力。每月开展不同形式的农业休闲活动，持续开展农业科普实践活动，建设农业科普教育课程体系，让学生可以寓教于乐的掌握现代化农业生产技术。开展农业智能化技术培训，推广农业科学技术，将园区打造成了一二三产融合发展的综合性智慧农业园区。

多样化销售渠道打造园区品牌。园区持续拓展线上销售渠道，以"农业＋互联网"的理论为指导，结合美团等电商平台，对园区的优质果蔬产品进行推广营销，合作客户涵盖了学校、幼儿园、航天五院、中国电信、保险公司等。园区以质量兴农、绿色兴农、品牌强农为口号，促进了园区农业健康可持续发展。

三、经验与成效

百旺"智慧农园"由数字管理系统、智能生产设施、智能控制策略、标准化生产规范等环节组成，将传感、遥感、物联网、智能装备等先进的现代信息技术与农业生产与管理环节深度融合，提升生产智能化水平和园区综合管理水平，体现出了信息技术对农场整体经营和业务衔接的有效支撑，体现出信息技术与农艺的有效融合，解决了劳动力成本过高、生产效率差、管理标准化程度低等农业生产痛点问题。多位市级、区级领导前来园区视察及指导工作，对信息化技术的应用给予了充分肯定。多家媒体也对园区"智能化生产"进行了报道，园区将持续发展农业智能化，打造北京市"智慧农场"样板，带动全市智慧农业发展，取得多方面的效益。

（一）经济效益

"智慧农场"在百旺应用后，如同给农业装上了智慧的大脑，可以快速准确获取温室生产种植全过程数据信息，并及时为生产管理提供决策支持信息，可对环境数据进行实时监测和精准调节，创造作物生长的最佳环境，有效提升作物产量和产品品质，同时节省人工成本，节水节肥。据数据统计，园区叶菜、果菜提高产量 15%以上，水果提高产量 20%以上，劳动生产率提高 30%以上，园区灌溉用水和肥料使用减少 20%，每年为园区增加经济收益 20.64 万元，节省人工成本 14.4 万元，节省水、肥、药投入 1.4 万元。

（二）社会效益

支持北京市重点发展的物联网、智能装备在农业领域应用，推动海淀智慧城市建设，也促进"互联网＋"现代农业产业升级。推动都市农业多种新业态的发展，有效吸引资金、技术、管理、人才、设施等要素流向农业园区，增加就业容量，促进农业健康可持续发展。

（三）生态效益

通过智能环境控制实现水肥一体机、增温、降温等智能负载的精准控制，科学指导园区智能感知、精准调控、科学生产，使得农作物的资源投入减少，资源得到节约化利用，生态环境得到改善。

（四）推广示范效益

园区示范带动作用对于北京市大力发展的智能园区建设意义重大。通过打造海淀区第一个现代化"智慧农园"，为北京市的智慧农业提供示范和典型经验，还将成为技术成果辐射推广的中心，为提高我国农业信息化的整体水平、推动智能农业快速发展起到重要作用。

（执笔人：张辉鑫、芦天罡、何继源、王剑，北京市数字农业农村促进中心；

侯进，海淀区农业农村局）

高标准打造国家数字农业创新应用基地
引领首都乡村振兴高质量发展

朝阳区政府对新型农业发展高度重视，在"十四五"规划中提出"打造数字农业先行区，农业多功能示范区、乡村建设样板区"的总体发展定位，要求深入推进都市型现代农业高质量发展。朝来农艺园依托《北京市朝阳区国家数字农业创新应用基地建设项目（设施蔬菜）》，作为项目重点建设基地，在朝来农艺园 2 栋连栋温室、19 栋日光温室、1 座加工冷藏车间进行数字化建设，推进朝阳区设施农业的数字化、工厂化、高效化发展，来广营乡政府将朝来农艺园建设国家级数字农业创新应用基地作为乡政府的重点工作之一，予以高度支持。

一、基本情况

朝来农艺园坐落在朝阳区来广营乡，始建于 1996 年，是北京市首批都市农业项目，也是当时全区设施农业的重点工程。园区于 1997 年 6 月正式开放，总面积 239 亩（耕种面积 63 亩），园区紧邻北五环与京承高速，交通便利，是朝阳区北郊近五环唯一农业园区。园区曾先后引种过 10 多个国家和地区的 100 多种名、特、优、新蔬菜品种，年接待参观人数可达五万人次。作为设施农业的发展典范，创造了朝来农艺园绿色农产品品牌，曾先后被授予"工厂化高效农业朝阳示范区""全国科普教育基地""全国农业旅游示范点""国家级农业标准化示范基地"等多项荣誉称号。

园区一直定位于高科技农业展示窗口，重点发展绿色农业、设施农业、精品农业。在设施蔬菜种植方面有着良好的科研基础，与中国农业科学院、中国农业大学、北京农学院等科研院所都有着良好的合作关系，园区专业技术人员拥有丰富的工作经验，具有数字设施农业技术研发及推广能力。

2021 年开始，园区依托国家数字设施农业创新应用基地建设项目开展数字化建设，将园区建设成为了集设施农业育苗、生产、仓储、加工为一体的现代化农业生产型园区，打造了首都乡村振兴数字经济农业示范园区。

二、建设内容

（一）技术路线

1. 强化技术赋能，以数字技术加速园区智慧农业发展

瞄准集约化育苗、生产过程管理、质量追溯、采后处理 4 个环节，在 2 栋连栋温室、19 栋日光温室开展设施温室高标准智能化建设。通过工厂化育苗、温室环境综合调控、智慧生产管理、水肥药调控管理、病虫害预警监控、质量安全追溯、采后商品化处理以及数据管理中心8个工程建设，实现朝来农艺园设施蔬菜生产全环节数字化改造提升，建成北京市首个全国产化智能装备连栋温室，并在多种类型设施温室进行智能化应用示范。依托人工智能设施生产控制策略，实现了对育苗过程、生产环境、病虫害控制、采后处理等关键环节的综合联动智能调控，达到"变经验为科学、变人力为智控"的效果，实现了国产化物联网、云计算、数据处理、AI控制等技术的落地集成应用，打造了集"靶场""标杆""孵化器"于一体的应用示范基地。

2. 突出功能融合，建设乡村振兴数字经济农业示范园区

对标数字农业靶场标杆试验田，围绕广大市民日益增长的农业科技展示、农业科普教育、农业观光示范、农业休闲体验等需求，进行数字农业展示区、示范参观区、新技术新产品示范区（无人农场）、高效种植区、加工冷藏区、标准种植区六大功能区场景建设和提升，提高朝来农艺园农业多功能服务能力和体验效果，集聚市民人气和吸引消费，与园区数字农业生产形成联动效应，打造成集农、文、旅于一体的都市科技农业示范园，形成北京市都市型现代农业新名片。

（二）主要技术

1. 全国产化连栋温室智能装备集成应用技术

联合国家农业信息化工程技术研究中心、北京市农业技术推广站、数字农业高新技术企业等国内领先技术力量，实现国产化物联网、云计算、数据处理、AI控制等技术的落地应用，打破设施农业科技"卡脖子"问题，打造国产化、智能化生产集成应用体系。

2. 基于人工智能技术的设施智能化控制体系

针对生产上大面积应用的日光温室自动化程度低的情况，应用物联网、人工智能等信息技术，建立了一套适用于日光温室的设施智能控制体系，通过各类智能装备精准控制温室温度、湿度、水肥、二氧化碳等环境参数，通过环境策略进行温室光、温、水、气的智能控制，实现生产环节的标准化管理。

3. 数字化高效栽培技术

改变以前信息技术单一示范的模式，将各类高新信息技术引入椰糠基质栽培、水培等高效栽培技术体系中，信息技术集成应用高度吻合栽培过程生产需求，充分发挥信息技术的聚变效应。

三、推广应用情况

项目推进了数字技术与高效设施农业发展深度融合，充分发挥了物联网、智能装备、区块链及大数据等先进数字技术在设施农业领域的应用。通过推广应用设施育苗、种植、产后加工、仓储物流、休闲体验等生产全环节的数字化技术，实现了相关技术产品集成应用示范、中试熟化、标准验证，推动了设施农业产业数据汇总集成和开放共享，加快了北京市农业数字化改造升级。

园区通过工厂化育苗，为朝阳区提供了更多优质的蔬菜种苗，通过探索适合朝阳都市农业设施智能化改造的模式，形成了一套适用于朝阳设施农业数字化转型的发展路径，也为全市提供了一套可复制、可推广的都市农业数字化发展模式。

四、项目效益

（一）经济效益

提升了设施农业现代化生产管理水平，显著增产增效，节约了生产成本。通过设施环境综合控制，为设施蔬菜提供最佳生长环境，提高园区蔬菜精准化控制、智能化生产，提升了蔬菜品质，实现示范区蔬菜增产10%，采后商品率提高10%；通过为园区提供工厂化育苗、自动化控制、病虫害防控、水肥药精准控制，提高生产效率，实现了示范区劳动用工费用减少30%、农资投入减少10%，每年可为园区带来经济效益600万元。

（二）社会效益

实现了设施农业智能化生产和数字化管理，达到了朝阳区设施产能扩大、节约成本、减少污染、品质提升、效率提高等效果，实现产品和技术规模化输出，打造了朝阳区农业"特色品牌"，对北京市设施农业园区起到示范引领作用。同时，以点带面促进朝阳农业数字化转型，通过试点园区的示范作用，带动周边园区（圣露、中农春雨、都市农汇等）数字化转型，形成"园外园、园+园"的协同发展、主题互补发展模式，为消费者提供数字休闲体验、科普教育等都市农业体验。

（三）生态效益

促进农业精准管理，走节约集约、节本高效的内涵式发展道路，持续推进设施农业投入品精准高效利用，水、肥、药等农业投入品使用降低10%以上，助力北京市打好农业农村污染防治攻坚战，维护北京市的绿水青山。同时，发挥数字技术与生态景观、生态文化的融合体验价值，挖掘朝阳农业生态和文化价值，形成数字化展示、体验中心，打造朝阳农业的数字文化名片。

（执笔人：周京东，北京朝来农艺园有限责任公司）

智慧果园关键应用场景研究与应用示范

近年，果树产业发展迅速，科技创新能力快速增强，基础设施配套步伐加快，但果园普遍存在管理缺乏科学数据、种植不规范、劳动强度大等问题，难以实现果园的标准化、信息化和现代化生产，同时人们对于水果的产量、品质、安全等提出了更高的要求，果业迫切需要向机械化、信息化迈进，发展智慧果园大势所趋。以习近平新时代中国特色社会主义思想为指导，进一步落实乡村振兴战略，在农业农村部信息中心、北京市科委以及北京市农业农村局等部门的指导和项目支持下，在北京市农林科学院信息技术研究中心和北京市农林科学院智能装备技术研究中心科技成果的基础上，基于大数据、物联网、人工智能等新一代信息技术，派得伟业公司应用开发并系统集成了智慧果园技术装备，为果业全产业链智慧化生产、管理、服务提供了一个专业化解决方案。

一、主要做法

（一）探索部署果园"天空地"一体化数据采集监测网络

开展无人机遥感监测系统、气象环境与土壤墒情监测系统、果园虫情监测预警系统以及图像视频采集与病害 AI 识别系统研究，实现虫情、墒情、灾情和果树长势等的自动监测、智能诊断和应急预警。

（二）集成研制果园宜机化简约省力智能装备

开展水肥精准投入装置、自动导航精准喷药机、无人驾驶割草机、果园自走式采摘作业平台、自动巡检作业无人车等智能农机具研制，实现果园农事的自动控制、精细投入和省时省力。

（三）研究开发智慧果园综合管理服务平台

明确果树产业相关"人事物"的关联关系，对果园环境、病虫害、农机作业和生产管理等数据进行采集、存储和加工，实现对果园远程作业、可视展示与统一管理。

（四）搭建智慧果园应用场景及典型示范

优先选择果园中规模较大、基础条件较好、标准化程度较高的苹果和桃基地，创新搭建果园剪枝采摘作业、水肥精准投入、打药、割草和运输等简约省力作业应用场景，加快新基建赋能苹果和桃产业的场景化可复制应用。

二、取得成效

（一）开展关键技术攻关，提升技术创新能力

该项目涉及多传感融合、无人机光谱、智能农机与无人驾驶、人工智能与深度学习等关键技术攻关，并在以下方面开展创新研究：①高性能果园传感器设计的测试实验的应用创新。根据果园环境采集的专业传感器耐高温、耐风雨沙腐蚀、长期稳定运行等个性需求，创新设计通过 EMC、高低温、震动、腐蚀、老化、实地 1 年无故障运行等性能测试的果园专用传感器，提高果园环境数据采集的可靠性和稳定性。②基于农业人工智能的病害虫情诊断和农事行为识别的技术集成创新。结合视频监测、虫情监测和智能手机终端，

基于图像处理、深度学习、数据挖掘等技术，提出了基于 AI 深度学习的果树病害虫情和农事作业的智能识别方法，应用创新研制果园微调 ImageNet 预训练的 DenseNet-169 模型，对果树常见病害、虫情、农事作业动作的图像样本进行数据预处理与模型训练，显著提高果树植保工作的智慧化提升效率。

（二）智慧果园示范应用效果良好

果园全产业链智能生产管理与质量安全溯源的应用可提高果品产量与整体品质和农业服务业附加收益，得到了越来越多果农和主管部门的认可和赞许。给不同用户的主要效果体现在：一是为主管部门提供果业客观数据，心里有数、有的放矢；二是为果园老板提高了果园管理效率，其中在北京市昌平区天汇园苹果基地和平谷区绿农兴云果品产业专业合作社桃基地等用户使用反馈：与原有的传统果树种植方式相比，本成果方案在节水、节肥、节药等方面效果明显，提高果园的精细化管理水平，智能灌溉与水肥药一体化的应用预节水 30％、减少施肥用量 15％、减少农药用量 10％，有效提高果树产量与品质，并结合农旅和新媒体，提高采摘配送等服务附加收益；三是为果园工人降低果园农事作业难度和强度，省时省力；四是为消费者减少果品安全顾虑，增加对品牌果品消费。

（三）智慧果园推广价值高，可持续发展前景广阔

中国工程院赵春江院士表示，"智慧果园是将现代信息科技和智能化的装备与果园生产的各个环节深度融合，实现定量决策、精准投入和数字化、智能化管理的一种新型的生产方式。发展智慧果园对提高果业生产水平，发展现代农业具有重要意义"。按照"择优示范、打造典型""统一标准、规范建设""强化宣传、组织培训""拓展产业、辐射推广"的原则，已将智慧果园模式推广到北京、安徽、山东、四川等多省市的规模化果园进行示范应用，选择了苹果（北京市昌平区）、桃（北京市平谷区）、血橙（四川省内江市资中县）、酥梨（安徽省宿州市砀山县）等特色果进行试点，成功发挥了辐射带动作用，体现了智慧果园模式可复制、可推广的特性，值得向京津冀乃至全国转化推广。随着产品销售的逐步开展，其价值逐渐显现之后，相应的附加收益也必将逐步增加。

未来，智慧果园将继续加强与高性能农业专用传感器、农机农艺和信息化的深度融合、智能化农机装备与智慧化应用场景等方面的自主研发创新与集成应用，助力果树产业插上科技的翅膀而振兴腾飞！

（执笔人：吴建伟，北京派得伟业科技发展有限公司）

休闲农业与
农业绿色发展

2021年北京市乡村休闲旅游产业发展报告

乡村休闲旅游产业是提升农业价值链、促进乡村产业兴旺、改善农村人居环境、推动城乡一体化发展、带动农民就地就业增收、拉动城乡居民消费的有效途径和重要载体，在乡村振兴战略中扮演着重要的角色。北京市是全国最早发展乡村休闲旅游产业的地区之一。近几年，京郊乡村休闲旅游行业接连遭受"大棚房"问题专项整治和新冠肺炎疫情的冲击，行业规范化进程加快，随着政府扶持、行业自救的持续进行，疫情间隙迅速复工复产，并在节假日出现了小热潮，表现出强大的韧性。

一、基本情况

（一）产业规模

2021年，在疫情防控常态化背景下，政府和民众都更加注重健康和安全，市民出游方式以短途游、周边游、区域内"微度假"为主，选择京郊乡村游的游客逐渐增多。北京市统计局数据显示，截至2021年年底，全市有观光农业园1 009个，同比增长9%。这是自2016年以来首次实现止跌，并突破千家。全市观光农业园实现总收入18.45亿元，同比增长19%，恢复到2019年数据的近八成，接待人次1 153.38万人次，同比增长33%。

伴随全市休闲农业提质增效，其社会效益更加凸显，在带动农民就业增收、农产品销售等方面效果显著。2021年，全市休闲农业带动农产品销售收入10.1亿元，带动农民就业3.38万人；农村居民人均可支配收入3.33万元，是2012年的2.16倍。

得益于独特的产业属性，乡村休闲旅游业在促进乡村产业振兴、人才振兴、文化振兴、生态振兴和组织振兴方面有其难以替代的优势。党的十八大以来，首都发展实践已经显现出乡村休闲旅游业在推动乡村振兴中的强大动能，涌现了一批以昌平区十三陵镇仙人洞村和密云区溪翁庄镇尖岩村为代表的村集体主导的发展模式；以门头沟区清水镇洪水口村、密云区溪翁庄镇金叵罗村为代表的"村集体＋农民专业合作社"发展模式；以延庆区刘斌堡乡姚官岭村、下虎叫村，房山区周口店镇黄山店村、顺义区龙湾屯镇柳庄户村、门头沟区清水镇梁家庄村为代表的"社会资本＋村集体"主导的发展模式；以怀柔区渤海镇六渡河村为代表的原住民与外来经营者共同主导的发展模式，形成了以农民为主体，以村集体为主导，以企业、新农人等多元助力的休闲农业助推乡村振兴发展新趋势，乡村休闲旅游业已成为京郊大地新的经济增长点。

2021年，北京市延庆区（全国排名第一，得分100分）、怀柔区获评首批全国休闲农业重点县。门头沟区雁翅镇田庄村、大兴区礼贤镇龙头村、平谷区大华子镇梯子峪村、房山区大石窝镇王家磨村被农业农村部评选为"中国美丽休闲乡村"。

（二）发展特征

1. 周边游趋势明显，恢复性增长态势明显

在 2021 年疫情防控常态化背景下，北京市乡村休闲旅游行业总体正常运行。同时，受出京限制影响，市民出游方式以短途游、周边游、"微度假"为主，为京郊乡村休闲旅游带来了新的市场机遇。根据北京市统计局发布的数据，2021 年，全市休闲农业与乡村旅游总接待量与总收入较 2020 年有显著增长，年接待 2 520.2 万人次，较上年增长 34.2%，实现收入 32.6 亿元，较上年增长 30.4%，两项数据分别已恢复到 2019 年的 73% 和 87%。

针对短途游、周边游、"微度假"的需求，应进一步完善基础设施建设，提升乡村游的舒适度，加强休闲农业精品线路沿线农村人居环境整治和村容村貌改善。应深化"交旅融合"发展，完善郊区公路沿线旅游标识系统和休憩节点建设，根据各景区景点的特点增加公共交通种类与车次。经营单位应强化管理，灵活使用现有空间，适当增加旺季停车位，以满足更多自驾游客的需求。

2. 游客人均消费增长，消费需求逐步释放

随着乡村旅游转型升级，北京市乡村休闲旅游消费需求逐步提升。2021 年全市乡村休闲旅游游客人均消费 148.28 元，同比增长 9.84%。

3. 建党百年活动反响热烈，促成北京乡村休闲旅游高峰

在首都开展的建党百年活动反响热烈，京郊纷纷推出红色旅游项目，吸引了大量的党建活动。叠加暑假的因素，促成了 7 月京郊游高峰。2021 年 7 月，北京市乡村休闲旅游接待量达 354.58 万人次，占全年的 12.92%。

4. 环球影城带动效应明显，京外游客增长迅速

环球度假区拉动周边消费市场效应凸显，北京市成为 2021 年全国热门旅游目的地。在此带动下，京郊乡村休闲旅游的京外游客量增长明显，京外游客量达到 1 255.56 万人次，同比增长 40.92%。同时，环球度假区溢出效应凸显，通州区游客量达到 88.62 万人次，同比增长 131.38%。

据报道，北京环球度假区在正式开园后每年游客量将到达 1 200 万人次，后续项目建成预计客流量将上升到每年 3 500 万人次。在充分利用环球度假区的"溢出效应"的各项规划工作中，应充分考虑乡村产业发展的需求，丰富周边乡村休闲旅游产品，补齐乡村休闲旅游供给侧结构短板，满足游客多样化、个性化需求，带动周边农村集体经济发展壮大，促进农民增收。

5. 冬奥推广活动频繁，带动冬季游客增长

京郊各区以助力冬奥会为主题，开启了多条冬季精品旅游线路，开展了丰富多彩的冬季冰雪运动特色活动，加上农村取暖条件的改善，吸引了更多市民。因此，2021 年第四季度接待游客同比增长 18.96%。

冰雪资源是重要的乡村休闲资源。应以 2022 年北京冬季奥运会为契机，以"体育牵引、文旅赋能、乡村互动"为主旨，大力发展京郊冬季乡村游市场，开拓冬季特色体验产

品线，通过冰雪运动、乡村冰雪景观、冬季民俗节庆、乡村特色餐饮配套等丰富多彩的内容吸引更多冰雪爱好者进乡村，将习近平总书记"冰天雪地也是金山银山"的论断变为现实。

6. 乡村民宿提质升级，带动休闲经济增长

随着鼓励、规范政策的出台，北京市乡村民宿迅速朝着特色化、精品化、规模化方向发展，为游客提供高品质休闲体验的同时，有效地延长了游客停留时间，刺激了游客消费，推动经济效益提升。2021年北京市乡村休闲旅游过夜游客接待量为509.89万人次，占北京市乡村休闲旅游总旅游人次的18.58%。

下一步，行业主管部门应积极鼓励社会力量与农村集体经济组织有机结合的民宿发展新模式，鼓励行业协会开设民宿学院，完善民宿建设及运营标准，有计划地组织培训学习，定期开展与乡村休闲旅游、民宿相关讲座，提升从业人员的整体服务水平，同时积极培育与民宿集聚区相配套的商业消费业态，形成乡村版消费商圈，满足更多中高消费人群的需求。

7. 区域发展不平衡，北高南低局面短期较难突破

北京市农村经济研究中心对13个涉农区的分区年游客量统计显示，密云区、怀柔区和延庆区接待量排名前三。年接待游客量超过300万人次的为密云区（465.69万人次）、怀柔区（435.29万人次）、延庆区（389.39万人次）、平谷区（324.42万人次），占比分别为16.97%、15.86%、14.19%、11.82%。年接待游客量在200万～300万人次之间的有昌平区（214.25万人次），在100万～200万人次之间的有顺义区、丰台区、门头沟区、大兴区、房山区，不足100万人次的是通州区、海淀区、朝阳区。整体来看，全市乡村休闲旅游游客量的空间分布存在明显差异性，北部燕山区域游客接待量明显多于东南部平原地区和西部太行山区域。

对于目前全市乡村休闲旅游空间分布的不均衡性，建议充分挖掘和利用现有资源，发展南部、西部区域的乡村休闲旅游项目，促进北京市乡村休闲旅游的均衡发展。如太行山区有着丰富的山地旅游资源、红色旅游资源、矿山旅游资源，平原地区有丰富的特色农业资源，应充分依托资源禀赋，与美丽乡村建设相融合，与特色农产品的花季、果季相结合，有效盘活、释放资源价值，丰富供给，满足市场需求，促进全市乡村休闲旅游均衡发展。

二、主要工作

（一）出台休闲农业"十百千万"畅游行动计划

为深入贯彻落实国务院《关于促进乡村产业振兴的指导意见》《北京城市总体规划（2016—2035年）》《北京市乡村振兴战略规划（2018—2022年）》要求，积极发展休闲农业，打造休闲农业精品，推进一二三产业深度融合，实现农民创业增收，满足市民休闲需求，提升北京市休闲农业发展水平，北京市农业农村局和北京市财政局在2020年4月30日印发《北京市休闲农业"十百千万"畅游行动实施意见》（京政农发〔2020〕53号）。该实施意见提出，着力打造十余条精品线路、创建百余个美丽休闲乡村、提升千余个休闲农业园区、改造近万家民俗接待户（简称休闲农业"十百千万"畅游行动），全面构建覆盖北京市各区、乡村、园区与农户的全要素配套、全方位布局、多层次提升的休闲农业产业体系，提高对农户增收的贡献率、市民对休闲农业的认知率，实现休闲农业提质增效，推动休闲农业高质量发展。

1. 打造十余条休闲农业精品线路

以美丽休闲乡村、传统村落、生态景观田、休闲农业园区、民俗接待户等休闲农业经营节点为依托，合理布局资源，连点成线，打造区位优势明显、基础设施完善、生态环境优美、农民创业致富的景观线路、产业线路和人文线路。支持北京市各区申报建设市级和区级休闲农业精品线路，支持延庆、怀柔积极创建全国休闲农业重点县（区）①。

同时，围绕长城文化、大运河文化和西山永定河文化三个文化带，打造市级跨区域休闲农业精品线路。结合资源禀赋，打造区域特色鲜明的休闲农业精品线路。鼓励各区结合农业文化遗产、非遗传承、地标产品（地理标志产品、原产地认证、GAP 认证）、"一村一品"等特色产业，打造各具特色的休闲农业精品线路。并打造以山、泉、水为特色的百泉汤河线路：突出怀柔山水文化特性，从雁栖镇的雁栖湖、怀北镇的百泉山、琉璃庙镇的白河湾到喇叭沟门乡的白桦林，依托怀山柔水、森林氧吧、万亩白桦林及众多休闲农业节点，形成 110 余千米的百泉汤河线路。打造以古御道文化为特色的京西古道线路：突出门头沟古御道文化特色，从琉璃渠村沿永定河到沿河城，依托传统村落、古商道、古长城、古城、永定河、湿地玫瑰谷、神仙峪和地理标志特产京白梨、大樱桃、京西白蜜，形成 100 余千米的京西古道线路。打造以园艺观光体验为特色的乐享妫川线路：突出延庆独特的历史文化资源和山水资源，从百里山水画廊到八达岭长城脚下，依托丰富的山、水、湿地、休闲园区、精品民宿、世园会园区和冰雪资源，连点成线，形成 150 余千米的乐享妫川线路等。

2. 创建百余个美丽休闲乡村

结合北京市美丽乡村建设，打造百余个地方特色突出、产业功能多元、乡村文化浓郁、村容精致独特、精神风貌良好的美丽休闲乡村。

突出村庄特色优势。优化自然环境，丰富生态资源，突出产业特色，整合农业生产功能与休闲功能，推动一二三产业深度融合，以休闲农业产业发展联农带农，带动本地农民创业就业。完善配套服务设施。协调吃住行游购娱学等要素，合理配置餐饮、住宿、体验、康养、文化展示等设施。结合自然生态文化资源，合理利用闲置资源发展休闲农业。强化乡村品牌建设。依托稀缺资源优势和乡土符号，建设休闲农业示范带动作用强的美丽休闲乡村，鼓励发展成为中小学及各类大专院校的培训实训基地。

3. 提升千余个休闲农业园

围绕产业发展、绿色生态、示范带动，鼓励园区提高科技支撑和经营管理水平，加强产品质量安全检测，落实标准化生产，科学规范合理安排配套设施建设，开展高效节水、有机、绿色生产、地理标志认证，支持园区联农带农，走一二三产业融合发展之路。提升

---

① 2021 年 10 月，北京市延庆区、怀柔区正式被农业农村部认定为首批全国休闲农业重点县。

一批精品观光采摘、农业文化遗产、非遗文化体验、教育科普体验、生态体验和康养体验等特色休闲农业园。鼓励各区创建市级以上星级休闲农业园。

4. 改造近万家民俗接待户

鼓励支持民俗接待户规范经营管理、完善安全设施、美化内外环境、明确主题定位、提升文化内涵、增加休闲体验，升级成为乡村民宿。鼓励村集体经济组织统筹考虑村庄的区位条件、资源禀赋、市政交通、环境容量和产业发展基础，通过作价回购、统一租赁、农户入股合作等形式，整合闲置农宅资源，进行自主经营或对外合作，发展乡村民宿，增加村集体和村民收入。鼓励农户利用自有合法宅基地，发展乡村民宿，利用自留地或承包地设计农村劳作体验、农业生产活动体验。

改造一批特色文化为主题的民俗接待户。以京郊丰富的民俗文化、农耕文化和非遗文化为依托，重点围绕古长城、大西山、大运河文化，结合乡土风情和民族特色，丰富休闲文化内涵，提升一批特色文化主题乡村民宿。改造一批自然景观为主题的民俗接待户。改造一批体验参与为主题的民俗接待户。改造一批特色餐饮为主题的民俗接待户。

为完善项目储备和管理机制，北京市农业农村局开始建立休闲农业"十百千万"畅游行动项目库，组织各区编制本区预算项目，按照"先审核、后入库、再安排预算"的流程，实现对各区休闲农业项目规范化、精细化、程序化管理。截至2022年3月，各区初步报送项目391个，资金6.36777亿元。为提高财政资金使用效益，市农业农村局产业发展处开始组织编制《北京市休闲农业"十百千万"畅游行动资金管理办法》。

（二）编制"十四五"时期全市休闲农业发展规划

市农业农村局把促进休闲农业与乡村旅游提档升级作为重要任务。从2020年下半年开始，根据中共中央、国务院印发的《乡村振兴战略规划（2018—2022年）》及北京市规划和国土资源管理委员会下发的《北京市城市总体规划（2016—2035年）》要求，结合各分区规划，坚持休闲农业与美丽乡村建设、都市型现代农业融合发展的思路，认真科学谋划北京市休闲农业"十四五"规划及《北京市乡村振兴战略规划（2018—2022年）》。

2021年7月31日，市政府印发《北京市"十四五"时期乡村振兴战略实施规划》（京政发〔2021〕20号）。规划明确，坚持服务首都、富裕农民的方针，深入发掘农业农村多种功能和价值，打造农业全产业链，拓展乡村产业增效空间，创造更多就业增收机会。规划提出，做精休闲农业和乡村旅游，推动全市休闲农业高质量发展，致力于精心设计吸引人、精细服务留住人、精致感受打动人，打造温暖、近距离休闲农业精品项目。规划强调，深入实施"十百千万"畅游行动，打造十余条精品线路、创建百余个美丽休闲乡村、提升千余个休闲农业园区、改造近万家民俗接待户。推出一批乡村精品民宿，打造一批乡村民宿特色乡镇，实现全市乡村民宿从规模到质量的全面提升。落实新时代大中小学劳动教育要求，建设一批青少年农耕文化实践教育基地、乡村综合体。鼓励发展乡村健身休闲产业。规划提出，到2025年，全市休闲农业和乡村旅游年接待达到4000万人次，经营收入达到50亿元。

（三）实施休闲农业等级划分与评定地方标准

高质量发展，标准是基础。2021 年 3 月，由北京市农村经济研究中心和北京观光休闲农业行业协会编写，市农业农村局归口实施的地方标准《休闲农业园区等级划分与评定》（DB11/T1830 - 2021）正式发布。该标准在广泛调研的基础上，立足休闲农业产业用地、资源环境、营业管理的刚性约束现状，紧紧把握当前政策要求，聚焦"以农为本"，突出农业特色、产业带动和城乡融合。标准强化了农业基础，针对休闲农业园区的农业种养殖面积、农产品品质、利益联结机制等设置了专项指标，巩固农业产业基础。标准强调了合法合规，将休闲农业园的营业场所、附属设施符合北京城市总体规划、分区规划及镇（乡）域规划、控制性详细规划等作为申报星级的必要条件。与此同时，标准增加了体验活动和服务要求的评价分值，引导休闲农业园区丰富休闲体验内容、提升服务水平，弱化了对食宿设施的要求，增加"园区周边 3 千米范围内有餐饮经营"和"周边 5 千米范围内有住宿经营"的赋分项，引导园区与周边业态互动联营，培育产业集聚区。

标准发布实施之后，北京观光休闲农业行业协会随即开展了新一批星级休闲农业园区的评定工作，共评定 79 家星级休闲农业园区，其中五星级 13 家、四星级 21 家、三星级 45 家，树立了一批新典型，推动了北京市乡村休闲旅游产业规范化发展。

（四）启动休闲农业专家辅导团制度

2021 年 4 月 1 日，为支持休闲农业"十百千万"畅游行动有效实施，北京市农业农村局启动休闲农业专家辅导团制度，并出台《北京市休闲农业专家辅导团管理办法》，切实解决经营主体尤其是农户经营中存在的产品创新不够、文化挖掘不足、带动增收不足等"最后一公里"问题。辅导团专家招募的要求为具有较高的学术水平、丰富的实践经验、良好的职业道德，须对"三农"有感情、有情怀，并且满足相关专业条件。专家专业领域包括旅游管理、规划设计、活动策划、发展战略、农耕文化、创意农业、生态环保、美学设计、设施设备、土建施工、政策项目、营销推广、投资融资、电子商务、花卉园艺、农业技术和其他领域。辅导团的任务包括辅导区域整体培优工程、休闲农业精品线路打造、美丽休闲乡村创建、休闲农业园区提升以及民俗接待户和乡村民宿改造。

截至 2022 年 3 月，已有 82 名专家个人和 6 个专家团队入选首批休闲农业辅导团，正在京郊大地如火如荼地开展对接服务工作，确立了三级培训、休闲农业"知乎"平台、现场说法、定点帮扶等辅导模式，对接经营主体，创新产品开发，挖掘乡村文化资源，设计优秀农文旅融合作品，更好满足市民休闲需求。

（五）加强"京华乡韵"品牌创建和宣传推广

北京市农业农村局创设了全市休闲农业区域品牌"京华乡韵"。从字面诠释，"京"，北京；"华"，美丽而有光彩，体现首善、诠释高度；"乡"，乡村、乡愁、家乡等，内容丰富；"韵"，韵味、底蕴，体现人文气息，彰显产业灵魂与温度。从内容诠释，"京华乡韵"既包含了文化传承、亲子研学、生态体验等新业态，又包含了乡村综合体、"三原"民宿

（原住民、原住地风格、原生态文化）等新理念、新模式，旨在打造与首都城市战略定位高度契合的休闲农业产业体系。与此同时，北京市农业农村局开发了"京华乡韵"小程序，推广应用到各区，引领全市休闲农业高质量发展。

2021年，北京市农业农村局联合市文化和旅游局，在海淀区、顺义区、门头沟区、怀柔区分别开展四次"京华乡韵——逛京郊·品京品·享京韵"休闲农业推介活动，推介京彩线路、京韵乡村、精致园区、京味民宿等内容，并同步举办休闲农业高质量发展论坛。在海淀的活动上发布了"京华乡韵"掌上游小程序；在顺义发布了"2021年北京乡村特色美食"、北京市十大净菜加工企业；在门头沟发布了"20个美丽休闲乡村"名单；在怀柔发布了"十大杰出创业女庄主"名单。全年开展了"乐骑京郊"骑行、世界冠军游京郊、"京华乡韵·樱桃擂台赛"等活动，累计吸引千余名休闲农业知名专家、学者、新农人以及基层工作者参加，为疫情常态化背景下的休闲农业注入新动能。

2021年，北京观光休闲农业行业协会通过"北京休闲农业"微信服务号，服务号开始推送政策解读、采摘推荐、民宿推荐、休闲农业园区推荐、休闲农业活动推荐等各类信息46次约236条，其中包括"北京市休闲农业园疫情防控倡议书""农村地区新冠肺炎疫情防控提示"等行业引导信息和"春光乍泄""暑假余额""京华秋韵""京华冬韵""乡约冬奥"等专题信息。

北京市农村经济研究中心与北京国际设计周组委会合作，开展以"聆听乡村故事、发现乡村之美、重塑乡村价值"为主题的"北京国际设计周·2021艺术乡村主题展"，推动艺术振兴乡村新实验。

三、发展亮点

（一）提收益强带动，夯实农业基础

农业的休闲功能是其保障供给的基本功能之上的延伸功能。从中央农村工作会议的精神来看，确保粮食安全是农村工作的首要任务，农业生产的根本性地位不能动摇。在寸土寸金的北京，提升亩产收益，增加农业收入，夯实农业基础，是休闲农业园区企业根本的任务。

技术创新提升亩产。通州区金果天地庄园建立之初就引进国际上比较先进的矮化密植技术及节水灌溉技术，经过多年的实践探索，自创果树简易修剪法，并申请了技术专利，农产品产量是传统种植的2~3倍。

提高品质提升亩产。延庆区唐家堡设施葡萄采摘园和南山健源多年来深耕农业，打造延庆特色有机农产品葡萄和苹果，高品质使其葡萄的销售价格常年保持80~120元/斤，是市场价格的十几倍，却依然供不应求。

科技引入提升亩产。平谷区沱沱工社坚持有机种植，融入高科技，从意大利引进FertiMix-GO水肥一体机，精准施肥，引进高压微雾设备，在需要时快速降低棚内温度，提高棚内相对湿度，采用生物防治、臭氧杀虫等防治病虫害，生产出符合国内有机标准和美国有机标准双重认证的蔬果，得到高端市场认可。

技术输出带动发展。平谷区欢乐蜂场定期对周边及其他区的蜂农进行免费的养蜂技术培训，提升周边蜂蜜品质，形成蜂产业规模发展。

（二）补短板强内容，打造农庄软实力

中央农村工作会议强调，"对脱贫地区产业帮扶还要继续，补上技术、设施、营销等短板，促进产业提档升级"。延展到乡村休闲旅游业，同样需要补短板强内容促升级。

补产品短板提升农产品附加值。平谷区欢乐蜂场开发了二十余种蜂衍生产品，不仅可以作为互动体验制作产品，更是很好的伴手礼，其设计的巢蜜产品，不仅受到市场的欢迎，更是将蜂农的收入提升五倍之多，并且园区还结合平谷特色菊花开发了蜂蜜菊花宴和特色蜂蜜宴，丰富了游客体验。

补营销短板打造农产品品牌。门头沟区妙峰骑行小镇改良并提升当地特色农产品制作的传统技艺，推出咯吱、京白梨汤、香椿酱等产品，注册了"十市香椿""担礼""妙峰咯吱"等品牌，园区成立合作社将当地特色农产品整合，并在商业区开设"城市与农村的联络站"进行特色农产品销售，园区开发的咯吱菜肴获得精品民宿美食大赛银奖。

横向扩展，增加体验内容。房山区作为国家现代农业示范区在"农业＋"体现得淋漓尽致，农趣大观园重点打造科普实践课程，将科技、航空、消防、安全、非遗等融入课程中，受到中小学生的欢迎。

纵向挖掘，增加体验深度。密云区邑仕庄园深度挖掘葡萄产业链各环节设计科普教育内容，从葡萄种植、采收、酿造到葡萄酒品尝都设计了相关科普内容，并且结合 VR 设备、提纯葡萄酒香精等方式让游客及校外课堂的学生从眼耳口鼻多重感官去感受葡萄酒文化，提升园区的可玩性。

（三）促销售保分红，完善利益联结机制

2021 年 6 月 1 日起施行的《中华人民共和国乡村振兴促进法》第五十五条规定：国家鼓励社会资本到乡村发展与农民利益联结型项目，鼓励城市居民到乡村旅游、休闲度假、养生养老等，但不得破坏乡村生态环境，不得损害农村集体经济组织及其成员的合法权益。在政策法规的引导下，北京市乡村休闲旅游产业走出了一条联农带农的道路。

搭媒介带农增收。通州区曹女阳光农场年轻的农场主回乡创业后与周边农户成立合作社，利用网络媒体平台，销售有机樱桃，分享农场美好田园生活，拥有十几万流量，农产品销售效果显著，并借助环球影城开放时机，召集村内开出租车的村民，为村里民宿拉客引流。

引渠道带农销售。顺义区纯然农场充分发挥自身渠道优势为周边乡村及休闲农业园进行带货，既满足会员需求，又带农致富。

保分红带农致富。延庆区华海田园天文科普教育基地接收村里普通用工和残疾人用工需求的同时，与村集体签订合作协议，不仅保障村集体保底收益，还将园区利润作为分红收益支付村集体。延庆荷府民宿更是在建立之初就设计了与乡村共发展的三步规划，即第一步盘活农村闲置宅基地及农业设施，第二步成立合作社满足村集体的保底收入和就业需

求，第三步带领农民入股分红实现共同富裕，荷府也正是按照这样的计划稳步实施，并扩展到周边乡村，带动力明显。

四、发展展望

（一）有政策，还需细化落实细节

关于休闲用地。北京市规划和自然资源委员会出台《关于加强和规范设施农业用地管理的通知》（京规自发〔2021〕62 号），但具体怎样操作、实施和落地缺乏细则和可操作性强的规范，建议出台正面清单和负面清单，让休闲农业从业者有法可依、有据可查、有流程可遵循。

关于资金使用。《2021 年北京市休闲农业"十百千万"畅游行动项目实施方案》已印发，向各区转移支付了项目资金，应尽快出台休闲农业项目资金管理办法，并进一步完善项目库管理制度，形成申报指南，保障项目有序完成。

关于规划辅导。《北京市休闲农业专家辅导团管理办法（试行）》已印发，应尽快完善辅导团准入和退出机制，吸纳一批新的专家，淘汰部分不合格专家，编写辅导团资源使用手册，帮助经营主体厘清思路、用好资源。

（二）有典型，还需深挖重点推广

北京市已经拥有两个全国休闲农业重点县、56 个中国美丽休闲乡村、224 个北京市休闲农业星级园区，应在评出后整理其特色，并重点挖掘，形成典型模式，可以进行广泛推广——从人物专访、案例模式分享、咨询发布等方面，利用已有媒体进行专题推广；重点对接——将发展基础相似、发展方向相同的乡村和休闲农业园区与典型进行重点对接，让发展中乡村与休闲农业园区可以少走弯路，快速掌握发展要点，增强发展效果。

（三）有宣传，还需系统打造品牌

《2021 年北京市休闲农业"十百千万"畅游行动项目实施方案》出台后，从 2021 年到 2025 年，主管部门每年计划进行 4 场推介活动，发布休闲农业线路、典型特色等，还有 Hi 乡村网站、北京美丽乡村、北京休闲农业、京华乡韵等新媒体平台都在进行宣传，尚未完全形成系统化的、品牌化的宣传板块和矩阵，应持续深化"京华乡韵"品牌的内容，利用新媒体，如抖音、快手等设立"京华乡韵"宣传阵地，进行专业宣传。同时，要利用好"北京消费季"等全市性的宣传平台、推介活动，加大乡村休闲旅游的宣传力度，把乡村休闲消费纳入全市建设国际消费中心的大盘子中谋划。

2022 年 3 月 22 日召开的全市农村工作会强调，要以乡村产业振兴带动农民增收致富，深入推进农村一二三产融合发展，深化农业供给侧结构性改革，推动乡村旅游提档升级，盘活利用闲置农宅，引入社会资本，发展一批乡村民宿精品，培育田园观光、农耕体验、森林康养等新业态，打造消费新热点。在"大城市带动大京郊、大京郊服务大城市"战略的指引下，北京市乡村休闲旅游业必将成为京郊的支柱产业和惠及全市人民的现代服务业，京郊乡村地区必将建设成为提高市民幸福指数的首选休闲度假区域。

（供稿：北京市农业农村局产业发展处、北京市农村经济研究中心、
北京观光休闲农业行业协会）

北京市推进"田长制"及农田保护制度建设研究

北京市的耕地不仅是农民从事大田农业的生产载体，也是市民休闲游憩的共享田园；这些耕地不仅要保障一部分日常的蔬菜和肉蛋奶供应，还要在灾害或疫情危机管理期为整个城市提供一定的应急口粮供应。第三次全国国土调查的成果显示，北京市耕地面积大幅下降，耕地保护面临较大压力。与此同时，还存在地块破碎化、布局分散化、农田质量不高、农田保护激励约束机制不健全等问题。全市农田保护难度增大，农田建设内容需要拓展创新，农田利用方式亟须改善，农田管理水平亟待提升。

一、北京市推进"田长制"现状

党的十八大以来，北京市密集发布了一系列政策文件，扎实推动北京市的耕地保护工作。坚持耕地数量、质量、生态"三位一体"保护，牢牢守住耕地和永久基本农田保护红线。特别是2021年通过全面推行"田长制"、建立耕地保护补偿制度，在压实耕地保护责任和增强耕地保护动力方面迈出了重要步伐，取得了显著成效。

（一）北京市农田基本情况

《北京城市总体规划（2016—2035年）》明确指出，2020年耕地保有量不低于166万亩，2020年基本农田保护面积150万亩。2017年全市划定永久基本农田面积151.6万亩。为了加强耕地保护，应对占补平衡需求，2019年全市确定了200万亩耕地保护空间目标，并利用国土三调阶段性成果进行补充划定。总体来说，北京市农田呈现以下特点：耕地面积较少，近年农用地结构调整强烈；耕地质量水平不高，近年整体产能有所下降；耕地破碎化现象严重，规模连片程度较弱。

1. 耕地面积较少，近年农用地结构调整较大

据统计，新中国成立初期北京市有耕地910万亩，改革开放初期644万亩，1996年全国第一次土地详查耕地面积为516万亩，2009年土地二调耕地面积340万亩。国土三调阶段性成果显示，2019年耕地面积不足150万亩。另据统计，2019年全市农业种植实际占地面积约119万亩，远低于耕地保有量。

2. 耕地质量水平不高，近年整体产能降低

目前涉及耕地质量等级有两套评价指标体系，即农业农村部《耕地质量等级》（GB/T33469－2016）和自然资源部《农用地质量分等规程》（GB/T28407－2012）。农业农村部的《耕地质量等级》是在进行实地调查与化验分析的基础上确定的耕地质量等级，与实际粮食产量密切相关，是对耕地自然属性、基础设施及经营利用状况进行综合调查基础上，依据作物生产力理论综合评价的耕地质量等别。

根据农业农村部门耕地质量等级成果，京郊耕地质量长期定位监测显示，2009—2018年，京郊耕地土壤养分综合指数从 60.5 增长到 70.9，平均每年增长 1.0 个数值。总体上看，耕地中低产田占比较大。2018 年全市耕地质量平均等级为 4.7，四分之三为中低产田。其中，一至三等的高等级耕地占比为 23.50%，四至六等的中等级耕地占比为62.39%，七至十等的低等级耕地占比为 14.11%。

根据自然资源部门耕地分等成果，全国耕地质量等别 1—4 等为优等别地、5—8 等为高等别地、9—12 等为中等别地、13—15 等为低等别地。北京市耕地等别分布在 7—11 等共 5 个等别，8 等地最多，占比为 59.26%，7 等地最少，占比为 0.56%，北京市的耕地质量状况在全国属于中等偏低水平。

将 2018 年的耕地利用等别与 2010 年耕地利用等别占比进行比较，中高等别 8 等、9 等（平原地区）占比下降明显，低等别 10 等、11 等（山区地区）占比提升，折算产能整体下降。

3. 耕地破碎化现象严重，规模连片程度较弱

在已划定的 151.6 万亩永久基本农田中，集中分布在大兴、顺义、延庆、房山、通州、密云、平谷 7 个区，面积分别为 27 万亩、23.7 万亩、20.8 万亩、18.3 万亩、18 万亩、16.2 万亩、10.8 万亩，合计占比为 88.92%。基本农田内旱地面积 32.1 万亩，占比为21.17%。旱地主要分布在延庆、密云、房山和怀柔四个山区，合计占比为 87.23%。

随着平原地区百万亩造林的实施，通州、大兴、顺义、房山等区耕地数量大幅下降，平原地区耕地被林地分割，丘陵山区耕地分散，现有耕地破碎现象明显。根据对基本农田内农业实际用地分析，连片面积不足 50 亩的地块数量占比 85.56%，面积占比为 32.58%。

将北京市基本农田按照规模划片，全市 5 000 亩以上的基本农田共有 46 片，总面积为 55.41 万亩，占基本农田总面积的 36.6%。全市总体基本农田规模连片程度较弱。在这 46 片中，基本农田万亩方有 19 片，总面积为 35.71 万亩，占基本农田总面积的23.6%。基本农田万亩方中，最大的三片区在大兴区 2 片、顺义区 1 片，面积分别为4.98 万亩、4.48 万亩和 3.59 万亩。

（二）全面推行"田长制"，压实耕地保护责任

2021 年，以市委农村工作领导小组名义正式印发《北京市关于全面推行"田长制"的实施意见》，层层压实市、区、镇（乡）、村各级党委和政府耕地保护责任，积极探索农业农村部门及规划和自然资源部门共同保护管理农田的制度建设。

1. 政策设计

一是明确目标任务。牢固树立像保护大熊猫一样保护耕地的理念，以农田优化、保护、建设、利用和管理为关键环节，实行党政同责、清单管理、分级保护、逐级负责、严格问责，保护建设利用好151万亩永久基本农田和15万亩永久基本农田储备区。《北京市关于全面推行"田长制"的实施意见》提出到2021年底，市、区、乡镇、村四级"田长制"责任体系全面建立，相关配套制度基本形成，工作格局基本确立。到2025年，"田长制"配套制度进一步健全，工作机制进一步完善，耕地数量保持稳定，永久基本农田科学合理布局、质量合格、利用水平明显提升。

二是压实责任体系。全市设立市、区两级总田长和市、区、乡镇、村四级田长。市总田长对全市各级"田长制"工作负总责，市级田长负责监督责任区域的"田长制"执行情况，区总田长为第一责任人，负责组织实施本区"田长制"工作，区级田长负责协调督促各责任区域落实"田长制"工作，乡镇和村级田长负责组织实施本区域耕地和永久基本农田保护利用工作。

三是建立工作机制。设置市、区、乡镇"田长制"办公室。市、区"田长制"办公室设在同级农业农村部门，同级规划和自然资源、农业农村部门主要领导共同担任办公室主任。配套建立田长制调度、巡查、考核、信息报送等相关制度。市、区总田长每年至少调度1次，市级田长每年至少开展1次巡查，区级田长每年至少开展2次巡查，乡镇级田长每月至少开展1次巡查，村级田长每周至少开展1次巡查。建立督导考核机制，实行接任、离任交清单制度，把耕地保护作为领导干部自然资源资产离任审计的重要内容。

四是强化政策保障。各级党委和政府是落实"田长制"的责任主体，充分认识实行最严格耕地保护制度的极端重要性，把推行"田长制"作为抓好"三农"工作的关键一招，作为落实"五级书记抓乡村振兴"的重要抓手。强化监督问责，督促工作落实落地落细。加大资金和政策支持。统筹土地出让收入等资金支持符合条件的农田建设保护项目。加快制定北京市耕地保护补偿办法。完善法制保障，加大耕地保护执法处罚力度，坚决防止新的违法违规占地问题发生。

2. 推行情况

一是确立了"田长制"工作框架。

明确"田长制"年度任务清单。经市委书记蔡奇、市长陈吉宁两位市总田长签发，《2021年北京市"田长制"任务清单》以1号市总田长令形式发布，主要内容包括2021年复耕复垦年底现状耕地达到166万亩、年底实现永久基本农田全部为可耕地、坚决制止耕地"非农化"、持续推进乱占耕地建房等专项整治、开展撂荒地全面摸底整治、严格落实百万亩粮菜生产任务、推进高标准农田建设、建立健全"田长制"组织体系和工作机制等8项重点任务。

建立田长制办公室工作架构。印发《北京市"田长制"办公室组建及工作方案》，明确了市田长制办公室工作架构，由市规划和自然资源委、市农业农村局主要领导共同担任市田长制办公室主任，成立了工作专班，下设综合调度组、农田调整优化与巡查执法组、农田建设规划组、农田评估与监测组、农田利用与管护组、信息宣传组六个组，除农田调整优化与巡查执法组设在市规划和自然资源委外，其余设在市农业农村局。"田长制"工作机制运行顺畅，市农业农村局与市规划和自然资源委建立了主要负责人员季联席、主管负责人员月调度、工作专班周调度的工作机制，实现了工作相通、数据共享。

建立了"田长制"配套制度。市田长制办公室制定了《北京市总田长令发布制度》《北京市田长制调度制度》《北京市田长制巡查检查制度》《北京市田长制考核制度》《北京市田长制信息报送制度》5项工作配套制度。市规划和自然资源委制定了《建立"三长联动"一张底图工作方案》，以国土三调数据为基础，推动实现田长制、林长制、河长制图斑数据"一图三落"。市检察院积极牵头建立"田长制＋检察"工作机制，制定了《关于建立"田长制＋检察"协同工作机制的意见》，探索加强信息共享、线索移送、协作保障、普法宣传等机制建设。

二是建立了"田长制"责任体系。

市级田长制责任体系全面建立。设立市总田长、副总田长、市级田长，由市委、市政府领导担任，共16人。市委书记蔡奇、市长陈吉宁两位市总田长签发了市总田长令。市委书记蔡奇3月29日明确提出坚持林长制、河长制、田长制"三长联动、一巡三查"要求，并于7月9日到密云调研乡村振兴时，以"四不两直"方式检查耕地保护情况，要求全面落实"田长制"。市委副书记张延昆、副市长隋振江和卢彦三位市副总田长通过实地调研、工作调度等方式，持续督导田长制工作。各位市级田长认真开展"三长联动、一巡三查"，集中时间到责任区进行"田长制"巡查调研，查看复耕复垦地块、农田种植利用情况，检查基本农田补划进度，及时指导并提出明确要求，有力推动全市"田长制"工作。

各区田长制责任体系基本建立。在区级层面，各区认真贯彻全市田长制文件精神，严格抓好区级田长制实施方案制定，通过区委常委会或区政府常务会研究后，多数以区委农村工作领导小组名义印发。房山区田长制实施方案以区委、区政府办公室名义印发。截至目前，13个涉农区全部出台了区级"田长制"实施方案，设立了区总田长、副总田长和区级田长，明确了责任区域，设立区田长制工作办公室，明确了成员单位和相应职责。在乡镇和村级层面，初步统计，全市186个乡镇（街道）应出台"田长制"工作方案，目前已全部出台；全市3 318个村应建立农田管护队伍，目前累计明确管护员总数5 435人，实现全覆盖，但管护范围、内容及方式需进一步细化。

三是扎实推进"田长制"重点任务。

农田数量方面，着力推进复耕复垦。市规划和自然资源委成立工作专班，按照全市到2021年底耕地保有量不低于166万亩、永久基本农田全部为耕地的目标，着力推进24.69万亩年度复耕复垦任务。

农田利用方面，加快完成撂荒地摸底整治。针对国土三调耕地中未种植撂荒地块开展摸底清查，通过各区核实、市级抽查，针对17.28万亩可种植撂荒地块，2021年以来加强政策引导，强化督导调度，加快种植利用，目前已恢复种植面积13余万亩。对于不具备种植条件地块，积极协调市、区规划和自然资源委通过调整优化或项目整治等方式解决。大力度的撂荒地集中整治为完成2021年粮食种植任务打下了坚实基础，根据农情调度统计，上半年全市粮食播种面积达到 80.2 万亩，同比增加了 6.9 万亩，粮食种植态势实现难得的止跌回升。

"非农化"治理方面，严格做好"大棚房"问题专项整治"回头看"。制定工作方案，建立组织领导体系，重点聚焦"大棚房"三类问题，实行市级抓总、区级落实、部门协同，切实把清理整治措施落到实处。2021 年以来，市、区、镇（乡）、村累计巡查大棚 57.9 万栋次，平均检查三遍，未发现新增"大棚房"问题。

农田建设方面，做好全市永久基本农田规划建设。落实高标准农田年内建设 6 万亩、建成 4 万亩的任务，倒排工期大力推进。制定《北京市高标准农田建设十年规划编制方案》，全面启动规划编制工作。制定《北京市永久基本农田质量调查评估实施方案》，全面启动基本农田质量评估。

（三）加强耕地保护补偿力度，增强保护动力

按照中共中央、国务院关于加强耕地保护工作的总体要求，落实《中共中央　国务院关于加强耕地保护和改进占补平衡的意见》（中发〔2017〕4 号）有关精神，印发了《关于加强耕地保护和改进占补平衡实施意见》（京发〔2017〕26 号），要求各区政府、市级相关单位积极推进涉农资金整合，按照谁保护、谁受益的原则，加大耕地保护补偿力度。

市级层面，2021 年市规划和自然资源委、市财政局、市农业农村局出台了《北京市耕地保护补偿资金管理暂行办法》（京规自发〔2021〕216 号），明确了耕地保护补偿管理职责、补偿范围、补偿标准、补偿对象、补偿流程和监督管理等各项具体要求。其中规定，补偿范围为纳入耕地保护空间范围且已落图入库并现状耕种的耕地；市级财政按照 100 元/亩的标准安排资金用于开展耕地保护工作。鼓励区级结合本区实际给予耕地保护补偿。耕地保护补偿资金实行动态调整机制，各区可结合实际情况对市级耕地保护补助资金进行统筹，向承担耕地保护任务的乡镇（街道）、农村集体经济组织、农户或承包经营者发放耕地保护补偿资金。

市级层面还持续开展耕地地力保护补贴。补贴的范围为北京市种植粮食、经济作物以及露地蔬菜的耕地面积。按照《2020 年北京市耕地地力保护补贴的实施方案》，市级补贴标准为每亩 300 元。同一块耕地，一年只能享受一次市级耕地地力保护补贴。各区可根据本区财力适当补贴。享受补贴的农户和种植职工，应以绿色生态为导向，采取节水、节肥、节药等有效措施保护耕地和提升耕地地力。对于菜田，补贴标准为 600 元/亩，即已经享受 300 元/亩耕地地力保护补贴的露地菜田，2020 年按照 300 元/亩给予补贴，设施菜田以及未享受 300 元/亩的耕地地力保护补贴的露地菜田，2020 年按照 600 元/亩给予补贴。

区级层面，近年，朝阳、海淀、顺义等区，在耕地保护补偿机制方面，进行了积极有益的探索实践。朝阳区于 2012 年印发了《关于加强基本农田保护和监管工作的意见》，以生态补偿为支撑，建立了基本农田补贴机制，设立专项补贴资金。对年度未发生违规使用基本农田的地区办事处（乡政府）给予每亩 1 500 元的生态补偿，对基本农田保护监管工作到位的地区办事处（乡政府）给予每亩 500 元的保护管理费。海淀区于 2015 年印发《关于建

立海淀区农田生态补偿机制的意见》，农田生态补偿机制补贴资金由农田生态补贴和基本农田保护补贴两部分构成。补贴标准是农田生态补贴的补贴标准为1 300元/（亩·年），基本农田保护补贴为2 000元/（亩·年）。补贴标准每三年调整一次。2018年补贴标准分别调整为1 500元/（亩·年）和2 500元/（亩·年）。顺义区2020年出台了《顺义区耕地与永久基本农田保护激励办法》，永久基本农田保护区、永久基本农田储备区奖励标准为2 500元/（亩·年），耕地储备区及土地整治新增耕地区奖励标准为2 000元/（亩·年）。下面是海淀区和丰台区的政策设计。

1. 海淀区

2018年7月，海淀区政府发布《北京市海淀区人民政府关于本区建立农田生态补偿机制的意见》（海行规发〔2018〕10号），文件要求加大耕地保护和财政资金转移支付力度，缩小土地利用收益差别和政策标准差别，切实保护农民利益。

补贴构成：农田生态补偿机制补贴资金由农田生态补贴、永久基本农田保护补贴两部分构成。

补贴范围：本区范围内符合条件的农田（纳入生态林范围的地块除外），享受农田生态补贴；永久基本农田除享受生态补贴外，还享受相应的保护补贴。

补贴标准：农田生态补贴：补贴标准为1 500元/（亩·年）；永久基本农田保护补贴：补贴标准为1 000元/（亩·年）。

调整机制：综合考虑全区农村地区经济发展状况以及区级财力情况，每3年调整一次，经区政府同意后实施。

资金来源：农田生态补偿机制资金由区财政预算和市级资金统筹安排，纳入年度部门预算。

资金使用范围：农田生态补偿机制补贴资金归具有土地所有权的集体经济组织所有，在镇政府的监督指导下使用，应重点用于落实区农业产业发展规划、鼓励土地向集体经济组织流转、发展壮大集体经济、基本农田保护、公共服务设施建设、农民的社保资金投入、村级公益事业发展、困难户救助、兑付土地确利收益等；禁止用于购置公务用车、支付村干部报酬、村公务接待、捐赠、赞助、购买股票等高风险证券。

2. 丰台区

2019年，丰台区人民政府发布《丰台区永久基本农田保护补贴资金管理暂行办法》，健全永久基本农田保护激励长效机制，切实保护农民利益，充分发挥农业服务城市功能作用，提高土地收益。

永久基本农田保护补贴资金包括生态保护补贴资金与保护目标管理补贴资金，是指区财政预算安排用于永久基本农田保护与管理的专项资金。

补偿对象：已依法签订耕地保护目标责任书、承担永久基本农田保护任务的村集体经济组织。

补贴范围：本辖区内划定的永久基本农田。纳入平原造林政策补贴范围的地块已享受市级专项补贴，不再享受此补贴。已经办理农转用和集体土地征收手续的地块不再享受此补贴。

补贴标准：按照耕地、永久基本农田保护"五不准"原则，对当年未发生违法违规使用永久基本农田的，以及未出现撂荒的，给予生态保护补贴，补贴标准为 1 500 元/(亩·年)；对全面落实保护目标管理责任的，给予保护目标管理补贴，补贴标准为 500 元/(亩·年)。

资金使用范围：补贴资金应重点用于落实区农业产业发展规划、鼓励土地向集体经济组织流转、发展壮大集体经济、永久基本农田保护、公共服务设施、农民的社保资金投入、村级公益事业、困难户救助、兑付土地确股确利收益等。禁止用于购置公务用车、村干部报酬、村公务接待、捐赠、赞助、购买股票等。

二、北京市农田保护中存在的问题

2017 年，北京市深入推进河长制，全面建立了市、区、乡镇（街道）、村四级河长体系，几年下来河长制取得了显著成效，有力促进了水污染治理、水环境治理、水生态治理、水资源管理、河湖岸线管理等各项工作。2020 年市园林绿化局借鉴"河长制"，研究制定了"林长制"实施意见，并于 2021 年全面推行。耕地与河湖、林地同为重要自然资源，在保护责任落实上具有共通性，在制度建设上可以学习借鉴。目前，河长制、林长制、田长制"三长联动、一巡三查"已经成为全市性的重要政策措施。就耕地状况而言，现实矛盾比较突出，主要是耕地保护历史欠账较多。现在解决的问题大都是多年积累下来的老问题，有农林结构调整、有疏解整治促提升拆除恢复不到位的、有耕地和永久基本农田调整补划把关不严的等，原因错综复杂，需要时间和耐心逐步加以解决。同时，与河流、森林公有资源属性不同，农田管理涉及利益主体较多，尽管耕地资源也是农村集体所有，但在承包经营制度下，每一块农田背后都有承包主体、经营主体，有的通过层层转包，中间有多个利益相关方，管理难度大，压实经营主体责任需要完善相关法律法规。除此之外，耕地保护还面临以下问题。

（一）对耕地保护的认识还不够深入长远

作为一个拥有 2 100 多万人口的超大城市，特别是作为国家首都，耕地及农业生产具有不可替代的多功能性，在城市应急供应保障、生态屏障、现代农业示范、农耕文明保护等方面具有重要价值。但北京市耕地保护的重要性还没有得到广泛认可和重视，还没有上升到国家首都首善之区的高度来认识，往往只是认为耕地用于农业生产，保护耕地是农民自己的事情，看不到首都耕地保护的巨大价值和功能意义，这一点直接影响到耕地保护工作开展。习近平总书记指出，"山水林田湖是一个生命共同体，人的命脉在田，田的命脉在水，水的命脉在山，山的命脉在土，土的命脉在树"。目前的耕地保护还没有将农田上升到人的命脉的高度，没有上升到生命共同体的系统化工程中综合考量。对于耕地的多功能性的认识不足，除了在要素层面加强保护，耕地保护在时间、空间、人文等维度上的展开并没有深入思索。

（二）耕地保护补偿力度不够大、层面不够广

受较高的耕地使用成本、农资成本、人力成本等因素影响，农业种植收益偏低，种植

粮食基本维持在盈亏平衡线附近。对于耕地保护的补偿，既没有达到林业用地补偿的标准，又没有考虑技术、生态等补偿的途径和实现机制。例如，对某区的一项调查显示，一亩地种植冬小麦和夏玉米，如果不计人工成本，一年下来每亩地收入在 1 200 元左右，如果把人工成本算进去，每亩地还亏损约 900 元。同等条件下，如果一亩地用于平原造林，每年可获得 1 500 元的土地流转补贴。林地流转补偿政策对耕地保护和利用形成了较大压力，虽然 2021 年也推出了耕地保护补偿政策，但补偿标准还很低，仍然不能形成有效的耕地保护动力。北京市的耕地作为首善之区的农业用地中的"大熊猫"，应当发挥引领性、标杆性的作用，但现实中却缺乏首都样本的补偿机制，耕地资金补偿太低，技术、生态补偿等实现价值的方式鲜有探索，耕地保护多样性补偿的道路任重道远。

（三）耕地保护部门职责还需进一步明晰

耕地保护是一项系统工程，要求数量、质量、生态三位一体。从职责上大体划分，自然资源部门负责耕地数量保护，农业农村部门负责耕地质量保护，生态环境部门负责土壤污染监测等生态保护。但实际工作中，法律法规对各部门的责任界限并不清晰，好多都是多个部门共同参与，职责权限时有交叉。例如，新实施的《中华人民共和国土地管理法》，第七十五条规定"违反本法规定，占用耕地建窑、建坟或者擅自在耕地上建房、挖砂、采石、采矿、取土等，破坏种植条件的，或者因开发土地造成土地荒漠化、盐渍化的，由县级以上人民政府自然资源主管部门、农业农村主管部门等按照职责责令限期改正或者治理，可以并处罚款"。对双方的具体职责并不清晰，而且农业农村部门也缺乏执法手段，很难形成有效的工作合力。

（四）耕地利用的后劲不足，高端化发展乏力

农田保护之所以难，其根本原因是农业的单位面积的产出效益低，农用地的收益远远低于商业用地和住宅用地以及工业用地的收益，不能形成比较收益优势。受农业成本"底板"、价格"天花板"以及大城市非农机会成本高等影响，农业比较效益较低，农业生产主体生产积极性不高，耕地利用率不高，耕地保护的动力不足。大部分农业经营主体缺乏标准化、规模化发展农业的观念，农业发展往往不考虑需求、区域、生产条件的影响，农业发展后劲不足，高端化发展乏力。

三、北京市农田保护制度建设建议

（一）进一步落实田长制

压实各区属地责任，着力推动"田长制"在乡镇和村级层面落实落细。指导区、乡镇田长制办公室规范运行，建立各级农业农村部门与规划和自然资源部门密切配合、共同参与的常态运行机制。推动区、镇（乡）、村各级田长严格落实巡查、检查制度。依法开展北京市"田长制"落实情况考核是大势所趋。有法可依是做好"田长制"落实情况考核的重要前提，也是树立考核权威性的必要保障。为此，建议加快修订或制定地方性相关法律法规。

1. 修订《北京市基本农田保护条例》，明确"田长制"的法律地位，捋清开展落实情况考核的合法性

启动修订《北京市基本农田保护条例》，在"第一章总则"中，单独一条规定"全面推行'田长制'，强化监督问责，建立奖惩制度"。同时，在"第三章基本农田的保护和管理"中"第十一条"修改为"区、县和乡、镇人民政府按照'田长制'实施意见，把基本农田的保护工作列入政府目标管理责任制，建立'田长制'执行情况考核机制"。

2. 制定《北京市农田保护"田长制"实施条例》，实现地方单独立法

立足北京市农业农村实际，坚持从保护农民利益和农业安全出发，由市农业农村局牵头，启动《北京市农田保护"田长制"实施条例》的单独立法，确立"田长制"的法律地位，规定"田长制"及其执行情况考核的设立原则、方式和程序，为加快推行"田长制"和公正考核"田长制"执行情况，保护各方权益提供法律依据。

（二）建立健全耕地保护机制

建立耕地保护执法队伍，建议在农业农村部门执法队组建或后期队伍扩充阶段，成立农田保护管理执法支队，依据新修订即将出台的《北京市永久基本农田保护条例》，负责违法占用耕地等方面执法，特别对于基本农田上农业生产活动进行严格规范。探索建立农田管护员队伍。按照"关口前移、重心下移"的原则，探索建立农田管护员队伍，可采取单独设立或利用现有其他管护队伍新增农田管护职能等方式，主要任务是监督管理农田利用，防范农田违法占用或使用，实现农田"村村有人管、现状底数清、违法早发现、保护有人做"的目标。

（三）提高耕地保护补偿标准

进一步完善北京市耕地保护补偿激励政策，建立体现耕地数量、质量、生态三位一体保护的补偿激励机制。统筹考虑农业、林业平衡发展，耕地保护补偿标准应与生态林地补偿标准持平。补偿对象为耕地的直接使用者。对于耕地撂荒、污染、违法占用等情况，严禁补偿。鼓励各区在市级补偿基础上，结合实际提高补偿标准。明确不予补偿的范围，对于耕地撂荒、污染、违法占用等情况，严禁补偿。探索差别化补偿政策，鼓励各区在市级补偿基础上，综合考虑永久基本农田面积、质量、投入等因素，根据区级财政年度状况，确定补偿标准。同时，对于耕地质量提高的，按等级、产能给予对应的奖励。

（四）强化耕地保护科技支撑

配合"三长联动、一巡三查"工作要求，以国土三调数据为基础，结合耕地和永久基本农田调整补划情况，建立耕地台账，将耕地保护责任落实到地块、落实到人头。借鉴全市森林资源管理和监测信息系统，充分运用卫星遥感和物联网等技术，实施天空地一体化动态监测，构建以"资源家底—质量与利用—权属调查—效能评估"为主体，涵盖"边界清晰稳定—数量明晰核实—质量等别变化—产能波动监测—权属调整变化—持续利用状态"的多级综合监测体系。实时监测农田用途变更、农作物长势状况、土壤污染状况，开展灾害预警、监测和评估高标准农田质量。摸清农业自然资源状况。核实农用地面积、空间分布、质量、种植类型等大数据，支持报表导出。增加农村土地质量查询功能。摸清农田利用状况。核实现状地类用途是否为永久基本农田、高标准农田；把控质量管理，实时监测耕地质量调查情况；实现用途管控，核查现状地类用途与实际种植情况是否一致。

（作者：张颖，北京市农研中心资源区划处；
崔国胜，北京市农业农村局农田建设管理处；
巩前文，北京林业大学）

京郊休闲农业星级园区用地
需求情况调查与思考

全面推进乡村振兴，首先要产业振兴，产业要发展，用地是难题，特别是对于超大城市的首都来讲，农业农村产业用地更是难上加难。各区开展了"大棚房"问题专项清理整治行动之后，普遍存在从严从紧问题，加之近两年新冠肺炎疫情影响，整个农业农村的产业发展勉强维持，几近难以为继。为了尽快恢复闲置设施生产，促进设施农业的发展，2021年，北京市农业农村局会同北京市规划和自然资源委员会联合出台了《关于对"大棚房"整治"一刀切"问题进行纠偏整改促进设施农业发展的指导意见》。2021年6月，北京市规划和自然资源委员会会同北京市农业农村局以及北京市园林绿化局发布了《关于加强和规范设施农业用地管理的通知》（京规自发〔2021〕62号），这些政策的出台，并未改变各个生产主体徘徊观望的心理。针对农业农村整体用地需求，激发经营主体的活力，有效带动农民增收致富，更好地推动乡村振兴和共同富裕。近日，北京观光休闲农业行业协会从224家星级休闲农业园区中选取了80家，以问卷形式向经营者了解园区的用地现状和用地需求，为政府制定用地决策提供依据。

一、受访园区基本情况

按照星级园区在各区数量占比，受访的80家星级园区共涉及11个区，包括丰台区4家、门头沟区2家、房山区7家、通州区5家、顺义区24家、大兴区6家、昌平区9家、怀柔区1家、平谷区5家、密云区8家、延庆区9家。按照各星级数量占比，受访的80家星级园区中有五星级17家、四星级23家、三星级39家、二星级1家。从占地面积看，受访的80家星级园区中1 000亩（含）以上13家、500（含）～1 000亩的园区有10家、100（含）～500亩的园区有46家、100亩以下的园区有11家。

二、受访园区设施面积及主营业务

受访的 80 家星级园区已有设施面积为 10 000 米² 以上的有 8 家，5 000（含）～10 000 米² 的有 7 家，1 000（含）～5 000 米² 的有 22 家，500（含）～1 000 米² 的有 15 家，100（含）～500 米² 的有 13 家，100 米² 以下的有 6 家，没有任何设施用地的有 9 家。

受访园区主营业务占比前三位依次为餐饮（占比为 18%）、校外社会实践大课堂（占比为 17%）和采摘（占比为 14%）。

三、受访园区需要增加设施面积及用途

（一）用地需求强烈

受访的 80 家星级园区中有 61 家园区表示有强烈的用地需求，现有用地不能满足园区的发展，有 77% 的园区需求用地面积基本超过 1 000 米²，有的甚至超过 10 000 米²，其中需求 10 000（含）米² 以上的有 8 家，需求 1 000（含）～10 000 米² 的有 39 家，需求 1 000 米² 以下的有 14 家。此外，还有 2 家需要将原有设施面积合法化。

（二）科普教室和接待设施需求最旺

受访的 80 家星级园区中，对游客接待中心（占比为 27%）、教室（占比为 23%）、卫生间（占比为 23%）的需求最高。在国家政策的倡导和市场需求的推动下，农业与教育的融合发展近年快速发展，越来越多的农业园区通过了教育部门的审核，成为中小学社会大课堂资源单位，争相获取这一新兴的消费市场，弥补平日的客源不足。但是中小学生社会大课堂有较高的教学场地要求，虽然这种要求可以是临时性的，但是也对农业用地的复合功能利用提出了新的需求。

需要指出的是，由于乡村精品民宿、乡村酒店、村企联动的蓬勃发展，休闲农业园区对住宿设施的建设需求相对弱化。从休闲农业园区用地需求中还发现一些新需求，随着数字化、网络化的发展，有休闲农业的企业提出需要电商直播间等专业设施。

四、存在的主要问题

（一）家庭农场或企业规模化经营需求与村集体建设原有配套用地无法使用的矛盾

伴随着我国工业化、信息化、城镇化和农业现代化进程，农业物质技术装备水平不断提高，农户承包土地的经营权流转明显加快，发展适度规模经营已经成为必然趋势。2014年，中共中央办公厅、国务院办公厅印发了《关于引导农村土地经营权有序流转发展农业适度规模经营的意见》，随着适度经营规模的增加，适合规模经营的配套设施，如新增的

晾晒场所、烘干场所以及农机具存放场所没法申请，如观光休闲农业园区所需的农机用具分散在农业农村的各个角落。以前的集体所有的晾晒场所、烘干场所随着家庭联产承包责任制的落地也相继出租出去，未能与适度规模经营相配套。虽然在意见中指出各省（区、市）根据实际情况，在年度建设用地指标中可单列一定比例专门用于新型经营主体建设配套辅助设施。但具体实施和操作过程中，没有相应的实施细则和流程。

（二）"大棚房"整治后存在从严从紧问题，经营主体不知道违规的界限和范围

"大棚房"问题专项清理整治行动主要为遏制非法侵占耕地的乱象，主要针对在大棚中违法建设餐饮、住宿场所、房地产开发的现象，但并不是不允许正常的用地需求。在清理整治行动之后，产业经营者的正常需求依然得不到满足，甚至不知道什么行为可以，什么行为不可以。拉横幅、废旧汽车轮胎利用做攀岩、标识和照片墙以及耕地中田间小品等一系列不涉及硬化路面的营销行动都被明里暗里的禁止，弄得经营者一头雾水、一筹莫展、不知所措，极大地消磨着休闲农业从业者的信心和勇气。虽然自然资源部、国家发展改革委、农业农村部联合出台了《关于保障和规范农村一二三产业融合发展用地的通知》，明确鼓励保障一二三产业融合发展用地需求，但在实际申请过程中，还存在着"宁可错杀三千，不可放过一个"的现象，从严从紧的问题依然存在。2020年北京市规划和自然资源委员会、北京市农业农村局、北京市园林绿化局发布了《关于加强和规范设施农业用地管理的通知》（京规自发〔2021〕62号），但通知中备案缺乏细则，不能落地和取得实效。

（三）产业主管部门和用地审批部门不是同一部门，两个部门之间也没有建立有效地联席机制

农业产业主管部门和主责部门是农业农村部门，但用地审批和监管是规划和自然资源部门。规划和自然资源部门关注的是耕地红线和建设用地指标，而农业农村部门关注更多的是耕地产量和农业农村产业的发展，乡村要发展，产业要振兴，必然需要产业用地的保障，农、规两部门应建立有效的联系机制，农业农村部门从产业发展的角度保证项目的合理性，规划和自然资源部门则从用地保障的角度解决用地的合法性。

（四）服务于全市的功能区或项目优先占用了当地的建设用地指标，保护的任务由当地部门来承担

例如，怀柔区是生态涵养区，部分乡镇又在生态红线和自然保护区范围之内，同时怀柔区又在创建世界级原始创新战略高地的怀柔科学城、国际会都和中国影都。生态涵养区、生态红线和自然保护区是服务于全市的战略功能区，但目前生态价值还没有完全显现，还处于发展滞后和缓慢的阶段，甚至有些是牺牲了当地的发展来进行生态环境的保障。怀柔科学城、国际会都和中国影都虽然吸引了大批的人流和信息流，以及具有国际视野的冲击，但怀柔区的主要的建设用地指标都优先保证了这些项目的运行，其他剩余的分配指标较少，未能形成有效地利益分配和补偿机制。

五、启示和建议

农业企业在三产融合的发展方向中，遇到的首要问题就是土地问题。休闲农业作为服务业来讲，与传统农业不同，要求有必要的经营场所。虽然从企业的角度说，用地需求难免有夸大的成分，用地方向难免有偏颇之处，但是实事求是地讲，休闲农业园区原有的土地性质大多为农田、林地，缺少必需的建设用地指标是不争的事实，也是困扰整个行业发展的最大问题。为此，本文提出以下建议。

（一）出台明确的产业用地政策，配套出台正负面清单，明确规定什么允许，什么不允许

通过对休闲农业经营者和乡镇负责人的访谈，解决用地问题，重点在于出台明确的休闲农业用地政策。例如，有部分休闲农业园区有已备案建设用地，但在没有明确正负面清单的情况下，行政部门一律从严从紧管控，仍不能正常开展建设。直面休闲农业设施的准入门槛，对休闲农业和休闲农业配套设施进行明确的规定和范围，使经营者有据可依，不再徘徊忐忑。目前虽然北京市规划和自然资源委员会出台《关于加强和规范设施农业用地管理的通知》（京规自发〔2021〕62号），但具体怎样操作、实施和落地缺乏细则和可操作性强的规范，比如设施农业用地占用基本农田怎么占、怎么补划，无从下手。出台正面清单和负面清单，让休闲农业从业者有法可依、有据可查、有流程可遵循。

一是在用地上必须给休闲农业、休闲农业园区以明确定义，并细化规定各类土地可以用于和禁止用于哪类经营，方便农业经营者操作，也便于规划和自然资源部门和农业农村部门执行。二是制定与休闲农业正确发展方向相一致的用地政策，以地控业，有底线有高线，按标准配备休闲农业用地，例如，申请校外社会实践大课堂的休闲农业园区给予配套的卫生间、教室等用地。三是因地制宜制定与区功能定位相结合的用地政策，生态涵养区在协调生态红线范围内民生用地的同时，从生态富民的角度出发，也要在生态红线外适当留出产业用地。

（二）建立有效地联席机制，合力谋划政策措施

破解农业生产经营主体用地难题，需要农业农村、规划和自然资源两部门担当有为，通力合作，明确牵头单位和具体操作流程，在对接协调的基础上整合现有资源，研究可行路径，探索共建产业融合用地协作机制，在充分调研的基础上，联合出台一二三产融合发展用地的项目申报政策。建议成立以规划和自然资源部门牵头推动，农业农村局、园林绿化局等相关的委局参加的联席机制。

（三）用地指标要落实到项目上，明确产业用地的审批流程和附属设施的实施细则

政策的生命在于落实。要通过项目清单的形式，落实产业融合发展用地政策，明确用

地项目库、申报标准、审批流程、项目类型以及申报条件等。具体来说，农业农村部门牵头建立全市农村一二三产业融合发展项目库，制定评审办法和评审标准，规划和自然资源部门负责入库项目用地审批流程的优化、组卷报批等程序。对于项目申报实行用地项目双审核制，两部门共同组织专家对申报项目进行实地考察和综合评审。农业农村部门重点审核项目类型、产业融合程度、发展前景以及带动效益等；规划和自然资源部门重点审核项目用地性质、用地合规性以及规划衔接性等，评审符合条件的项目经公示无异议并报市政府批准后，统一纳入农村一二三产业融合发展用地项目库。

（四）建立有效地补偿机制或者价值实现机制，实现保功能到强价值的转变

尽快建立生态产品价值实现机制，探索生态产品价值实现的有效途径，单纯从政府主导逐渐向政府和市场主导以及纯市场主导过渡和看齐。建立森林生态银行、碳汇交易机制以及绿色信贷等市场交易方式，实现市场的分配调节。将保证首都功能集中的用地指标带来的收益进行二次分配，确保周边及保证用地指标实现乡镇的利益分配公平公正合理。

（作者：赵晨，北京观光休闲农业行业协会；

张颖、李敏，北京市农研中心资源区划处）

北京市民宿空间分布特征及对策建议

随着社会经济的发展，带有个性化、精致化标签的民宿，日益成为旅游业创造美好旅游体验的重点领域。根据 2017 年 8 月 1 日起实施的《北京市旅游条例》，民宿是指城乡居民利用自己拥有所有权或者使用权的住宅，结合本地人文环境、自然景观、生态资源以及生产、生活方式，为旅游者提供住宿服务的经营场所，分为城区民宿和乡村民宿。通过研究发现，全市民宿呈现出"遍地开花、圈层分布、局部聚集"的空间特征。

一、数据获取

基于位置服务的最核心数据（POI）具有高度的准确性和可信度。本文选用的数据来源于数字地图内容、导航和位置服务解决方案提供商百度地图和高德地图。对于百度地图，直接爬取酒店大类下的民宿小类；对于高德地图，爬取住宿服务大类后，对其中的连锁酒店、城市公寓、青年旅舍等非民宿的冗杂信息进行剔除；最后将两者合并，删除重复元素，共获取 3 676 个民宿信息。获取数据的时间为 2021 年 9 月初。

二、民宿分布主要特征

(一)全市各区民宿遍地开花,但数量梯次明显,密云、怀柔、延庆处于压倒性优势地位

全市民宿 POI 点位共 3 676 个,在全市 16 个行政区中均有分布。超过 600 家的有密云区(670)、怀柔区(656)、延庆区(653)三个区,且数量优势极为明显。其次为朝阳区和海淀区,大部分为五环路内城市民宿,数量 200~400 家。第三梯队为房山区、昌平区,数量 150~200 家。其余各区数量在 100 家上下。石景山区民宿点个数最少,共 26 家;涉农区中,顺义区民宿点数最少,共 72 家。

(二)全市民宿空间分布整体呈现"密—疏—密"圈层化的总体布局

全市民宿整体上呈现明显的"密—疏—密"圈层化的总体布局结构,形成了五环内中心城区的城区民宿高密度片区—近郊平原与西部山区低密度片区—北部山区多中心乡村民宿高密度片区的空间分布结构和特征。

第一圈层是中心高密度核,包括东城、西城、朝阳、丰台、海淀、石景山 6 个区,共计 869 个民宿在五环路内高密度集中分布,占全市总量的 23.64%。该区域是全国政治中心、文化中心、国际交往中心、科技创新中心的集中承载地区,有世界级的古都文化遗产资源和海量的商务、公务活动需求,因此集中存在一定数量的城区民宿。

第二圈层是中间低密度片,主要是多点区域、西部太行山区和平谷,包括平谷、顺义、昌平、门头沟、房山、大兴、通州 7 个区,共计 828 个民宿在广阔的区域内呈现分散分布,占全市总量的 22.52%。多点区域旅游资源相对贫乏,商旅住宿的需求多由租赁房、商务酒店满足,民宿的密度大为降低。太行山区历史上长期属于煤炭、山石开采区,旅游资源开发相对滞后,乡村民宿经济尚处于发展初期。房山十渡、门头沟永定河沿岸、平谷金海湖和黄松峪有小规模的乡村民宿聚集。

第三圈层是外围多中心高密度片,包括延庆、怀柔、密云三个北部山区,1 979 家民宿呈现出"局部多中心"聚集分布的空间格局,数量占全市总数的 53.84%。该区域以长城文化带为主体,兼有燕山山地旅游资源、水库湿地旅游资源和冰雪旅游资源,旅游业发展相对成熟,长期位居京郊各区接待旅游者人次的前三名,是北京市乡村民宿经济最发达、投资最活跃的区域。

(三)民宿受旅游资源禀赋和旅游产业发育程度的影响较大,怀柔、密云、延庆表现突出,呈现出局部聚集的特征

生态涵养区是北京市的"大氧吧""后花园",山水历史文化资源丰富,因此也成为乡村民宿发展的主要区域。位于生态涵养区中的民宿个数为 2 398 个,占全市民宿数量的 65.23%。但是,区域内部乡村民宿发育程度不一。属于北部燕山区域的怀柔、密云、延庆数量上遥遥领先,这三个区的民宿 POI 数量共计 1 979 个,占全市 53.84%,占生态涵

养区的 82.53%。其余 4 个区还有较大差距。

乡村民宿作为以社会力量参与为特征的新型高端旅游业态，其分布充分体现了一个区域旅游产业的发育程度和城乡资源要素的融合程度。2010 年、2012 年、2013 年，怀柔、密云、延庆先后成为北京市前三个"全国休闲农业与乡村旅游示范县"。2021 年，延庆、怀柔入选农业农村部首批"全国休闲农业重点县"。在乡村民宿的分布上，出现了多个"局部集聚中心"，形成了以延庆盆地、怀柔雁栖—渤海—九渡河、云蒙山区、司马台—古北口等为主的乡村民宿集聚区域。

怀柔区是京郊旅游的先行者，20 世纪 90 年代借助举办世界妇女大会的契机推动了乡村旅游最早的大发展，也是城市社会力量最早参与乡村旅游开发的区域。2019 年推出的"怀旅九条"对乡村民宿起到了巨大的发展、规范作用。

密云区则有古北水镇这样大型项目的辐射带动，新城子—古北口沿线成为民宿聚集区。在全市推动农村"新三起来"的阶段，云蒙山区出现了山里寒舍这种闲置农宅重新设计、开发利用的标志性项目。

延庆区借助世园会、冬奥会的契机，乡村民宿发展属于后起之秀。以山楂小院为代表的民宿项目，一改过去直接与农户打交道的模式，通过村集体盘活利用闲置农宅，探索出一条社会力量和集体经济深度融合发展的路子。这种发展模式被当地政府所肯定，有意识地引进具有运营能力的小微企业，建立产业联盟，现在已经进入到政府打造营商环境、村集体盘整资源、社会力量赋能运营，推动"民宿共生社区"建设的新阶段，形成了乡村民宿发展的"延庆模式"。

（四）在生态涵养区中，平谷、门头沟、房山、昌平民宿数量相对较少，与资源禀赋不相匹配，但是随着政策推动，逐渐进入发展快车道

2019 年以来，门头沟区把精品民宿作为推动乡村振兴的重要抓手和引擎，提出了"门头沟小院"的区域品牌和"门头沟小院＋"的民宿发展战略，发布了《"门头沟小院＋"精品民宿发展服务手册 2.0 版》《"门头沟小院＋"田园综合体实施方案》《"门头沟小院＋"精品民宿扶持办法》等新政策，整合 6 个相关部门 20 多项政策，推出了"大额度、长周期、广覆盖"的"10＋1＋N"《精品民宿政策服务包》。

平谷区借助举办世界休闲大会的契机，大力推进乡村民宿产业发展。2021 年，区委五届十三次全会提出"抓住供给侧结构性改革契机，探索打造横过来的五星级乡村度假酒店"的目标，在各乡镇掀起了乡村民宿的发展热潮。

房山区拥有全国知名的周口店镇黄山店村精品民宿集群，又提出了深山区霞云岭乡、蒲洼乡、十渡镇"三乡联动"发展战略，2020 年出台《房山区促进乡村旅游提质升级奖励办法》及《房山区推动乡村民宿发展的实施意见》，进一步强化各项政策保障，优化营商环境，加快房山区精品民宿的高质量发展。

昌平区近几年也培育出湖门村、仙人洞村这样的民宿聚集村。区委、区政府将乡村民宿列为重点工作。2021 年，昌平区文旅局会同昌平职业学校举办"乡村民宿发展专题培训班"，并且编制了《昌平乡村旅游美宿招商手册》，梳理了全区文旅资源项目，以乡村民

宿为切入点，通过宣传活动、招商推介等形式，撬动文化旅游产业要素高质量聚集，吸引资本、内容、人才、项目在昌平落地。

（五）在平原地区中，通州区借助环球影城的巨大辐射效用，乡村民宿发展空间巨大

2021年7月，通州区制定出台《通州区关于促进乡村民宿发展的实施意见》，明确乡村民宿设立条件、审核流程等，采取联合审核的方式，简化和优化证照办理手续。区级层面成立"通州区乡村民宿发展工作小组"，负责全区乡村民宿发展的宏观指导和政策引导，统筹乡村民宿发展，强化产业布局和品质引领。以环球影城为基点、大运河为长廊，串联运河商务区、特色小镇、历史遗产传承点、休闲文化体验区，承接环球影城外溢游客资源，通州乡村民宿的发展有望迎来巨变。

三、政策建议

（一）有序发展

各区应该在资源条件较好、民宿分布较为集中的区域，规划建设乡村民宿聚集区，予以土地、税收、金融等政策上的倾斜，实现规划引领，有序发展。

（二）品质发展

从数量上看，全市民宿市场已近饱和，以"民宿年卡"为主要形式的价格战已经打响。这已成为北京市民宿行业内部共识。一些经营不善的民宿逐步被市场淘汰，一些头部民宿运营企业将战略重点转向内容提升，以期用研学、工坊、主题活动等更丰富的消费场景拓展民宿的收入来源，全市乡村民宿已经进入高质量发展阶段。因此，在今后的政策导向上，应该从单纯的数量扩张，向内容提升、品质提高转变，从重视资本投入重视运营投入，加大对小微运营企业的支持力度。

（三）共生发展

有序发展、品质发展离不开政府和社会力量的参与，但同时也不能忽略村集体作为资源所有权人的地位和作用。农村合作经济指导部门应积极介入，引导和支持由村集体经济组织统筹，农户和社会资本参与的乡村民宿经营建设，努力打造政府引导、市场主导、全社会参与的乡村民宿发展格局。地方政府应着重发挥民宿经济的辐射带动作用，以乡村民宿为核心，形成乡村消费新商圈，实现城乡共生、业态共生，实现政府、企业、农民三方共赢。

（供稿：北京市农研中心《社会力量促进乡村民宿高质量发展》课题组，

执笔人：陈奕捷）

乡村民宿高质量发展要做到"六高"

高质量发展，是能够很好满足人民日益增长的美好生活需要的发展，是体现新发展理念的发展，是创新成为第一动力、协调成为内生特点、绿色成为普遍形态、开放成为必由之路、共享成为根本目的的发展。按照国内主流经济学家的观点，高质量发展应当具备高效率增长、有效供给性增长、中高端结构增长、绿色增长、可持续增长、和谐增长六大特质。作为满足人民日益增长的美好生活的新产业新业态代表，乡村民宿要从高颜值、高品质、高效益、高规范、高参与、高素质六个方面，加快向高质量发展转变。

一、高颜值——设计赋能，改善居住空间

民宿首先是乡村建筑物理空间的再造。"漂亮的建筑和有设计感的装修"往往是大众对精品民宿的首要印象。建筑设计师作为一只独特的社会力量，在参与乡村民宿发展的过程中表现尤为突出。乡村闲置农宅的改造，为建筑设计师提供了广阔的舞台。他们大多以"老宅新生""留住乡愁"为设计主导思想，通过以旧修旧、融合现代的生活方式，包容创新，碰撞出新的价值，让乡土建筑焕发新的生命与活力。在房山区周口店镇黄山店村，主持过安缦酒店设计的金雷改造了一个晚清时期的农家院。他在改造的时候特意保留了原来的门楼、窗棂、房梁，到处充满古朴的气息，所以当游客踏入这个小院的时候，好像一瞬间穿越回了20世纪80年代，好像我们小时候到姥姥家的那种感觉。这就是隐居乡里旗下的"姥姥家民宿"。2018年4月，这个项目荣获意大利的 A Design Award 金奖。拥有一家自己设计的乡村民宿，成为很多建筑设计师的职业梦想。

2021年，为聚集更多民宿设计的优秀力量，用设计力量促进民宿行业的快速发展，中国贸促会商业委员会联合上海国际设计周，发起中国民宿设计大奖，面向全球征集优秀民宿设计作品，邀请民宿及建筑室内设计领域具有权威性的专家及实践者作为评委导师，评选出具有高品质空间环境、深层次文化内涵及行业发展促进作用的民宿设计作品，实现建筑及室内设计与美丽民宿的融合碰撞，推动民宿产业赋能乡村振兴。

二、高品质——提升服务品质，满足多样化需求

民宿归根结底是服务业，除了靠颜值吸引人之外，更重要的是要靠优质的服务留住人。社会力量对于促进乡村民宿的品质提升及业态融合方面具有重要作用。位于长城脚下的延庆区八达岭镇石峡村，村庄历史悠久，古迹众多，旅游资源丰富。

以延庆区刘斌堡乡下虎叫村的"山楂小院"及房山区周口店镇黄山店村的"姥姥家"为例，社会力量——"隐居乡里"这一专业运营团队的参与，让处于偏远山村的乡村民宿

摇身变成了可以媲美城市星级酒店的住所。民宿品质大大提升,民宿的内部设施完全可以满足城市居民对于旅游的需求标准。

以延庆区八达岭镇石峡村为例,"石光长城"民宿自2015年入驻,从做餐饮起步,到扩大民宿规模,到植入乡村文化内容,再到启动工坊,提炼乡村产业,经过六年的经营运作,石峡村改头换面,一改往日"出了名的穷村"印象,"石光长城"精品民宿让更多的人认识了解并且来到了石峡村。村中建有咖啡馆、村史博物馆、石光书店、长城学堂、长城露天剧场,游客可以喝咖啡、看书,也可以举行小型会议、培训活动。在村史博物馆,可以体验剪纸、布艺、葫芦烙画、糖画等非遗手工艺制作。2019—2020年,石峡村开始挖掘乡村文化资源,发展长城文化村,讲好长城故事,弘扬传统文化,保护长城,并且在村里成立长城讲解队,赋予民宿长城文化的内涵。从2020年开始提炼乡村产业,建立工坊,包括酒坊,油坊等。开始产酒、油料、果品饮料、冻果,手工加工艺术品,增加小产品销售,通过线下店面等渠道帮助村民销售山茶、野菜、海棠等农产品。工坊的发展不但丰富了民宿内容,而且带动了乡村产业发展。此外,为了增加游客的体验活动,石峡村每逢传统节日会举办大型民俗活动,如端午祈福、中秋拜月、春节过年等,游客可以与当地村民一起参与体验;围绕长城文化、海棠产业等主题开展长城保护、植物认知、长城文化读书会等娱乐休闲以及亲子活动,实现了多种业态的融合,构建多样化消费场景,满足旅游者多层次消费需求,促进了乡村民宿的高质量发展。

三、高效益——带动农民增收,壮大集体经济

民宿作为一项产业,必须讲求经济效益。乡村民宿建在农村宅基地上,而宅基地的所有权人是农村集体经济组织。因此,民宿的经济效益,应该是宅基地所有权人、资格权人、使用权人三方均有的高效益。一个优秀的民宿应该起到壮大农村集体经济、带动农民增收的作用。

中国社科院旅游研究中心研究员李明德曾提出,"民宿不仅仅是一个企业在村庄投资,而是要跟当地村民共同成长、生活,形成一个社区,整个社区和民宿共生、共振、共荣"。隐居乡里品牌创始人陈长春认为,"在未来,乡村可能既不像城市的生活,也不像乡村的生活,而是一种生态文明的新型生活,它是高于所有过往的生活状态"。并且他还指出,在乡村建设的过程中,一定要始终坚持以农民为主体,为农民而建,乡村的主人应该是当地的农民。目前,延庆区的乡村民宿建设中,已经初步形成了以民宿空间运营为核心,村集体、合作社、社会资本、民宿主、村民、游客等良性互动的格局。在民宿发展过程中,尤其重视当地村民与村集体或合作社的参与,如延庆区刘斌堡乡下虎叫村、姚官岭村、小观头村,张山营镇吴庄村,怀柔区雁栖镇头道梁村秋场自然村,密云区大城子镇下栅子村,门头沟区清水镇梁家庄村,房山区周口店镇黄山店村等村的乡村民宿发展都带动了当地村民就地就业,增加了农民收入,壮大了集体经济。以房山区周口店镇黄山店村为例,2015年,黄山店村引进专业的精品民宿和运营机构——隐居乡里,采用"乡村建设、企业运营、利益共享、在地共生"的合作模式,将村里老宅进行改造,进入发展民宿产业的

快车道。隐居乡里为其坡峰岭景区做营销宣传，门票收入从原先的 500 多万元增加到了 2017 年的 850 多万元，到 2019 年翻番达到 1 000 多万元，加上民宿项目，实现游客接待量共 40 多万人次，为村集体创收 2 000 多万元。

四、高规范——明确游戏规则，改善营商环境

一个行业的高质量发展离不开管理的高度规范化、政策的高度体系化和治理的高度法制化，离不开高度规范的营商环境。以延庆区为例，作为京郊民宿发展的后起之秀，延庆区政府等有关部门对延庆区民宿行业发展进行统一规划和指导，形成了"三级书记抓民宿"的管理格局，由区委、乡镇及村书记形成上下贯通、层层落实的决策链条，并在民宿产业联盟的协调之下，依托区域独特的旅游资源、国际会展等，打造区域特色品牌民宿，从而推动了当地乡村民宿的高质量发展。2018 年延庆区由区委书记总抓、主管文旅业务的副区长挂帅，由文旅局牵头，联合农业农村局、园林局、公安局等共 18 个与民宿经营相关的行政部门正式成立延庆精品民宿联席会，以联合办公的形式高效推进掣肘民宿发展的各项问题。联席会的成立为延庆区精品民宿监管规划、政府扶持乡村旅游产业等宏观政策引领发挥了重要作用，并针对公安住宿联网登记、消防应急等重要事项，建立了多方共同支持和监管的机制，形成全区精品民宿"一盘棋"的协同管理局面，为 2019 年北京市出台领先全国的"一证两照一联网"的民宿审批制度做出了卓有成效的探索。2018 年，延庆区制定了民宿产业发展三年行动计划（2019—2021 年）。计划提出到北京 2022 年冬奥会召开前，将打造一批具有延庆地方特色的乡村民宿，形成"奇迹长城""缤纷世园""激情冰雪""生态画廊"四大民宿集聚区，打造 100 个民宿村、1 000 个精品民宿小院、3 000 间精品客栈客房、20 000 张中高端住宿床位，完成"一区多集群、一镇多品牌、一村一特色"的发展布局，将延庆区打造成为"北方民宿产业引领者、中国民宿产业集群建设标杆、国际乡居生活度假目的地"。

政府规划和政策出台之后，一批民营企业积极响应，有序进入。"世园人家""长城人家""山水人家""冬奥人家""延庆人家"等一系列品牌陆续推出。多家企业开始探索不同的品牌运营模式，例如，以"隐居乡里"为代表的品牌输出模式，以"大隐于世"为代表的品牌连锁模式，以"合宿·姚官岭"为代表的品牌联合模式。社会力量的参与推动了延庆区民宿的有序发展。

同时，《乡村民宿建筑消防安全基本要求》的出台以及持照经营、公安联网等政策也进一步规范了乡村民宿的进入门槛。一批社会力量民宿经营主体按照以上政策规范自身经营，促进了乡村民宿的高质量发展。

五、高参与——尊重市场规律，调动多方积极性

乡村民宿高质量发展要遵循"政府引导，多元参与"的基本原则，多方力量不缺位、不越位。基于市场发展规律，政府、村集体组织、农民、社会力量等多元参与的乡村民宿

才是高质量发展的乡村民宿。

政府首先是规范性参与，根据区域特点、资源禀赋，因地制宜，编制各区乡村民宿发展规划，明确发展定位、空间布局、区域特色，在合法有序发展的前提下稳步推进，防止一哄而上、违规发展，努力打造规划清晰、布局合理、统筹协调的乡村民宿发展格局，在政策扶持、公共服务、规范管理、环境营造等方面起引导、规范作用。

其次是农村集体经济组织的主体性参与。乡村民宿的发展最主要的物质依托是农村宅基地。宅基地的所有权属于农村集体经济组织。根据《中华人民共和国民法典》第三百六十二条规定，宅基地使用权人依法对集体所有的土地享有占有和使用的权利。所以，乡村民宿的高质量发展，必须充分发挥村集体的组织引导作用，必须坚持以农民为受益主体，注重农民的全过程参与，调动农民的积极性、创造性和参与性，带动农村集体经济发展，确保乡村民宿发展的成果能够为当地农民所享。

最后是社会力量的广泛性参与。农村要向城市引入资金、技术、人才等多种要素，农村集体经济与社会资本形成利益共同体，补齐自身的短板。社会力量在参与建设乡村民宿的过程中，充分尊重市场规律，注重政府引导、市场主导的原则，同时投入资金、人才、服务等多种要素，促进了乡村民宿的高质量发展。延庆区姚官岭村于 2019 年 7 月 28 日被文化和旅游部、国家发改委选为第一批全国乡村旅游重点村。姚官岭村建有延庆区首个民宿集群项目，也是中国北方首个民宿集群——"合宿·延庆姚官岭"民宿集群。该民宿集群是政府、市场、村集体以及农户合力打造的成果。

延庆区政府部门如区农业农村局、区文旅局、区移民办等分别对姚官岭村的人居环境整治及产业发展提供了有力支持。区移民办拨付支持的"瓜廊"；区农业农村局支持的设施农业项目；区文化和旅游局为项目搭建贷款融资担保平台，争取到贷款资金 600 万元，并补贴贷款担保费。在政府政策的扶持引导下，北京沿途旅游发展有限公司与姚官岭民俗旅游合作社签订协议，共同成立合资项目公司，合力打造民宿集群，沿途旅游公司及背后的延庆民宿联盟负责投资、设计、建设、运营，帮助发展采摘菜园、果园，收购农民的农副产品，雇佣本村劳动力等。政府引导，市场主导，多方参与的民宿项目，改善了村庄面貌，盘活了闲置的乡村资源，发展了乡村产业，带动了农民增收，促进了乡村民宿的高质量发展。

六、高素质——培训高技能人才，支撑高质量发展

民宿高质量发展必须要有一流的人力资源支撑。2018 年，延庆区文旅局、刘斌堡乡政府和专业的民宿运营机构共同兴办北方民宿学院，5 年累计开展了近 1 000 场民宿服务培训，并且在全国妇联人才开发培训中心、人力资源和社会保障部《家庭服务》杂志社、北京观光休闲农业行业协会的组织下编写出版了《乡村民宿管家》培训教材。平谷区编制了《旅游民宿管家职业技能标准》《北京市平谷区旅游民宿管家职业资格培训课程体系》和《平谷区民宿业发展评价指标体系》，为培养高端民宿人才提供了指引和方向。2021 年10 月，"平谷区民宿管家能力提升三年行动"正式启动，目标就是精准提升民宿从业人员

的核心能力，打造优质劳动力品牌和培训品牌，有效拓宽劳动力就业渠道，为乡村振兴输送实用技能人才，为打造"横过来的五星级乡村休闲酒店"提供内在的"软实力"。

作为高素质、高技能人才的"民宿管家"，主要工作任务应该包括以下7个方面：策划当地自然人文环境、休闲、娱乐与生活方式体验活动，推广销售民宿服务项目；受理预订，与客户沟通，了解个性化服务需求，策划制订服务项目与方案；介绍民宿服务项目与设施，协调指导员工提供接待、住宿、餐饮、活动等服务项目；检查项目服务质量，协调处理客户诉求，保证服务质量；分析民宿运营中物料采购、损耗情况，整理、分析民宿运营数据，控制运维成本；整理记录客户信息、消费项目与习惯，搜集分析客户体验反馈，维护客户关系；制订民宿及服务项目应急预案，检查维护安全设施和设备，组织实施紧急救护。

随着我国社会的主要矛盾转变为人民日益增长的美好生活需要和不平衡不充分的发展之间的矛盾，乡村民宿在农、旅两个方向都进入了发展新阶段，进入联农带农、精品化、品牌化、集聚化发展的新时代。这一阶段更加注重品质和内涵，更加注重联农带农机制的建立，更加注重组团式发展。越来越多具有专业运营能力的中小企业上山下乡，成为农村集体经济的"合伙人"，社会资本和农村集体经济合股联营的项目成为发展主流，民宿集群也开始出现。全行业应该秉持"六高"的发展理念，共同推动乡村民宿高质量发展。

（作者：刘军萍，北京市农研中心党组成员、一级巡视员；
陈奕捷，北京市农研中心资源区划处处长）

北京市重点现代农业产业园发展潜力评估

2021年10月27日，北京市农业农村局发布《关于批准认定第一批北京市级现代农业产业园的公示公告》，由市农业农村局、市财政局组织完成了第一批北京市级现代农业产业园创建认定工作。最终认定北京市级现代农业产业园为：房山区窦店镇现代农业产业园、大兴区庞各庄镇现代农业产业园和大兴区长子营镇现代农业产业园。项目组通过卫星遥感和无人机遥感，对以上三个现代农业产业园的空间分布进行调查，通过定量分析园区内的基本情况，反映产业园区的现状和问题。

一、北京市现代农业产业园的发展现状

（一）房山区窦店镇现代农业产业园——多样化的现代都市农业

窦店镇距良乡卫星城9千米，总面积65.34千米²，总人口49 018人，其中，农业人口32 425人，非农业人口5 416人，流动人口11 177人。窦店镇地势平坦，土壤肥沃，

地下水资源丰富，电力充足，镇域内有丰富的地热资源，交通与通信发达。京广铁路穿境而过、京石高速公路、107 国道贯穿全镇南北，设有高速公路出入口，区、镇、村三级公路与国道交织成网。窦店镇是传统的农业大镇，现代农业产业发展基础和发展潜力具有显著优势。2020 年《窦店现代农业产业园创建方案》获得市级批复。国家七部委批准窦店村为首批国家农村产业融合发展示范园，为窦店现代农业产业园核心区加快发展提供了政策支撑。

按照初步的规划设计方案，窦店现代农业产业园战略定位为"一产特而优、二产精而强、三产秀而美、融合兴而旺"的都市型现代农业产业园。其总体布局是"一核"（以窦店村为核心区）、"一轴"（设施农业发展轴）、"两翼"（小清河景观农业东翼和大石河景观农业西翼）。产业园规划重点实施三大工程 16 个重点项目，总投资 12.75 亿元。其中，绿色生态肉牛产业基地建设工程投资 4.88 亿元，占总投资的 38%；优质高效蔬菜产业基地建设工程投资 2.11 亿元，占总投资的 17%；一二三产融合工程投资 5.76 亿元，占总投资的 45%。

目前，产业园核心区窦店村种养规模化程度较高，已建成千亩小麦籽种基地、标准化肉牛养殖示范基地、食用菌工厂化生产基地，实现了农业种植业与肉牛繁育、饲养、屠宰、加工、销售和农业面源固废物处理应用的完整产业链条，形成一二三产互动、互促和融合，发挥了产业集聚效应，带动了当地农民增收和地区经济发展。10 千米² 都市农业园区起步区的开发建设，重点是休闲垂钓区和度假农舍区建设，充分发挥休闲、采摘、度假的功能。围绕产业化基地，做强产业龙头，重点加大窦店清真肉业、乳业两个有限公司建设，促其走上食品工业的轨道。三街种羊场、六股道兔场、猕猴桃无菌基地、两间房獭兔要进一步上规模、上水平。真正形成"五大龙头、四大基地、四个品牌、一个园区"的产业格局。

房山区农业技术综合服务中心结合本区蔬菜产业发展现状，协调区农科所、农环站等技术推广单位，围绕 10 个核心示范区，辐射带动 23 家生态园区，开展了水肥一体化、土壤改良、绿色防控、机械换人、品牌建设、产业融合 6 大工程，推进蔬菜标准化水平，促进蔬菜生产迈向现代化。

（二）大兴区庞各庄镇现代农业产业园——西瓜之乡、农业集团

1995 年 4 月庞各庄镇被农业部首批百家中国特产之乡宣传活动组委会命名为"中国西瓜之乡"，西瓜产业成为大兴区农业代表，西瓜小镇因此而得名。庞各庄镇现代农业产业园按照"一心、一轴、三带、五板块"方式进行功能布局："一心"，产业园综合管理服务中心；"一轴"，永兴河滨水绿色农业观光轴；"三带"，庞魏路生态文化展示带、庞安路休闲农业旅游带、赵安路都市农业产业带；"五大板块"，高效生产板块、加工流通板块、科技示范板块、智慧农业板块和雪映田园美丽乡村板块。重点建设项目包括七大工程、26 项支撑项目，共投资 12.08 亿元。北京市政府每年拨付财政资金 1 000 万元，三年建设期共计 3 000 万元，推动庞各庄镇现代农业产业园创建，财政资金使用共涉及七大工程、15 个子项目，2018—2020 年，按照每年 1 000 万元投入。重点支持基础设施装备、科技

研发与示范、产业融合发展、质量品牌提升、信息支撑保障、生态绿色农业、带动农民增收机制七个方面。

近年，庞各庄镇着力创建现代农业产业园，将西瓜种植与现代科学相结合，围绕生产基地改造提升工程、西瓜集中育苗示范工程等项目的建设，培植壮大庞各庄镇特色主导西瓜产业，采用多元化种植结构、产品综合开发等手段，提高区域农业资源的合理开发和高效利用，促进现代农业可持续发展，强势推进"西瓜富民"战略，打造"庞各庄西瓜"品牌，推进西瓜产业提质增效。同时，加快推进农业转型发展，大力推广西瓜本地化，品种集约化高效栽培，加快新品种、新技术、新成果的示范推广，重点解决制约西瓜发展的道路、灌溉设施、电力等问题，创建一批栽培水平高、示范带动作用强的市级优质水果标准化示范园区。

落户庞各庄镇现代农业产业园的宏福农业智能温室，完全按照欧盟标准设施生产，没有一粒土，没有一滴农药，全靠营养液精准灌溉，可节能 30%、节水 50%，二氧化碳零排放，实现了无菌生产。平均每平方米定植 3.75 棵秧苗，每棵能长到十几米高，每棵最少结 37 串果，每串结果 13～16 个。每年可连续采摘 10 个月，平均算下来，每平方米可产出 27.75 千克，一栋温室年总产 2 700 多吨，是我国最高单产的近 2 倍，是传统栽培单产的近 10 倍。宏福农业番茄系列产品已实现了商超、线上线下全国各地销售配送。宏福农业以设施基地为平台，引进高端技术，培养人才，开设"番茄学院"，筹备设立中国现代农业科技实践基地及博士后流动站。

(三) 大兴区长子营镇现代农业产业园——航食特色、数字农业

长子营镇位于北京市东南、大兴区东部，镇域总面积 63 千米^2，辖 42 个行政村。距北京大兴国际机场仅 15.6 千米，在临空经济圈、京津冀协同发展的背景下，长子营镇依托着 13 600 亩面积的农业资源，借力北京市现代农业产业园建设，按照京南门户区，新国门新大兴的总体要求，长子营镇立足服务和保障北京大兴国际机场，建设标准高、品质优、产业集群效应突出的航食现代农业产业园。

长子营镇航食基地现代农业产业园占地面积 13 600 亩，育苗基地 205 亩，高科技生产园区 500 亩，航食加工基地 7 000 米^2。航食基地年产蔬菜 600 万吨，年加工输出鲜切蔬菜 1.5 万吨。四家航食配餐公司通过实地查看和深入交流，与长子营镇在航食原材料供应领域达成战略合作意向，并表示将与长子营镇航食种植企业和加工企业在航空食品蔬菜、果品、鲜切加工等方面进行企业合作。

长子营航食基地现代农业产业园在 2017 年 9 月获得了北京市第一批现代农业产业园创建资格。产业园建设立足镇域实际，提质提速发展蔬菜这一主导产业，通过科技引入集聚现代农业发展要素，布局统一品牌建设、统一生产管理、统一农资销售、统一产品追溯、统一质量检测、统一农残回收的"六统一"模式，打造农产品生产销售全过程、农作物生长全过程、农残回收利用全过程的可追溯、可监控、可循环的现代农业产业模式。

二、北京市现代农业产业园发展潜力评估

(一)农业用地规模

房山区窦店镇现代农业产业园土地总面积6 571.91公顷，耕地面积1 176.1公顷，设施农业面积375.93公顷；大兴区庞各庄镇现代农业产业园土地总面积10 911.96公顷，耕地面积3 348.93公顷，设施农业面积1 984.67公顷；大兴区长子营镇现代农业产业园土地总面积5 913.31公顷，耕地面积1 098公顷，设施农业面积895.89公顷。

(二)土地集中度与平整度

窦店镇耕地的斑块数为83，最大斑块指数为18.39，平均斑块面积为8.02，平均斑块形状指数为2.667 5，平均斑块分维数为0.966 3，平均最近邻距离为0.002 6；庞各庄镇耕地的斑块数为42，最大斑块指数为45.77，平均斑块面积为10.97，平均斑块形状指数为1.363 5，平均斑块分维数为0.986 4，平均最近邻距离为0.003 6；长子营镇斑块数为63，最大斑块指数为39.44，平均斑块面积为7.30，平均斑块形状指数为1.336 0，平均斑块分维数为0.977 4，平均最近邻距离为0.002 7。通过景观生态指数分析，庞各庄镇的耕地集中度较高，地块形态规则，具有较好的集中连片基础。相反，窦店镇耕地集中度较低，地块形态不规则，集中连片难度较高（表1）。

表1　北京市现代农业产业园景观生态指数

行政区域	斑块数 (NP)	最大斑块指数 (LPI)	平均斑块面积 (MPS)	平均斑块形状指数 (MSI)	平均斑块分维数 (MPFD)	平均最近邻近距离 (MNN)
窦店镇	83	18.39	8.02	2.667 5	0.966 3	0.002 6
庞各庄镇	42	45.77	10.97	1.363 5	0.986 4	0.003 6
长子营镇	63	39.44	7.30	1.336 0	0.977 4	0.002 7

窦店镇耕地的最大坡度为27.13，平均坡度为3.14，标准差为2.10；庞各庄镇耕地的最大坡度为20.80，平均坡度为3.01，标准差为1.87；长子营镇耕地的最大坡度为30.37，平均坡度为3.26，标准差为2.18。通过耕地平均坡度分析，庞各庄镇的耕地平均坡度最低，地形平坦，具有较好的集中连片基础。长子营镇耕地平均坡度最高，土地整治强度较大（表2）。

表2　北京市现代农业产业园耕地坡度

行政区域	最大坡度 (maximum slope)	平均坡度 (mean slope)	标准差 (standard deviation)
窦店镇	27.13	3.14	2.10
庞各庄镇	20.80	3.01	1.87
长子营镇	30.37	3.26	2.18

（三）北京市现代产业园产业结构分析

窦店镇农业现代产业园有行为主体 901 个，其中农业企业 9 个，占行为主体百分比为 1.00%；庞各庄镇农业现代产业园有行为主体 537 个，其中农业企业 27 个，占行为主体百分比为 5.03%；长子营镇农业现代产业园有行为主体 478 个，其中农业企业 31 个，占行为主体百分比为 6.49%。通过对北京市现代农业产业园行为主体的分析，庞各庄镇的行为主体数量较多，但从事农业生产的企业数量较少，说明农业产业发展水平较低；长子营镇行为主体数量较少，但从事农业生产的企业数量较多，说明农业产业发展水平较高（表 3）。

表 3 北京市现代农业产业园行为主体和农业企业

行政区域	行为主体（个）	农业企业（个）	百分比（%）
窦店镇	901	9	1.00
庞各庄镇	537	27	5.03
长子营镇	478	31	6.49

综合以上分析，本文认为 2020 年北京市确定建设的 3 个现代农业产业园，发展潜力最大的是大兴区庞各庄镇现代农业产业园，其次是大兴区长子营镇现代农业产业园，第三是房山区窦店镇现代农业产业园。

（供稿：北京市农村经济研究中心《农业资源调查、监测、评价与现代农业产业园农业资源监测体系建设试点试验》项目组）

北京市乡村红色资源梳理与开发试点研究

——以密云水库周边及溪翁庄镇金叵罗村为例

"红色资源是我们党艰辛而辉煌奋斗历程的见证，是最宝贵的精神财富，一定要用心用情用力保护好、管理好、运用好。"习近平总书记在建党 100 周年之际，针对用好红色资源，赓续红色血脉进行了专文论述。当前，密云区溪翁庄镇金叵罗村在各级政府大力支持下，正在努力建设乡村振兴示范村，但红色资源开发是其短板。建议以此为契机，开发红色资源，建设红色教育基地，使密云区乡村振兴带上鲜亮的底色。

一、主要红色资源梳理

（一）纵深挖掘资源发展红色教育

通过前期的驻村调研，对密云水库周边及金叵罗村开发红色资源，重点挖掘整理了革命战争年代的"英雄母亲"邓玉芬,白乙化、"三青烈"为代表的革命烈士和建设密云水库"十姐妹"的红色历史,通过密云区委党史办公室、密云区妇联等部门对历史资料进行筛查,对革命烈士张普增、张纯儒、关定悌、郭珍的家属进行专访,对村庄周边的红色资源点位进行数字化采集,以实际行动践行习近平总书记"深入学习党史、新中国史、改革开放史、社会主义发展史"的要求。

(二)聚合多元主体发展乡村旅游

金叵罗村村"两委"于2012年确立以"旅游＋"为主线,以旅带农、以旅促农、以乡村美丽经济促产业发展的思路。2014年,金叵罗村首家民宿——北井小院开张,成为村庄民俗户典范。同年,村里举办的首届樱桃采摘节、首届金谷开镰节等活动吸引了大量市民参与,农民增收效果显著。金叵罗村先后荣获"全国一村一品"示范村、"全国休闲美丽乡村"、"全国乡村旅游重点村"等荣誉。2021年,金叵罗村联合北京市农研中心、中华女子学院(全国妇联干部培训学院)、北京林业大学马克思主义学院、北京观光休闲农业行业协会等机构,共同开发红色旅游资源,进一步丰富了乡村旅游的内容。

(三)准确把握大势发展生态农业

作为密云水库周边的村庄,金叵罗村于2012年着手土壤改良。在2016年被北京市低碳环保协会确定为试点村,辅导村庄进行各项堆肥实验。2017年,金叵罗村生态农场被评定为北京市中小学校外大课堂资源单位,并作为中国儿童基金会指定的行知教育基地。生态农业更大的社会价值被激发出来。2018年,金叵罗村农田土壤及灌溉水样经检测达国家自然保护区标准。

(四)坚持改革攻坚发展集体经济

2012年,金叵罗村先后成立了樱桃合作社、农业种植合作社和民俗旅游合作社,依法将农民闲置的土地、农宅、果园流转过来,共流转农地1 400余亩,统一管理实现规模经营,农民组织程度明显提高。合作社还从村集体手里租赁了旧厂房、旧村小学和集体山场,统一对外招商,统一向村集体上缴租金。通过乡村旅游和特色农业带领乡亲们共同致富。

(五)做实协同战略发展乡村振兴

金叵罗村村"两委"充分发挥职能作用,积极推进基建项目。推动农业与教育的深度融合。秉承开放的心态,坚持走城乡融合发展的道路。搭配"集体经济＋专业合作社"的体制机制,为新农人返乡入乡创业打好了坚实基础。村民们同样也深刻认识到乡村的经济价值、生态价值和文化价值,积极思考本村农家乐提档升级,品质提升。规划了不同规格的民宿项目,服务不同目标市场。

二、红色资源教育培训现场教学课程体系

2021年是中国共产党成立100周年,在这一重大历史节点,党中央组织开展党史学

习教育，引导干部群众把党的历史学习好、总结好、传承好、发扬好，从党的百年伟大奋斗历程中汲取继续前进的智慧和力量。

为了更好地开展党史教育和在乡村振兴中充分发挥巾帼力量，北京市农村经济研究中心资源区划处、中华女子学院及全国妇联干部培训学院继续教育学院、北京林业大学马克思主义学院、北京观光休闲农业行业协会，共同开展相关专题研究。以密云水库周边及溪翁庄镇金叵罗村为基点，围绕当地红色文化资源发掘和乡村振兴城乡融合发展中好的经验和做法开发相关现场教学课程。设计一套针对党建活动、青少年思想教育、干部培训的产品体系，并开展相关的宣传活动，推动金叵罗村"红村、绿村、金村"红色教育基地建设。

三、红色教室的概念性设计——金叵罗云展厅

金叵罗云展厅借助村委会议室的空间特色来构筑组织展示秩序，以增加云展厅的金叵罗特色。这是实践探索"乡村活态博物馆""乡村故事汇"在地性、鲜活性的一种尝试。虚拟空间突破现实物理空间的限制，能自由地扩展、叠加内容，与手机互联网连接，能利用人们的碎片时间便捷地观看、查询展览内容。展厅内容以"续红色基因、谋绿色发展、创金色未来"创意结构金叵罗的历史与新时代故事，也给展厅增添了记忆亮点。这为金叵罗村开启乡村活态博物馆建设，做了扎实的内容梳理和提炼。

四、金叵罗村开发红色资源，建设红色教育基地的指导思想

（一）突出乡情家风

金叵罗村的红色资源，属于全村3 500位乡亲，23名烈士，首先是乡亲们的家人，烈士的光荣事迹，接着是乡亲们的家事。家事连国事，乡情即国情。作为建在乡村的红色教育基地，要突出乡情、家风，各项设计、展陈要让乡亲们认可、接受，内容上突出口述历史，鼓励村民自己讲家史、说家风，这既是对外展现乡村特色的要求，也是对内构建村庄凝聚力的要求。

（二）打造精品展陈

借鉴吸收全国乡村红色展馆、党史教育基地的成功做法经验，发挥后发优势，重视文案的表达、灯光的布设和新技术的运用，着力打造"小而精"的高质量展陈，树立新时代京郊乡村红色教育基地的新标杆。

（三）强化教育功能

一是与金叵罗村研学项目相结合，设计符合青少年认知特点的教育活动，纳入中小学校外大课堂；二是与市委、区委党校对接，纳入干部培训教育基地，开展党史、市情、农情培训。

（四）发挥联动作用

金叵罗红色教育基地承载的不仅仅是金叵罗村的红色历史，还应自然延伸到密云水库周边区域，包括云蒙山抗日斗争史、英雄母亲邓玉芬、密云农民支援抗美援朝前线、密云农民参与修建密云水库、接纳水库移民、新时期走保水富民道路等内容，起到以点带面的作用。

五、建设红色教育基地的具体项目建议

考虑到村庄现有建设用地条件，增强项目的可行性，提高项目的时效性，现阶段可立即开展以下具体建设项目。

（一）一馆三厅

突出"三青烈""7420""密云水库"等品牌，对现有村史馆进行提升改造，建设金叵罗"三青烈"纪念厅、抗美援朝7420纪念厅、水库移民纪念厅（一馆三厅）。设计方案、展陈方案应面向社会公开招标，村民应充分参与决策。

（二）红色教室

改造、提升、扩容现有党员活动中心院落，建设金叵罗红色教室。

（三）红色农产

推广使用"金叵罗红色记忆"农产品（小米）包装，推出红色乡村旅游伴手礼，突出"小米"这一中国革命的特殊符号，宣传伟大的"抗美援朝、保家卫国"精神，带动特色农产品销售。

（作者：陈奕捷、吴国庆，北京市农研中心资源区划处；
乔通、赵晨、徐人杰，北京观光休闲农业行业协会；
张霁、张洁、苗伟东，全国妇联干部培训学院）

金叵罗村乡村振兴的三个关键词

北京市农村工作会议强调，坚持大城市带动大京郊，大京郊服务大城市，努力走出一条具有北京特点的乡村振兴之路。瞄准市场，服务市民，密云区溪翁庄镇金叵罗村因地制宜、突出特色，在返乡创业队伍"11生产队"的带领下，农民走出来、亮出来，产业兴起来、聚起来，市民多起来、留下来，乡村经济焕发了新的活力。

一、培训，转变了农民

新产业新业态的导入，成为金叵罗村发展的新引擎。这些外来创客组成的"11生产队"，包括老友季花园民宿、西口研食社、飞鸟与鸣虫农场、北青教育传媒公司、蓝海易通咨询公司、亲游科技公司，将乡村与旅游、民宿、教育和文化融合，把传统的农业农村资源开发出新的价值。他们以就业需求为导向，陆续培训了27位本村农民，带动并辐射近百名村民共同增收。

培训提升了农民的技能。老友季精品民宿对农村妇女担任管家实施13项培训，包括客房整理、公共空间整理、餐具清洁、野外急救、消防应急演练、简易插花、店内电子产品使用、儿童用品使用、餐食研发、庭院花草护理、伴手礼包装技巧、销售话术、乡村与民宿关系，使农村妇女在家门口就能转化为精品民宿管家，获得稳定的收入和体面的社会地位。飞鸟与鸣虫农场培训出"军师面长"——原来的农家妇女现在擅长精细化称量，深度理解不同原料、配料配比对烘焙产生的效用，成为农场烘焙配方调试、新品研发的好手。另一位农家妇女成为"时间的魔法师"，对罗马式柴窑炉温的掌控炉火纯青，能稳定地控制烘焙产品品质。西口研食社聘用本村4位妇女，通过培训，均具有了甜品制作技能和一定的解说技能。"田妈妈亲子小院"的每位房东具备了基础的视频拍摄与自媒体传播能力。

培训提升了农民的收入。飞鸟与鸣虫农场聘用的9位"40"、"50"人员，从最开始的每月约3 000元工资到现在的每月3 500~3 800元不等，并有和销售额挂钩的奖金，优秀的还成长为专业技术人员，年工资收入约5万元。亲游科技公司通过对原有4个民俗旅游户环境的"微改造"和对农户的培训，打造出4个"田妈妈亲子小院"，4个小院半年收入分别由2.3万元提升到4.7万元、3万元提升到5.5万元、4万元提升到6.1万元、1.6万元提升到4万元，平均增长率为97.5%，接近于翻番。

培训提升了农民的自信。乡村振兴，农民是主体。主体的地位是要通过参与、通过劳动体现的。经过"靶向培训"，精准施教，这些原本留守在农村的读书最少、年龄偏大的"40"、"50"人员，这些所谓的剩余劳动力，通过自己的双手，每月获得固定的现金收入，在家庭中和村庄邻里中的地位得到明显提升，带来了对自身价值的高度认可，待人接物大方了许多。通过培训，他们拓宽了视野，习得了技能，收获了自信，成为本地产业发展的参与者、奉献者、受益者、支持者，成为乡村产业发展的内生动力。

二、创新，服务了市民

大京郊服务大城市，就是要适应城市居民对新鲜新颖的追寻，满足新时代城市人群对农业农村产品高颜值、高品质的新需求。通过培训，农民的创新创意能力被激活，金叵罗村立足村庄资源和市民口味，陆续推出深受市民喜爱的产品。如"田妈妈亲子小院"的"五朵金花"联合研发的金叵罗家宴：菜品有像花朵开放状摆放的白菜包裹的精进版的

"贡米打包饭"，有以层次错落有致、设计感摆放的红薯、马铃薯、玉米"土地三兄弟"，有鹌鹑蛋上带胡萝卜芝麻雕刻装饰的"鹌居乐业"，有叠放散排由萝卜、草莓、黄瓜和红豆组成的"梧桐引凤"，有用小米、糯米、紫米做成花瓣状的"花开富贵"。她们还利用村里的黏土资源，共同研发了金叵罗伴手礼"北京泥好"。飞鸟与鸣虫农场凭借"军师面长"和"时间的魔法师"的手艺，推出原味酵母发酵的纯原生态无添加面包，以其儿时的味道和记忆中的口感，受到了客户的追捧。老友季民宿培训管家开发"海盐舒芙蕾咖啡"，有温润的海盐飒爽，间有奶油的细腻丝滑，有牛奶的原生香气，也有咖啡的涩苦醇香，成为最受客人喜爱的单品。金樱谷农民专业合作社培训村民改进农产品包装，在市农研中心的帮助下设计了"7420"红色记忆主题小米包装，满足了市民情感消费的需求。西口研食社的农家妇女巧手制作出冰墩墩、雪容融汤圆，一墩一容皆难求，祥云叵罗月饼、兔爷彩灯主题月饼，受到了孩童们的喜爱和市民青睐。

创新，在满足市民需求的同时赢得了市场新机遇，促进了村庄新发展。2021年，金叵罗村全村实现旅游收入2 000万元，旅游直接就业人数约320人，被评为中国美丽休闲乡村、全国乡村旅游重点村。创新，促进绿色发展，开创金色未来。

三、融合，发展了城乡

金叵罗村的实践启示我们，乡村发展要走城乡融合、产业融合、文化融合的融合发展之路。打破农村固有观念，吸收城市商业文明的先进理念，建立新时代乡村开放、包容的发展文化，这是文化融合的核心要义。通过文化融合，形成了城乡融合、产业融合的肥沃土壤，吸引了一大批创新创业的人才进村，聚集成为"11生产队"，"11生产队"带来了城市需求导向的新产业新业态，从就业技能入手培训本土村民，本土人才的形成又缓解了"11生产队"的人力资源困境，支撑了"11生产队"的创新发展。

大城市带动大京郊，大京郊服务大城市，就是城乡要素资源不断聚合、共生、裂变的过程。在这个过程中，形成了新的组织形态和社会参与模式，推动农业全面升级、农村全面进步、农民全面发展、城乡全面融合。在乡村振兴战略实施过程中，踏踏实实做好地力培肥、良种引进，待种子自身发芽和成长，城乡资源、人才、要素共生共赢共长，终将长成城乡互相滋养的参天大树。

（作者：李敏、张颖，北京市农研中心资源区划处）

农村金融服务

2021 年北京市政策性农业保险发展报告

　　农业是国民经济的基础，也是受自然灾害和市场波动影响最大的产业。当前，稳住"三农"战略后院，守住国家粮食安全这一底线，具有特殊重要的意义。北京市农业尽管在全市国民经济中占比不高，但作为都市型现代农业的代表，在首都农产品有效供给与应急保障、宜居城市和生态建设等方面意义重大。农业保险作为一项重要的农业支持保护政策，能够有效弥补农业灾害损失，稳定农民收入，保障国家粮食安全，维护农村社会稳定。在两个百年目标交汇对接、"三农"工作重心转向全面推进乡村振兴的历史节点，政策性农业保险在推动都市型现代农业发展方面的地位日益凸显。

一、政策沿革

　　2007 年，市政府印发《关于建立北京市政策性农业保险制度的方案（试行）》（京政办发〔2007〕27 号），确立政策性农业保险的基本制度框架，开展政策性农业保险工作。为更好地落实此方案，市农委专门印发《关于加强政策性农业保险进展情况信息上报工作的通知》（京政农发〔2007〕18 号），加强政策性农业保险信息统计上报，及时掌握业务动态。

　　2009 年，市政府第 63 期《关于研究北京市政策性农业再保险有关问题的会议纪要》强调，建立政府主导、市场运作的政策性农业再保险机制，构建多层分散的农业保险风险防控体系。

　　2011 年，市财政局、市农委联合印发《北京市政策性农业保险补贴资金管理办法》（京财农〔2011〕2375 号），建立第三方审计制度，加强和规范政策性农业保险补贴资金监督管理。市农委印发《关于进一步加强政策性农业保险业务经营分析和信息上报工作的通知》（京政农发〔2011〕2 号），进一步完善政策性农业保险统计制度建设。为了全面规划政策性农业保险各项工作，市农委专门出台《北京市"十二五"时期政策性农业保险发展规划》（京政农发〔2011〕19 号），在全国率先制定政策性农业保险发展地方性规划。

　　2012 年，北京市被纳入中央财政农业保险保费补贴支持范围之后，市财政局、市农委联合印发《关于做好中央财政农业保险保费补贴工作有关事项的通知》（京财农〔2012〕2492 号），与中央财政农业保险保费补贴政策接轨。市农委印发《关于进一步做好政策性农业保险工作的意见》（京政农发〔2012〕4 号）和《关于做好 2012 年政策性农业保险宣传工作的通知》（京政农发〔2012〕8 号），进一步完善北京市政策性农业保险体系，不断提高"三农"风险管理水平，提升农民风险管理意识。

　　2013 年，市农委、市财政局、北京保监局联合印发《北京市政策性农业保险绩效考核办法（试行）》（京政农发〔2013〕12 号），建立绩效考核制度，每年定期对保险公司业务经营进行考核；北京保监局、市农委印发《北京市政策性农业保险承保理赔业务规范》（京保监发〔2013〕35 号），维护农业保险消费者合法权益，防范政策性农业保险经营风险。

2015 年，市农委、北京保监局、市金融局联合下发《关于在大兴区建立创新型"三农"保险示范区的试点意见》（京政农函〔2015〕5 号）从涉农保险业务的产品、服务和经营机制等方面开展创新，构建"政府＋保险公司＋农户"三方联动的农业保险发展模式。

2018 年，市农委、北京保监局印发《北京市政策性农业保险承保理赔优化操作细则（试行）》（京政农发〔2018〕3 号），为农户提供更加便捷的承保理赔服务，提升政策性农业保险服务水平。

2021 年，北京银保监局印发《关于进一步明确辖内农业保险业务经营条件的通知》（京银保监办发〔2021〕65 号），明确北京市政策性农业保险经营的具体条件，引导保险公司合理布局。

二、基本特点

2007 年以来，北京市以提高农民抵御自然风险和农业综合生产能力为目的，按照"政府引导、政策支持、市场运作、农民自愿"的原则，建立适合北京市实际的政策性农业保险制度，形成"北京模式"，主要有以下四个方面的特点。

（一）机制健全

各级政府精心部署、领导高度重视是政策性农业保险工作稳步推进的组织保障。北京市 2007 年建成政策性农业保险工作协调小组，各成员单位积极沟通、通力合作，在制度完善、监督审计、防灾定损等方面共同协商、配合落实，形成工作上的联动机制和良好的协调推进机制。市委、市政府领导多次听取进展情况汇报并作出批示，对工作给予肯定和指导。各区政府相应设立政策性农业保险工作协调管理机构，并结合各自实际出台政策性农业保险工作实施意见，明确主管部门和协调人员，以保证上下联动。

（二）制度先行

北京市注重加强顶层设计，为政策性农业保险工作提供全方位的制度支持。出台《北京市"十二五"时期政策性农业保险发展规划》，坚持每年修订颁布《北京市政策性农业保险统颁条款》，并用通俗易懂的语言规定保险标的、保险责任、责任免除等事项。主动建立"第三方审计"机制，检查保险公司经营行为，审核确认保险业务规模，针对保险公司存在的问题提出审计意见，为农业保险工作依法合规经营提供保障。

（三）财政支持

市财政于 2007—2016 年实施农业保险经营管理费用补贴，并自 2009 年起每年购买农业再保险，探索建立政府直接购买再保险的巨灾风险分散机制，极大提高了农业保险保障水平和保险公司的持续经营能力。对超出再保险赔偿限额以上的农业巨灾风险，采取一事一议的方式予以解决。2021年，北京市农业保险再保险机制按照中央要求进行调整执行，推动农业保险再保险体系改革。

（四）科技应用

为提高政策性农业保险管理科学化、数字化水平，于2014年打造农业保险信息化管理平台，应用现代科技手段进行精确承保和精准理赔。平台通过保险公司业务数据与政府主管部门实时连接，对每一笔农业保险业务进行监测校准，按图承保和理赔，杜绝农户重复投保现象，防止虚假投保或夸大损失骗保等行为发生。在农业保险经营准入机制中，要求农业保险经营机构具备承保、理赔信息化条件，推广"农险e采集"，辅助保险公司人员在承保理赔工作中运用信息化技术实现保险标的精准快速采集。推进农业保险全流程信息化改革试点，形成在线投保、在线理赔、在线提供增值服务的信息化服务闭环，破解传统农业保险"人海战术"的经营困境。

三、主要成绩

北京市14年来积极探索农业风险管理路径，有序推动农业保险制度建设，大力加强农业保险科学化管理，取得了较大成绩。

（一）风险保障水平持续提高

2007年是北京市开展政策性农业保险的第一年，提供的风险保障占农林牧渔总产值的5.6%。2020年，这一数字提高到46.1%，14年间提高8.2倍，年均增长17.5%。2020年，北京市农业保险深度和保险密度分别为5.3%和1 380元/人，是2007年的8.8倍和13.2倍，政策性农业保险对首都农业产业的风险保障能力显著提升。

（二）损失补偿功能不断增强

2007—2013年、2014—2020年两个阶段，北京市政策性农业保险平均简单赔付率分别为70.2%、89.1%，赔付率上升趋势明显，发挥了农业生产损失补偿功能。同时，在稳定农民收入方面也发挥了积极作用。如2020年赔付额达4.7亿元，对农民收入贡献为0.6%。

（三）财政资金效能明显提升

2007—2020年，北京市各级财政累计投入保费补贴39.3亿元，为195.3万户次农户购买1 499.3亿元农业风险保障，保费补贴资金放大效果达到38.2倍。2020年，市区两级保费补贴财政资金杠杆率为35.4倍，其中种植业25.3倍，养殖业53.7倍。财政资金的使用效率大大提高，充分体现了农业保险保费补贴资金"四两拨千斤"的杠杆作用。

（四）金融联动作用有效发挥

北京市于 2011 年提出加强农业保险与农村金融服务平台等其他农村金融业务的有机联动，2014 年建立"政策性农业保险管理及信息服务平台"（目前已更名为"农村金融与风险管理信息平台"）。这些举措方便利用涉农保险投保情况为银行或担保机构提供授信参考，为农业保险助推农村金融发展提供了技术支撑，切实缓解了农业经营主体"贷款难"问题，推动了农村普惠金融发展。

四、突出问题

面对全面推进乡村振兴、基本实现农业农村现代化的新任务新要求，以及满足"三农"领域日益增长的多元化风险保障需求，北京市政策性农业保险实现高质量发展仍面临着一些亟待解决的问题。

（一）农业保险与产业发展的协同度有待加强

一是对重要农产品保障力度仍需加大。《北京市"十四五"时期乡村振兴战略实施规划》明确提出，"抓好'米袋子''菜篮子'生产"。2020 年，北京市育肥猪参保率达到 93.1%，但粮食作物承保面积和参保率有待提升，如小麦和玉米分别为 3.9 万亩、30.7% 和 18.3 万亩、29.6%。二是对现代种业发展保障作用仍需加强。北京市提出加快建设全国种业科技创新中心，打造"种业之都"，但目前涉及种业的包括杂交小麦综合制种、杂交玉米综合制种、种猪养殖、蛋种鸡养殖、肉种鸡养殖保险 5 种政策性农业保险，在满足种业保险多元需求方面仍有不足。

（二）农业保险精细化程度有待提升

一是保险产品创新力度尚待强化。北京市农业保险品种主要以各类作物、牲畜、果树的传统成本保险为主，近年推出一系列价格指数和天气指数产品。但总体来看，产品创新集中在拓展保险标的方面，在产品模式创新方面进展较慢。目前，北京市在推广高保障创新型险种方面进行了相应尝试。如在大兴区开展西瓜人工成本附加险试点，在平谷区开展桃种植保险附加产量损失保险、桃价格保险试点，在首农食品集团双河农场开展水稻价格保险和玉米、大豆期货价格保险试点。但仍存在创新力度不够、支持力度不足的问题，纳入统颁条款的价格保险只有生猪价格指数保险，难以满足经营主体差异化、多层次的保障需求。二是费率分区与动态调整机制尚未建立。目前北京市采取"一市一费"的定价模式，费率未能实现合理分区，在实践中容易诱发投保人逆选择的现象。风险高的地区积极投保，风险低的地区缺乏投保积极性，对扩大农业保险覆盖面带来不利影响。如 2014—2019 年平谷区镇罗营镇、王辛庄镇、峪口镇冰雹灾害频发，投保率均在 90% 以上，而夏各庄镇灾害较少，投保率约为 5%，马坊镇几乎为零投保。

（三）保障水平与风险保障需求仍有差距

参照《中央财政农险保险费补贴管理办法》，目前北京市政策性农业保险以保障农户及农业生产组织灾后恢复生产为主要目标，保险责任以自然灾害、重大病虫害和意外事故等自然风险为主，保障水平以物化成本为主。然而随着都市型现代农业不断发展，经营主体的风险保障需求不断增长，不仅希望在物化成本上得到保障，更对稳定收益有很高的心理预期。如 2020 年苹果保险金额为 5 000 元/亩，而北京市的苹果总成本为 12 112.4 元/亩（物质与服务费用 4 525.6 元/亩，人工成本 7 161.2 元/亩），分别占总成本的 37.4% 和 59.1%。即使投保人获得全额赔偿，也只能收回种子、肥料等基本投入费用，且冻灾等自然灾害认定存在一定困难，农户为此对提高保险保障水平和优化保险理赔机制等方面提出更高要求。

五、对策建议

在新发展阶段，应加快实现农业保险高质量发展，推动农业保险扩面增品提标，不断满足乡村振兴过程中旺盛、迫切的风险保障需求，为实现首都特点的农业农村现代化提供强有力的保险支撑。

（一）坚持农业保险发展理念

农业保险是农业生产保障的重要手段，应积极发展并长期坚持下去。对标《北京市"十四五"时期乡村振兴战略实施规划》提出的"推进农险扩面、增品、提标，收入保险成为农险的重要险种"的要求，在扩面上，将适度规模经营农户和小农户都纳入保障范围，给予其根据自身需求和经济实力选择险种的权利，适应部分小农户等投保主体偏好，对自缴保费较低的直接物化成本保险可长期保留，同时注意契合新型农业经营主体的高风险保障需求。在增品上，鼓励各区和保险公司探索开展粮食蔬菜作物完全成本保险和收入保险试点，研究开发小麦制种、玉米制种、北京鸭、水产种质资源等多元化种业保险，为攻关北京市种源"卡脖子"难题提供有效风险保障，推广农产品目标价格指数保险、气象指数保险等保险产品。在提标上，逐步试点探索从保成本向保收入过渡，保险责任从主要防范自然灾害风险向市场风险延伸，以政策险带动商业险。

（二）提高农业保险精细化程度

一是探索开展风险分区和费率动态调整工作，试点区域差异化费率，降低逆向选择风险。根据中国人民银行等六部门联合发布的《关于金融支持新型农业经营主体发展的意见》中提出的，"结合农业产业结构调整、生产成本变动以及农业保险风险区划和农业生产风险地图，加快建立农业保险保障水平动态调整机制与保险费率拟定和动态调整机制"要求，在北京市探索开展农业生产风险评估和费率区划研究工作。参考借鉴中国精算师协会发布的《稻谷、小麦、玉米成本保险行业基准纯风险损失率表（2020 版）》以及中国农科院农业风险研究中心发布的《中国农业生产风险区划地图册》，以现有的农业生产数据、行业风险损失数据等为基础，研究基于风险分区的差异化费率定价机制，推动农业保险费率的精确化和动态调整。二是探索构建多层次农业保险产品体系。立足都市型现代农业发展需求和实际，构建"以政策性农业保险为基础，商业性保险为补充"的多层次保险体系，扩大保险覆盖面，增加保险品种，优化理赔程序，推动政策性农业保险从保物化成本向保完全成本、保收入转变，力争满足农业经营主体的多层次、差异化的保险需求。

(三)提升保险公司服务能力

一是加强农业保险从业人员队伍建设，督促保险公司加强对保险承保理赔人员的业务培训。一方面指导保险承保理赔人员及时掌握保险政策具体要求，另一方面引导保险承保理赔人员积极学习农业专业知识，主动联络投保主体，准确掌握投保主体诉求，合理解释政策内容，不断提高农业保险服务水平。二是开展农业保险绩效考核，研究建立绩效考核结果与保险公司经营关联机制，探讨建立科学的农业保险市场准入、退出机制，打造农业保险稳定有序的发展环境。

(作者：林子果，北京市农研中心金融处处长；

曹晓兰，北京市农研中心二级巡视员)

2021年北京市农村普惠金融发展报告

普之城乡，惠之于民。农村普惠金融是一项关乎农村发展和农民生活的重要事业，对改善弱势群体生活和增进农民福祉具有重大意义和深远影响。《推进普惠金融发展规划(2016—2020年)》提出，普惠金融指立足机会平等要求和商业可持续原则，以可负担的成本为有金融服务需求的社会各阶层和群体提供适当、有效的金融服务。普惠金融的核心原则是机会平等，使所有的市场主体都能享受到金融服务，主要目标是提升金融服务的覆盖率、可得性和满意度，服务对象是有金融服务需求的弱势群体。普惠金融的重点应放在农村，农村普惠金融要为农户和农村小微企业等整个"三农"群体提供适宜和有效的金融服务。

首都城市战略定位决定了北京市农业农村发展具有自身特殊性，发展农村普惠金融要在遵循"大城市小农业、大京郊小城区"市情农情和乡村发展规律的前提下，提升郊区农业经营主体的金融服务可得性。近年，京郊乡村新产业新业态不断涌现，金融消费新主体新需求日益增多，但农村资金短缺、融资困难、信用欠佳等问题依然突出。为此，北京市坚持新发展理念，不断加大普惠金融支持农业农村发展力度，构建农业信贷、农业保险、农业投资、农业担保、农业基金、农村信用、涉农企业上市培育、农村要素市场、农村金融改革试验区、农村基本金融服务村村通等普惠金融服务体系，持续深化农村金融改革创新，推动数字普惠金融发展，加强金融要素市场互联互通，引导更多金融要素支持"三农"发展。同时，北京市高度重视顶层设计，充分发挥政府主导、引领和推动作用，结合本地实际，在融资扶持、农业保险、抵押担保等方面积极创新出台一系列政策文件，形成了较为完备的政策支持体系。

一、基本情况

北京市积极推动农村普惠金融工作，持续加大对"三农"重点领域的金融资源配置，不断丰富农村普惠金融产品种类，农村普惠金融服务网络和服务质量得到进一步完善和提升。截至 2021 年 11 月末，北京市涉农贷款余额 3 653.3 亿元，同比增长 20.5%。

(一) 农村普惠金融体系逐步完善

多年来，北京市着力构建农村普惠金融体系，初步形成国有商业银行与政策性农业金融机构在京分支行、市属商业银行、村镇银行和小额贷款公司等新型农村金融机构，以及其他非银行金融机构等共同参与的农村金融组织体系。2008 年成立的北京市农业投资有限公司，聚集各类资金投入农业领域，建设农业投融资平台，发起农业产业投资基金，继而设立北京市农业融资担保有限公司、北京小额贷款投资管理有限公司、北京农投商业保理有限公司、北京农投融资租赁有限公司，充分发挥政府资金的导向作用，引导更多的信贷资金和社会资金投向农业农村。2010 年成立北京农村产权交易所，专注于规范农村各类生产要素有序流动和优化农村资源配置，搭建农村要素流转交易服务平台。2015 年成立北京市农村金融协会，发挥金融供需双方互动交流的桥梁纽带作用，连接"金融＋农业经营主体＋政府"的公共服务平台。2020 年成立北京市农村小微快贷中心，打造线上线下一体化数字普惠金融平台。目前，北京市各主要商业银行北京分行及地方法人银行均已成立普惠金融事业部，有效推动普惠金融发展，不断完善普惠金融工作机制和涉农服务机制。

(二) 涉农贷款投放力度持续加大

北京市涉农金融机构积极对接首都民生金融服务关键环节资金需求，信贷资源进一步向重点产业和薄弱环节倾斜，涉农信贷规模持续扩大。如北京农商银行于 2020 年 6 月投放 6 000 万元"生猪贷"，服务首都生猪养殖重点项目投建投产，深入推进生猪全产业链金融服务。截至 2020 年 9 月底，为门头沟、平谷两个区的多个行政村新民居项目 519 户累计投放 4 199 万元，并在未来 5 年向北京"菜篮子"稳产保供提供 50 亿元的意向性授信额度。又如中国农业银行北京分行围绕全市生猪、粮食重点领域开展精准服务。截至 2020 年 6 月底，共投放生猪产业贷款 8.2 亿元，较年初增长 141.78%；粮食产业贷款 8.7 亿元，较年初增长 214.78%。再如中国邮政储蓄银行北京分行持续拓展小额贷款业务。截至 2020 年 5 月底，新发放小额贷款 45.6 亿元，贷款余额 95.5 亿元，较年初增长 6.2%。

（三）农村普惠金融产品模式不断涌现

根据京郊发展实际，北京市涉农金融机构积极创新集体经营性建设用地入市专项融资、农业产业链贷款、农权贷、美丽乡村贷、民俗贷、新民居贷款等普惠金融产品，为农业农村发展提供强有力的信贷服务，并积极构建金融服务"三农"模式。中国农业银行北京分行创新乡村振兴 e 贷系列产品，在密云区创新推出果蔬 e 贷产品。截至 2020 年 3 月末，为密云区蔬菜大棚改造项目客户授信 59 户，发放贷款 1 300 余万元。北京银行推出农权贷特色产品，支持农民专业合作社联合社、流转收购企业、农户等以农地经营权抵押，单户最高贷款金额 2 000 万元。中国邮储银行北京分行打造农保贷、民俗贷，带动农户小额贷款。北京怀柔融兴村镇银行开发民俗贷，支持民俗经营户装修和改扩建。北京密云汇丰村镇银行针对农户、农村种植养殖个体工商户推出个人无抵押小额贷款产品，只需提供一名保证人即可获得 30 万元小额贷款，手续简单且审批效率高。

（四）农村基础普惠金融服务覆盖面提升

北京市涉农金融机构将农村支付服务环境建设作为普惠金融的重要抓手，积极推动普惠金融服务持续下沉，建设金融服务站点作为银行网点的有效补充，并提供一定的资金补贴支持，有效打通金融服务"最后一公里"，充分发挥基础金融服务功能。农民足不出村即可解决小额存取款、缴费等金融需求，基础金融服务覆盖面、便利性和可得性大大提升。北京市农业融资担保有限公司于 2020 年年初在平谷区刘家店镇行宫村设立首家村级"三农"金融服务站，就近为当地农业经营主体提供接地气的信贷担保服务。截至 2020 年 5 月底，北京农村商业银行累计投入资金 60 余万元，设立乡村便利店 17 家、助农取款服务点 5 个，累计交易规模达 9.5 万余笔近 4 600 万元，完成 679 个金融服务空白村支付环境建设。北京银行全面升级富民直通车金融服务站，引入智能柜员机和 PAD 银行，实现一站式快捷发卡、产品购买、小额取现等功能，实现助农服务智能化、标准化与可复制化。

（五）农村信用体系建设逐渐改善

针对农村信用体系缺失导致的银行"难贷款"与农民"贷款难"这一突出矛盾，北京市自 2004 年实施信用户、信用村、信用镇"三信工程"建设，切实满足农民小额信用贷款资金需求，推动农村信用体系建设和信用等级评定工作。建立北京市低收入户信用档案与信用评价机制，完善农村信用信息数据库，实现北京市农村社会信用体系对低收入户的全覆盖，有效解决信息不对称问题，提升金融机构服务低收入群体能力，促进普惠金融向纵深发展。建立北京市农村金融与风险管理公共服务平台，成功运用于贷款贴息奖励、担保费补贴、发行费补贴、农业保险理赔，对信用等级高的适当提高奖励和补贴比例，同时建立"黑名单"制度，加强监管和惩戒。北京农商银行联合市农业农村局、云华农汇网创建北京农民专业合作社信用评价体系，通过科学量化农民专业合作社的信用评价指标，有效破解了因信息不对称导致的融资难问题。

二、面临问题

北京市积极发挥普惠金融支持"三农"的作用，有力推动全面实施乡村振兴战略进程，但与高质量推进农业农村现代化对普惠金融产生的多元化需求相比，农村普惠金融仍存在一些亟须解决的深层次问题。

（一）农村金融服务均等化和普惠化程度不足

调研发现，因农业风险大、成本高、收益低的特点，金融机构出于自身经营发展和风险控制的考虑，业务创新拓展较为缓慢，深度参与普惠金融服务的积极性不高。农业龙头企业和农民专业合作社示范社的自有资产、经营收益等硬性条件较好，金融机构比较认可和青睐，并开发了有针对性的金融产品给予金融支持。小农户和轻资产的农村小微企业因抗风险能力差、服务成本高，从金融机构获得融资的可能性较小，金融服务的可得性明显不足。

（二）农村普惠金融产品适用性和创新性不强

金融机构囿于监管政策要求和商业可持续发展，选择抵质押担保贷款方式过多，纯信用贷款方式较少。金融机构过度依赖抵质押物，一味要求小农户和农村小微企业提供合格的可抵质押物，会导致农村弱势群体享受不到金融服务。多样化和个性化的普惠金融产品供给能力仍显不足，普惠金融创新模式推广慢、规模小，农村融资需求者满足程度较低。

（三）农村普惠金融社会支撑体系不健全

农村产权的价值评估和处置制度缺失，市场化流转机制仍不健全，其抵押和变现能力较弱，尚未被金融机构普遍接受，严重制约了农村产权抵押贷款的投放。农村社会信息分散且开放程度不足，金融机构数据搜寻成本较高，降低了其发放贷款的积极性。信用户、信用村、信用镇等农村信用体系建设工作尚未完全覆盖，"守信光荣、失信可耻"的农村社会信用环境有待进一步提升。

（四）农村普惠金融配套机制发挥不充分

农民对普惠金融的认识不到位，金融综合素质普遍偏低，吸收和消化普惠金融服务的能力不足，尚未完全形成利用金融资源改善和提高生产经营能力的理念和行为。农村普惠金融面向低收入的弱势群体，预期回报率低，面临的生产经营风险高，财政支持和激励机制未能充分发挥以及农村普惠金融立法与监管体系的相对滞后，影响了金融机构向农村金融市场主动配置普惠金融资源。

三、政策建议

北京市要以畅通国民经济内循环为主的新发展格局为契机，立足首都城市战略定位，遵循市情农情特点，将农村金融服务均等化与普惠化作为深化农村金融改革的重要方向，实现城乡金融资源配置均衡化与高效化。

（一）提升农村普惠金融服务可得性

2020 年中央 1 号文件提出"稳妥扩大农村普惠金融改革试点"，2021 年中央 1 号文件提出"发展农村数字普惠金融"。农村普惠金融战略实施重点在于立足商业可持续原则，提高农村弱势群体的金融服务可得性。农村作为一个潜力巨大的蓝海市场，存在着数量庞大的"三农"长尾用户，虽然单个用户的利润较低，但具有潜在的利润总量。金融机构要统筹兼顾银行战略、企业社会责任和利润可持续等多重目标，将金融服务覆盖到农村所有群体，提升整个农村群体的金融服务获得感和可得性，改善农村存在的金融服务抑制和供给不足状况。

（二）创新农村普惠金融产品和服务

2020 年中央 1 号文件提出"推出更多免抵押、免担保、低利率、可持续的普惠金融产品"，2021 年中央 1 号文件提出"大力开展农户小额信用贷款"。金融机构要加快服务理念转变、信贷模式优化和科技能力建设，开发适用于信用贷款发放的风控模式，从前端有效控制贷款风险，将债务人履约能力评估、偿付记录和财务状况考察作为重点，弱化对抵质押担保物的依赖，提高信用贷款占比，创新信用贷款产品。盘活农村资产资源是解决农民贷款难的重要途径，要配合农村产权改革，扩大有效抵押物品种和范围，创新农村各类产权的金融产品，探索推动农村产权抵押、股权质押贷款等品种。

（三）完善农村普惠金融社会支撑体系

规范农村产权评估、交易和处置等操作流程，健全农村产权抵押担保体系，为农村产权抵押处置创造良好的运行条件。构建数据资源共享平台和协调机制，整合金融机构、司法、工商、税务等部门的信用信息资源，打通数据资源部门间的信息壁垒，有效解决信息不对称问题。2020 年中央 1 号文件提出"鼓励地方政府开展县域农户、中小企业信用等级评价"，2021 年中央 1 号文件提出"支持市县构建域内共享的涉农信用信息数据库"。建议完善农户和农村小微企业信用档案与信用评价机制，为金融机构贷款发放、贷后管理、贷款收回等提供信息支持，提升金融机构服务农村弱势群体的能力。

（四）健全农村普惠金融相应配套机制

提高对农村普惠金融的认识和重视，加快在农村地区普及金融知识，拓宽农村普惠金融宣传渠道，培养农民金融风险意识。2020 年中央 1 号文件提出"加快构建线上线下相结合、'银保担'风险共担的普惠金融服务体系"，2021 年中央 1 号文件提出"加强对农业信贷担保放大倍数的量化考核，提高农业信贷担保规模"。建议完善政府风险补偿机制，发挥政策性融资担保与农业保险作用，分散金融机构运营风险。加强财政贴息等政策工具应用，推进货币和财税等配套支持政策，实施定向降准和增值税减免政策。设立农村普惠金融发展专项资金，对大力推进金融产品和服务方式创新、涉农贷款增加较多、风险控制较好的金融机构给予一定奖励。建立健全农村普惠金融立法和监管体系，维护良好的农村金融市场秩序。

（作者：林子果，北京市农研中心金融处处长）

2021 年北京市创新型农业投融资平台实践报告

为有效发挥市政府强农惠农资金的导向性和引领性作用，体现财政政策性资金的杠杆效应，将更多的金融活水引向"三农"，北京市在农村金融体制改革领域较早开始了先行先试。2008 年 4 月，北京市委、市政府发布《关于促进首都金融业发展的意见》，提出要发挥财政资金杠杆作用，研究设立政策性农业投资公司及专业化农业担保公司，引导资本下乡，聚集各类资金投入农业领域，提高支农资金使用效率。同年底，北京市政府整合全市支农资金，授权首创集团，负责组建首都创新型农业投融资平台——北京市农业投资有限公司（以下简称"北京农投公司"），作为全市支农金融体系的有益补充，支持北京市都市型现代农业发展。目前，北京农投公司注册资本金 31.5 亿元。为最大限度发挥财政支农资金的杠杆效应以及引领带动作用，北京农投公司成立以来，在市财政局、市农业农村局、市金融局、市园林绿化局等各级政府部门的大力支持下，积极探索政府支农资金"企业化管理、市场化运作"的创新模式，在金融支农领域开展了富有探索性的工作。针对"三农"用户普遍缺乏抵质押物、融资需求多样的复杂特点，北京农投公司陆续搭建不同的农业投融资平台，开展农业融资担保、农业产业投资基金、农村产权交易、涉农小额贷款、农业融资租赁、农业商业保理等多种类型的金融支农业务，建立起一套多元化的农村金融服务体系，金融支农工作取得显著成效，成为首都农村金融体系建设的新兴力量。

一、农业融资担保成功架起农银之桥

农业产业的弱质性使得商业银行开展涉农贷款有很多顾虑，这就需要建立合理的担保机制，将资金供需双方利益损失降至最低。2009 年 3 月，北京农投公司出资 8.3 亿元，并拉动 10 个郊区县的投资担保机构出资 3.1 亿元，组建了北京市农业融资担保有限公司（以下简称"北京农担公司"）。作为全国首家服务"三农"的省级专业化担保机构，北京农担公司始终秉持"服务三农、强农惠农"理念，立足农村、扎根基层，为首都"三农"及京津冀一体化提供多品种、各阶段、全方位的融资担保服务。目前，农业担保网络已覆盖京郊全部涉农区域，累计撬动 51 家金融机构资金流入首都"三农"领域。2021 年，北京农担公司为首都及京津冀"三农"经济组织提供融资担保服务 17 149 笔，同比增长

51%；担保额 43.5 亿元，同比增长 26%。截至 2021 年末，在保余额约 42 亿元。农业担保业务开展以来，累计承保项目超过 58 000 笔，担保金额超过 360 亿元，成功架起了涉农经营主体和金融机构间的桥梁，有效解决了一大批涉农经营主体生产融资难的问题，为促进北京都市型现代农业发展和城乡一体化建设发挥了积极作用，成为北京市政府支持"三农"发展的重要抓手。

担保系列产品——"菜篮子"保供贷

作为首都名副其实的"菜篮子""果盘子"，"新发地"品牌已成为中国农产品的代名词。在北京新发地农产品批发市场经营芒果业务的北京世纪农联商贸有限公司，是北京市"菜篮子"保供的实际参与者。公司从海南等地采购芒果，运输到新发地后，销往北京市各批发商和超市。据公司负责人郑得厚介绍，北京市 95% 的芒果都来自他这里。"从订货、卖货到现金回流，需要 1 个月时间。"每天卖 10 吨芒果，成本 6 万元，一个多月周转资金就需要 200 多万元。作为新发地芒果区负责人，郑得厚还需要为芒果区批发商垫付采购款和运费。粗略计算下来，他需要 1 000 多万元的流动资金来经营整个芒果区。虽然资金需求量大，但银行针对新发地的纯信用贷款额度仅 100 万元左右。2021 年 3 月，郑得厚向北京农担公司提出担保申请后，仅用一周时间就获批 600 万元纯信用担保额度，3 月 18 日就从大兴九银村镇银行拿到了贷款。为服务首都"菜篮子"工程，2021 年北京农担公司成立农流通业务部门，深入新发地、京深海鲜、黑庄户等首都农产品批发市场驻地办公，推出"菜篮子保供贷"系列产品。2021 年共为产业链中从生产到流通配送环节的经营主体提供 5.5 亿元融资担保。

担保专项产品——"新农保"

平谷大桃是北京市特色农业的名片之一，在平谷区大桃产业已经成为超过 10 万农民增收致富的重要渠道。平谷人刘善杰在 2016 年成立了桃兴农果品产销专业合作社，除了自己种植大桃之外，还向周边村民大量收购水果进行销售，搭建起连接农民与消费者的重要平台。不同于连锁商超等收购渠道要压货款，合作社向村民收购都是一手交钱一手交货，果农也非常愿意把自家产的水果卖给合作社。然而这样一来，刘善杰就面临着资金周转的压力。每年 7—9 月是大桃收购季，平均一天支出八九万元，在取得下游回款前，他需要垫付流动资金 100 万元左右。由于没有抵押物很难从银行贷到款，2021 年 1 月，刘善杰向北京农担公司提交了贷款担保申请。北京农担公司下沉至平谷区的工作人员第一时间上门，在了解经营情况后，通过无抵押担保为刘善杰批下 50 万元贷款，贷款利率仅为 3.65%，低于贷款市场报价利率水平。刘善杰表示，这 50 万元解决了他一半的流动资金需求，自己只需提供申请材料，北京农担公司全程办理各项手续，贷款很快获批。为促进农民增收、培育特色农产品，北京农担公司根据产业特点，打造禽贷保、板栗贷、栗蘑贷、西瓜贷等特色产品，并向农户、合作社等涉农经营主体推出新农保、农惠保、合作社信用星等专项产品，为 1.8 万郊区种植养殖户累计提供近 38 亿元担保资金。

二、农业投资基金培育壮大农业龙头企业

当一些农业龙头企业或骨干企业需要进一步发展壮大的时候，农业产业投资基金可以通过带动北京市场，将有一定规模化、产业化的示范企业培育成为体现北京都市型现代农业发展水平的上市公司或国家级龙头企业。2009年9月，北京农投公司与中信证券专业直投机构金石投资有限公司、建信信托有限责任公司共同发起组建国内首支农业产业基金——北京农业产业投资基金。自2016年起，北京农投公司又先后承接并管理北京市果树基金、北京市外经贸基金、定州基金等政府引导基金及若干个子基金。截至2021年末，北京农投公司的基金募集规模达42.6亿元，撬动社会资本超过10亿元，累计投资项目87个，投资额约22.5亿元。近十余年，北京农投公司以基金业务立足行业、深入研究、整合资源、挖掘价值，在保障政府出资安全可控的同时，实现了可观的经济效益和良好的社会效益。所投项目中，2个项目（中际联合、润农节水）分别在上交所和北交所成功上市；1个项目（中地乳业）在港交所成功上市；1个项目（博威能源）处于上市申报阶段；1个项目（北农地意）已成为平谷区三产融合明星项目；1个项目（邑仕山谷）已成为密云区乃至北京市三产融合的典范。

乡村振兴明星项目——平谷"桃花坞"

平谷区大华山镇梯子峪村距离北京市中心90余千米，有45户150名村民。该村村民一直以种植平谷大桃为业，但由于生产方式、栽培模式陈旧落后等原因，当地果品品质参差不齐、销售渠道单一、深加工能力薄弱，村民收入不高，村落面貌破旧。北京农投公司的工作人员经过细致调研考察后，计划紧紧围绕梯子峪村优势产业，对该村进行投资支持，同时通过财政资金的引导作用，带动社会优质资源、资本，共同在当地开展三产融合项目建设，带动乡村振兴和农民致富。在整体业务模式设计上，北京农投公司的果树基金以当地特色产业平谷大桃为切入点，通过"大桃种植＋桃酒酿造＋乡村文旅"，让一二三产业有效融合，重构乡村产业结构，改善乡居村容村貌，提升产业品牌价值，促进村民就业增收。按照这个方案，果树基金邀请国际知名建筑规划设计师团队负责设计，与北京寒舍文旅集团合作运营，在梯子峪村打造了一个远离城市樊笼的"桃花坞"。项目总建筑面积12 000米^2，总投资约1.5亿元，主要建设内容为果园建设、"三堂两庭一会"（酵堂、礼堂、食堂、客庭、门庭和会仓）的配套设施、20栋民宅改造等。2021年，桃花坞项目一期落成运营。桃花坞一期建设了约100亩的数字化可追溯现代果园，引进10多个优质大桃品种，并通过一套物联网系统对大桃的生长环境实时监测。示范果园旨在培育平谷大桃精品品牌，带动全村、全镇甚至全区大桃产业升级。除提升大桃品质外，还依托大桃资源开展果品深加工业务。项目打造的"桃咬"产品选用平谷大桃酿造精品桃酒，不但延展了鲜桃的季节属性，丰富了产品的市场属性，同时解决了以往平谷大桃销售渠道单一的问题。按2千克桃产1千克酒、每千克果酒160元的销售价格测算，大桃的可转化效益放大了10倍。

盘活农村闲置资源也让村集体和农民成为直接受益人。项目规划占地近百亩，其中包括示范果园 75 亩、村域内 20 处闲置农房以及 10 亩左右的集体建设用地。通过农用地出租、村民民宅出租、建设用地入股分红等，建立起村民的利益分享机制，让村民合理分享全产业链增值收益。据估计，75 亩集体农用地租金每年收入约 15 万元；闲置厂房设施设备等租金年收入约 10 万元；闲置民宅租赁给项目公司进行改造运营，年租金收入不低于 2 万元。桃花坞项目还为梯子峪村村民提供了至少 10 个就业岗位，并带动 50 个村民实现本地化就业。预计到 2023 年，项目将通过财产性收入、工资性收入及经营性收入为梯子峪村村民带来人均 2 万元收入增长。桃花坞作为平谷区美丽乡村建设重点项目和北京市乡村振兴示范项目，其规划方案分别荣获北京田园创客大赛北京赛区第一名、全国赛区第二名、世界休闲大会第一名以及 2021 平谷区乡创文旅大赛二等奖。桃花坞不仅为梯子峪村带来了发展机遇，还将辐射带动周边村的发展，并有望成为全区乃至全市乡村振兴的典范。

三、农村产权交易规范首都农村要素流转市场建设

农村资源要素的规范流转是提高农民收入、升级产业结构、统筹城乡发展的关键。为此，北京农投公司于 2010 年出资 1 亿元设立北京农村产权交易所（以下简称"北京农交所"）。北京农交所是首都农村生产要素流转交易的专业化平台和服务性机构，组织开展涉农土地流转、涉农林权、涉农企业股权、涉农实物资产、农村经济事项等交易品种业务，为交易各参与方提供高效率的专业化服务。业务开展以来，北京农交所在规范首都农村产权流转交易、加强首都农村要素市场建设方面做出突出贡献，已经成为北京市政府开展农村工作的有效管理工具之一。

北京农交所逐渐搭建起"市级有交易平台、区级有服务中心、乡镇有服务站点、村里有信息网点"的四级管理服务体系。截至 2021 年末，北京农交所累计服务 750 多个村集体经济组织，先后举办过近百场专题培训活动，培训农村基层干部 1 万多人次，提高了村集体通过北京农交所公开交易的积极性，充分保障了农民群众的知情权、参与权、表达权和监督权，推动了村级产权交易在阳光下运行。2021 年，北京农交所成交各类农村产权项目 513 宗，成交额 19.9 亿元。北京农交所自成立以来，累计成交各类农村产权项目 1 852 宗，总成交金额 287 亿元，土地流转面积 27.8 万亩，资产租赁面积 130 万米^2，项目覆盖 123 个乡镇 754 个村，"四心"服务（公开交易让农民放心、市场活力让集体省心、完善服务让交易舒心、科学管理让政府安心）深入人心，在维护首都农村社会和谐稳定、推动首都农村产权制度改革、促进农村集体经济发展方面发挥了重要作用。

农村要素流转有保障——助力顺义区土地复耕流转

为落实习近平总书记"落实最严格的耕地保护制度"的要求，扛起首都粮食安全责任的担当作为，北京市于 2021 年出台《北京市关于全面推行"田长制"的实施意见》，大力推进复耕复垦、撂荒地种植、耕地非农化治理工作。在此背景下，北京农交所积极参与各涉农区复耕复垦土地流转工作。以顺义区为例，2021 年，顺义区实现复耕地块面积 4.15

万亩，其中 10 个镇的 1.2 万亩土地通过北京农交所平台实现对外流转，有效实现了村级集体经济壮大，促进了农民财产性收入增加。在这些镇中，以木林镇最具代表性。从 2021 年 8 月起，顺义区农业农村局、区经管站、北京农交所、木林镇政府多次入村进行实地调研，分 3 批对木林镇 19 个村进行一对一指导，利用现有条件，发挥村域优势，结合复耕工作进度，制定具体发包（租赁）方案，为各村提供了高效、便捷的服务。结合村级自身优势和地质特点，合理确定发包地块、租金、年限等关键要素，充分利用北京农交所平台，将农村土地发包（租赁）给有资质、有经济实力、有经营业绩和农业经营能力的单位和个人。在相关政策指引下，2021 年木林镇全镇所有复耕土地流转工作全部通过北京农交所平台进场交易，全年成交项目 27 宗，成交金额 1 691 万元，土地流转面积 4 400 余亩。在成交项目中，13 宗采取了网络竞价方式成交，占成交项目占比为 48.1%，最高溢价率 97.5%。合同期内为集体经济组织增加收入 233 万元，亩均增加约 500 元。以往木林镇农村土地原始发包（出租）价格普遍不高，大多均价在每年每亩 700 元左右，个别地块价格每年每亩不足 100 元。通过北京农交所进行交易，土地发包（出租）价格均有了显著提升，多数地块成交单价超过了 1 000 元/亩·年。以陈家坨村为例，该村土地肥沃，地块面积较大且能够集中连片，给对外规模经营创造了有利条件。但由于此前村庄的耕地通常由村民零散管理自发流转，流转费用低，经营收益低。现在统一打包通过北京农交所平台，引入一定竞争机制，为增加土地流转收益创造了条件。在 2021 年 9 月 29 日的网络竞价中，5 个地块的竞价都不同程度产生溢价。其中东二地 130.72 亩项目，底价为土地租金单价 1 200 元/（亩·年），加价幅度为每年每亩 20 元。三家意向方通过平台竞价，经过 19 轮报价，最终以每年每亩 1 480 元的价格成交，溢价率达到 23.3%。合同期内为集体经济组织增加收入 11 万元，年度租金收入增加 3.6 万元。陈家坨村通过北京农交所平台公开流转每年可实现增收 40 万元。北京农交所组织开展的土地公开竞价交易方式，最大限度地体现了自愿、公开、公平、公正的原则，有效提高了农村土地发包（租赁）的规模和质量，进一步增加了土地租金收入，壮大了集体经济。

四、多元化信贷服务打造首都金融体系的毛细血管

农村经济组织及小微企业普遍缺乏充足抵押物，同时融资需求复杂、多样，很难从传统金融机构获得有效融资，始终是金融服务的薄弱领域。针对这些复杂、多样的融资需求，北京农投公司通过小额贷款、融资租赁、商业保理等灵活的金融工具和手段，满足了农业生产组织和小微企业多元化的融资需求，一定程度上弥补了传统金融机构的空白，使首都金融体系的毛细血管进一步畅通，为激发市场主体活力发挥了重要作用。2021 年，北京农投公司通过小额贷款、融资租赁和商业保理的方式，为涉农经营主体提供融资服务近 5 000 笔，金额超过 45 亿元。公司成立以来，通过以上工具累计提供融资服务超过 62 000 笔，融资金额达到 450 亿元。

账期资金周转难，农业保理先垫资

在很多行业中，账期的采用十分普遍。所谓账期是指当供货商向采购商供货后，并不

是一手交钱一手交货，而是需要经过一个约定时期，采购商才向供货商付款，这个周期就是账期。账期的采用，对于买方来讲，可以节省大量资金，但对于卖方来讲，如果资金长时间不到账，也无法从其他渠道获取融资，就容易出现现金流断裂的局面。特别是如果卖方是农业企业或者中小企业时，账期往往会给经营造成更大困扰，甚至拖垮经营。针对这一问题，北京农投公司经过深入研究，于2013年开始开展涉农商业保理业务，即面向京津冀地区涉农经营主体开展应收账款抵押融资服务。鲜洁农业科技有限公司（以下简称"鲜洁农业"）是河北省定州市的一家以蔬菜订单种植、鲜切菜加工等为主业的农业公司，拥有SC食品生产许可证，是河北地区的优质农业企业，主要种植及鲜切菜供货品种包括香葱、西红柿、西兰花、娃娃菜、马铃薯等。目前，公司产品直销海底捞、京东食堂小放牛、叮咚等全国大型连锁餐饮行业及大学、机关等餐厅。由于所有客户结款都有不同长短的账期，以公司最大客户海底捞为例，鲜洁农业每天按照海底捞的订单需求向其供货，但结账均需等到次月18日。在这期间，公司毛菜采购加工，大棚蔬菜种植等生产经营均需持续不断的资金投入，资金压力很大。经过深入调研后，北京农投公司向鲜洁农业发放了100万元保理融资款，即鲜洁农业把向海底捞供货的应收账款转让予北京农投公司，北京农投公司收取一定保理费用后，向鲜洁农业支付预支价金，支持其正常的生产经营。待海底捞将货款结算后，鲜洁农业再按期向北京农投公司还本付息。尽管100万元的融资额度并不高，但对于体量本就不大的鲜洁农业来说，这笔融资算是解了燃眉之急。北京农投公司开展保理业务以来，已经累计为涉农经营主体提供超过50亿元的应收账款抵押融资服务。较低的服务门槛、灵活的融资额度和融资期限，有效缓解了农业生产企业账期长、融资难的问题。

北京农投公司成立以来，走过了十余年的发展历程。近十多年，公司始终牢记支农、强农、惠农的政策使命，不断探索金融支持"三农"发展的有效途径，搭建起一个内部有机联系的农村金融业务架构，较好地满足了首都"三农"多元化的金融服务需求。在涉农经营主体比较弱小、缺乏流动资金时，小额贷款可以向其输送资金，使其能够正常运转并不断发展壮大。当涉农经营主体资信不足时，可以通过农业担保增信获得银行贷款，助力其快速成长。当涉农经营主体发展到一定程度，需要更换或添置大型设备扩大再生产时，可以通过融资租赁的方式帮助企业对设备设施进行更新换代，使其向更高层次迈进。当涉农经营主体向下游公司提供产品和服务面临较长账期时，商业保理可以介入缓解其资金压力；当涉农经营主体面临集体资产价值确定、要素流转变现、农地抵押融资等难题时，农村产权交易所可提供专业的咨询和流转服务。当农业企业发展到一定规模，需要引入战略合作伙伴为上市做准备时，基金可适时跟进，进行投资催化。这些金融工具和手段共同形成一个较为完整的农村金融服务生态系统，在服务首都"三农"过程中有效发挥了财政资金的引导作用和杠杆作用，使众多的涉农经营主体从中受益。北京农投公司金融支农十余年的实践，也为首都金融体制改革做出了有益尝试。

（作者：刘惠敏，北京市农业投资有限公司）

打通乡村金融服务"最后一公里"

中国邮政储蓄可追溯至 1919 年开办的邮政储金业务，至今已有百年历史。2007 年 3 月，中国邮政储蓄银行正式挂牌成立。2007 年 11 月 28 日，中国邮政储蓄银行北京分行（以下简称"邮储银行北京分行"）挂牌成立。近年，邮储银行北京分行凭借独特的"自营＋代理"模式，始终坚持服务"三农"、服务城乡居民、服务中小微企业的战略定位，不断加大对民生、"三农"和实体经济等领域的金融支持力度，多次被北京市委评为"社会力量参与社会主义新农村建设先进单位"，荣获"最佳小微金融服务银行奖""北京地区最佳中小企业服务银行""北京地区最具社会责任银行"等称号。2021 年以来，邮储银行北京分行聚焦进城创业农户等新市民群体、农民专业合作社和家庭农场等新型农业经营主体、农业龙头企业产业链供应链和货运物流龙头企业下游农户商户，不断加大金融支持力度，创新金融产品和服务，凝心聚力、真抓实干，以实际行动支持首都"三农"工作迈出新步伐。

一、提高政治站位，推进"三农"工作重心历史性转移

习近平总书记强调，坚持把解决好"三农"问题作为全党工作重中之重，举全党全社会之力推动乡村振兴。邮储银行北京分行始终以习近平新时代中国特色社会主义思想为指导，全面贯彻党的十九大和十九届历次全会精神，积极落实中央经济工作会议，中央农村工作会议，2021 年中央 1 号文件，北京市委、市政府及其职能部门，监管和银行业协会服务"三农"，支持乡村振兴各项工作要求。邮储银行北京分行党委立足坚持高质量发展、科技驱动发展、协同联动发展，主动扛起推进乡村振兴的政治责任，夯实筑牢促乡村振兴的战斗堡垒。2021 年 10 月，邮储银行北京分行进一步明确乡村振兴建设目标，即"要顺应农业农村数字化发展趋势，提升线上服务能力，构建起具有邮储银行特点、立足农业农村市场的'三农'金融数字生态圈"，持续推进"三农"金融业务由服务"小农户"向服务"大三农"全产业链金融转变，构筑"农业兴、农村稳、农民富"的"大三农"综合金融服务体系，为全面推进乡村振兴提供有力支撑。

二、精准帮扶农户，助力巩固拓展脱贫攻坚成果与乡村振兴有效衔接

在脱贫攻坚战中，邮储银行北京分行聚焦加强农户资金支持，做实金融扶贫"三项精准"。

一是推进产业精准扶贫。通过加大扶持优质上市公司、行业龙头企业力度，不断提升面向下游农户的农业全产业链服务能力，通过上下联动、协同开发，以交易扶贫的模式，

为房山区某重点扶贫企业发放超 1 000 万元的产业扶贫贷款，为关联农业企业主累计发放近 2 000 万元小额贷款，带动农户脱贫超 1 000 人。

二是择优支持项目精准扶贫贷款。发挥总部优势，不断加强与中西部地区联动扶贫，支持贫困地区尤其是深度贫困地区重大项目和民生工程。向红河佳裕蓝莓扶贫项目投入资金近 3 亿元，最大程度地带动云南省红河哈尼族彝族自治州地区内特色农业的技术创新和贫困农户就业，将蓝莓种植发展成为红河州的特色产业，有效促进当地农村经济发展和农民收入提高，助力深度贫困县顺利脱贫。

三是稳步发展个人精准扶贫贷款。积极扶持对贫困户有带动作用的新主体、致富带头人，帮助贫困户拓宽增收渠道。聚焦某帮扶就业及综合精准扶贫重要企业，有效解决多名建档立卡贫困户就业问题。帮助企业重点采购贫困地区牛羊肉、蔬菜等供应公司餐厅使用以及作为员工福利，已累计采购近 200 余万元，涉及当地贫困农户 20 余户、合作社近 10 家。截至 2020 年末，邮储银行北京分行金融精准扶贫贷款结余近 7 亿元，其中个人精准扶贫贷款及已脱贫人口贷款结余金额近 3 亿元。邮储银行北京分行将以"巩固拓展脱贫攻坚成果"为目标，接续推进脱贫地区发展和生活改善，举全行之力继续做好乡村振兴这篇大文章，让广大农户过上更加美好的生活。

三、坚持内外联动，逐步构建服务农户的体制机制

一是积极做实、做细服务乡村振兴内部运营机制。成立乡村振兴及普惠金融管理委员会，负责审议、研究制定、部署推进、协调解决分行在参与乡村振兴工作中遇到的重点难点问题。成立乡村振兴推进工作小组——支行乡村振兴工作办公室，由现有"三农"业务管理人员、客户经理为骨干，吸纳各部门、各条线负责乡村振兴项目和措施落实推进的人员，围绕涉农贷款、农村支付场景建设、新型农业经营主体扶持、农民专业合作社整县提升、乡村振兴生态版图打造等方面压实主体责任，统筹乡村振兴各项工作的落实和管理。立足网点周边经济业态和特色产业，组建 20 家乡村振兴特色支行，在平台搭建、产业支持、生态圈建设、信用体系打造、品牌宣传、队伍建设六大方面明确目标、抓好落实，不断提升基层网点服务乡村振兴的能力和水平。

二是把服务乡村振兴与自身发展战略相结合，根据邮储银行的业务特长开展农村金融服务，持续优化多元化、有序竞争、互相补充的涉农金融供给体系。已在全部郊区支行建立"三农"金融服务站，与北京市地方金融监督管理局联合挂牌"小微快贷中心'三农'金融服务站"，由信贷经验丰富的"三农"业务骨干担任金融局选聘的金融顾问，为做好金融支持乡村振兴搭架子、出点子、谋路子。截至目前，邮储银行北京分行已实现农户贷款结余超 40 亿元，在北京市居于同业领先地位，服务客户近 1.5 万户。

四、聚焦农户资金难题，助力保障粮食和重要农产品供给

一是助力缓解农业龙头企业下游农户资金压力。不断加强与在京农业龙头企业的系统

对接，直接面向产业链下游种植户发放贷款近 9 亿元，服务客户近 300 户，助力保障好重要农产品供给安全。聚力稳定生猪生产，加大扶持力度，累计向生猪养殖农户发放贷款超 80 亿元，惠及农户近 6 000 人，累计支持生猪养殖 600 余万头，切实做好生猪出栏的金融保障工作。

二是加强对货运物流保通保畅工作的金融支持力度。将邮政下游优质寄递农户列入授信白名单，解决电商企业主资金需求数亿元，逐步探索"互联网＋田头市场＋电商企业＋城市终端配送"模式，切实提升"互联网＋"农产品出村进城能力。

三是聚焦种源等农业关键核心技术攻关。紧盯区域内中小微种业重点企业，在 2022 年已新授信近 2 亿元，为产业链下游广大农户新授信 2 000 万元左右，积极支持种业振兴行动。

四是助力农户打赢新冠肺炎疫情防控阻击战。在新冠肺炎疫情防控期间，为农户开辟绿色通道，安排专人审查审批，制定、推出 5 项惠民举措，以一户一策为原则，经核实审批，采取延期还款、主动展期、分期还款、减免罚息、无还本续贷和征信保护等多种方式，助力农户战胜疫情影响。截至目前，邮储银行北京分行已累计办理涉农延期还款、无还本续贷、展期近 7 亿元。

五、创新产品服务，探索金融支持农户发展的新方式

一是强化金融科技赋能乡村振兴。深入推进产品转型升级，推出手机银行、移动支付、极速贷、线上信用户贷款等数字化产品，不断提高农户贷款可获得性、便捷性。

二是在全域旅游的深度开发中推进乡村振兴。围绕北京市"十百千万"畅游行动和休闲农业、乡村旅游精品线路打造工程，累计发放支持民俗民宿产业发展贷款"民宿升级贷"超 1.5 亿元，支持 300 余家民俗接待户转变为精品民宿，助力实现乡村民宿从规模到质量的全面提升。

三是强化乡村特色产业金融投入。依托"大担保"模式，加大对有机果品、蜂产业等小品种特色产业资金投入力度，相继落地"平谷大桃""密云蜂蜜""怀柔板栗"等专属特色农产品贷款，助力做强乡村特色产业，发展"一村一品"示范村。

长城脚下民俗餐厅展新颜

"这家民宿的铁锅味道特别地道，炖肉贴饼子那叫一个鲜美！鱼都是现捞的，铁锅里再加上排骨、玉米、干豆角，咕嘟咕嘟，香气扑鼻！吃饱饭，睡一宿，为明天爬长城补足体力！"王先生分享着他在"缘福餐厅"的就餐体验。

一方庭院，一众美食。坐落在长城脚下的北京缘福快捷民俗餐厅（以下简称"缘福餐厅"）占地面积 1 200 米²，以功能划分为就餐和住宿两部分。就餐区 10 个包间 1 个大厅，可供 250～300 人同时就餐。住宿区分为上下两层，共 30 个房间，可供 60 人住宿。这里没有车水马龙，不见水泥丛林，有的是山间美景、温馨庭院和地道农家菜，优越的地址位置、舒适的住宿环境和良好的服务吸引着大量游客前来。

谈起开办这家民宿的初衷，经营者李虹打开了话匣子。2008 年，李虹慕名到长城游玩，被周围景色所吸引，萌生了在长城脚下扎根落户的想法。经过精心筹备，她最终选定延庆区八达岭镇西拨子新村开"焖锅餐馆"，让自家"焖锅"手艺得以传承下来。"刚起步时真挺难的，手里没什么钱，是邮储银行前前后后给了我们 5 次贷款支持，帮助我们成长，我们的'焖锅餐馆'才一步步壮大起来，回头客越来越多，从小餐馆慢慢发展到现在的缘福餐厅"，李虹感慨地说道。在缘福餐厅的发展过程中，李虹与邮储银行北京分行建立了稳定的合作关系。在邮储银行北京延庆区支行贷款资金的帮助下，李虹完成了后期经营装修。如今，她的民俗餐厅新增包间 5 个，年收入预计增加 100 万余元。作为八达岭镇的一家五星级乡村旅游户，李虹计划在餐厅旁边修建一个接待室和会议室。她还积极向周边村民传授经营经验，带动大家一起发展民俗旅游业。

六、锚定重点客群，强化新型农业经营主体和进城农户金融服务

一是加强新型农业经营主体金融服务。积极参与农民专业合作社质量提升工程，在平谷等地区配合当地农业主管部门开展农民专业合作社摸排行动，将农民专业合作社纳入数字化"拳头产品"——极速贷的特色白名单范围，面向法人、社员推出农民专业合作社贷款。累计发放农民专业合作社贷款近亿元，助力满足新型农业经营主体资金需求，构建起信息共享机制。截至 2021 年 12 月，邮储银行北京分行新型农业经营主体客群的贷款结余超 21 亿元，同比增长近 60%，有效填补了农村信贷市场空白。

二是深化农村金融改革创新。支持发展壮大农村集体经济，助力深化农村土地制度改革。已落地农村土地承包经营权贷款，并着手研究开办宅基地抵押贷款的可行性，拓宽农村资产抵质押物范围，在贷款利率、担保条件、贷款期限等方面制定差异化政策，不断增强服务农户能力，筑牢共同富裕经济基础。

三是提高进城农户金融服务水平。一方面，高度重视进城农户权益保障体系建设，推出减免工本费、年费、小额账户管理费、短信服务费和跨行取现手续费的农民丰收卡、新市民 U 卡，切实做好进城农户的减费让利工作。另一方面，以新市民创业贷款为抓手，围绕进城农户在创业、就业、住房、教育、医疗、养老等方面的金融需求，加大信贷投放力度。

七、优化金融环境，助力提高农户金融风险防范意识

一是深入推进数字乡村建设。不断加大农村信用体系建设力度，将惠农合作项目、民俗民宿产业与信用村、信用户建设融合发展，累计建立信用村近 80 个，信用户近 2 000 户，进一步丰富农户信用贷款图谱。

二是进一步提升村镇金融服务质效。依托独特的"自营＋代理"模式和遍布城乡的网点，通过运用数字技术，邮储银行北京分行金融服务辐射已基本实现对北京区域的全覆盖。截至 2021 年 12 月，邮储银行北京分行在延庆、平谷区建成两家移动支付受理示范区

和培育区，开发有效收单商户超 1 万户，进一步提升了基础金融服务质效。

三是加强农村金融知识普及教育和金融消费者权益保护。积极在包含偏远山区在内的农村地区开展金融知识普及工作，在部分村布置移动屏幕，通过线上的"以案说险"系列课程和线下的金融知识讲座，帮助广大农户提升风险防范意识，了解各项金融政策，守住农民的"钱袋子"。

信用建设走进画里乡村

"一屋一宇皆诗意，一山一色有风韵"。7 月的爨底下村山花烂漫，游人如织。"吉祥客栈"的老板韩先生在自家的民宿小院里忙前忙后，张罗着客人的餐饮食宿，"驿清晨客栈"的老板李女士在自己的小店里帮着慕名前来的客人精心挑选民俗纪念品。潺潺的山泉流水，古朴的青瓦泥墙，幽幽的古槐长巷，忙碌喧闹的商户游人，在这个百年古村落构成了一幅流动的山水画卷。

这是风景美如画的百年古村——爨底下村，也是邮储银行在门头沟区挂牌成立的第一个信用村。爨底下村是门头沟区的"明星村落""旅游名片"，全村 57 户人家，有 52 户从事民俗旅游行业。

4 月，爨底下村进入旅游旺季，当地民俗户急需补充流动资金，扩大经营规模。但是由于地处北京市西部深山区，金融服务触达有限，加之担保物和抵押物缺乏，农户的资金问题难以解决。邮储银行北京门头沟支行了解到情况后，迎着信用村建设的东风，组织专班率先在爨底下村开展信用村建设试点工作，全力纾解当地民俗户"贷款难"、银行"难贷款"问题。

"我是爨底下村本地人，在村里经营民俗客栈有十余年了。这些年，为了补充客栈的改造资金，常常是跑断腿、磨破嘴，靠着这个亲戚帮一点，那个朋友借一点。"回忆起这几年的经营，韩先生感叹道。近两年，门头沟区的精品民宿如雨后春笋般涌现，游客对餐饮住宿的要求越来越高，客栈经营的竞争也愈发激烈。看着周边的客栈一个个翻了新、换了颜，韩先生心里着急。"不过，现在一切都好啦！我们村被邮储银行评为信用村。作为信用户，我拿到了 30 万元的信贷资金支持，真是解了我的燃眉之急。我们'吉祥客栈'翻修了，规模扩大了，预定的客人也越来越多。预计 2021 年收入还能翻一番！"韩先生脸上掩不住笑意，边说边朝客栈走去。

"驿清晨客栈"是爨底下村的网红小店，主要销售爨底下主题文创产品，李女士在经营中也经常面临旅游旺季备货资金短缺的难题。"现在我是邮储银行的信用户，凭信用户就可以获得贷款。签完合同后，在手机银行上动动手指，钱就可以到账，可方便啦。"看着琳琅满目的商品和络绎不绝的游人，李女士发自内心地感到喜悦。自 5 月爨底下信用村正式挂牌成立，3 个月间邮储银行门头沟支行就在该村建立并采集信用信息 33 户，12 位民俗户拿到了资金支持，而韩先生和李女士就是信用村挂牌后受益的第一批民俗户。

习近平总书记在谈到"农民情结"时曾说："我们这一代人有这样一个情结，一定要把我们的老百姓特别是我们的农民扶一把。"邮储银行北京分行将坚决贯彻党中央关于

"三农"工作的大政方针和决策部署,以更高的站位、更大的力度、更实的举措,不断做好对农户的金融服务,持续抓好"米袋子""菜篮子"的稳产保供、进城创业农户等新市民的权益保障,构建起面向农户的乡村振兴全维度金融场景,逐步丰富乡村振兴综合金融服务产品体系,充实乡村振兴"生态"产品图谱,扎实有序助力全面推进乡村振兴,推动京郊农业高质高效发展、农户增收致富。

(作者:褚庆锐、杜昆、王宁、李雅倩、李赫,中国邮政储蓄银行北京分行)

北京市乡村振兴信托业务模式探索

近年,党中央、国务院连续出台多个文件,要求全面推进乡村振兴战略。实施乡村振兴战略,是解决新时代我国社会主要矛盾、实现"两个一百年"奋斗目标和中华民族伟大复兴中国梦的必然要求,是实现全体人民共同富裕的必然选择,具有重大现实意义和深远历史意义。北京国际信托有限公司(以下简称"北京信托")是北京市唯一一家市属信托公司。长期以来,北京信托坚持以习近平新时代中国特色社会主义思想为指导,全面贯彻党的十九大和十九届历次全会精神,坚决落实市委、市政府和市国资委关于对口支援合作和助力全面推进乡村振兴的工作要求,深刻把握新形势新任务新要求,强化责任担当,不断增强推进乡村振兴的思想自觉和行动自觉。结合信托公司特点,积极探索助力全面推进乡村振兴的新方法新路径,以农业产业基金、农村集体资产管理、农村集体建设用地集约化运用等业务模式为抓手,深化服务北京市农业农村发展。

一、农业产业基金

(一)北京首农北信产业发展基金

纵观世界主要发达国家的农业经济发展历程,无不经历了从劳动力密集型向资本密集型的转变,从而使农业领域的劳动生产效率得到极大提升,为经济社会的全面繁荣奠定坚实基础。我国目前仍处于农业现代化发展时期,对于追求资本回报率的社会资本而言,由于受制于"三农"领域投资周期长、投资回报低、农业生产风险大等因素,在"三农"领域的投资尤其是长期投资相对不足。"三农"领域无法获得投资人青睐的原因有很多,如历史沿革带来的制度包袱、城乡二元发展结构制约、稳民生的基本要求等因素,都制约着社会资本在"三农"领域的投资回报预期。随着城镇化进程的推进,人口不断迁移,人们对农村生产要素的集约化利用和通过现代化科技武装农村产业有了更大的想象空间。同时,伴随着国家在种子、农药、化肥、农业装备、市场化渠道等领域的一体化战略升级,对社会资本而言,"三农"特定细分领域投资的吸引力也在逐渐增强。

"三农"关乎民生,是社会稳定发展的基石,这就注定该领域的投资无法普遍取得单位产出的超额收益，也就决定了发挥规模优势是在"三农"领域取得期望投资利润的最可能路径。既然事关民生，国有企业就应当在"三农"投资领域扮演排头兵的角色，尤其是在更为基础的农业种植领域。顺应国家城乡发展结构性升级的战略方向，紧随"三农"产业振兴的潮流，遵循乡村振兴战略、《"十四五"推进农业农村现代化规划》的指引，为充分结合产业资源优势和金融资源优势，进一步发挥北京市属企业协同效应，2021年，北京首农食品集团有限公司和北京信托共同发起设立了北京首农北信产业发展基金。该基金以首农食品集团产业链为基础，以资本为纽带，旨在助力"三农"产业升级及经济内循环发展，以市场化方式优化国有资本布局、提升产业竞争力。该基金首期规模20亿元，将高度聚焦于首都的"菜篮子""米袋子""肉案子"，服务于巩固和深化北京市农业发展的基本盘，为"三农"领域注入资本和科技的双重力量，力争在农业领域培育一批"独角兽"企业，服务北京市农业中关村建设。

首农食品集团业务范围涵盖生物种业、产品加工、贸易流通、终端销售等全产业链环节，集食品的生产商、供应商、服务商为一体，是北京市最大的食品企业，也是全国最大的食品企业之一。北京信托是中国改革开放之初首批成立的信托公司之一，也是北京市唯一一家大型非银行金融机构，拥有信托、证券、公募基金、私募基金等多个金融牌照和资产证券化、受托境外理财业务（QDII）、以固有资产从事股权投资业务（PE）、股指期货等业务资格，金融资源充足。以北京首农北信产业发展基金为抓手，致力于"三农"领域基金的不断发展，既是首农食品集团和北京信托等社会资本站在市场角度的共赢选择，也顺应了国家发展至特定阶段所孕育出的时代机遇，相信越来越多的有益资本将会注意到"三农"领域的投资机会，为国家发展及改革带来新动力。

（二）深圳前海京信供销基金

深圳前海京信供销基金管理有限公司（以下简称"京信供销基金"）是北京市供销合作总社和北京信托下属的私募基金公司。京信供销基金积极响应党和国家号召，围绕股东主业和规划，将乡村振兴作为基金投资布局的重要板块，设立乡村振兴部，专门就乡村振兴领域项目进行投资。同时与北京市通州区供销合作总社联合设立乡村振兴私募基金管理公司——北京兴农私募基金管理公司（以下简称"兴农公司"），共同开展乡村振兴领域以及北京城市副中心建设方面的基金投资。目前，兴农公司正在设立当中，并开始筹备设立首支乡村振兴私募基金。未来京信供销基金和兴农公司将积极围绕乡村振兴领域，对具备高成长潜能的优秀企业进行投资，特别是重点关注与供销社系统具有产业联动或协同效应，包括科技农业、智慧农业、消费升级、仓储物流、农业供应链等行业的优质项目。同时，通过产融结合、投贷联动、投后赋能，积极整合各方面资源，帮助被投项目快速成长，提高投资的安全性和回报率。在实现投资收益的同时，不断提高服务"三农"的能力和水平，为全面实施乡村振兴、实现共同富裕做出更大的贡献。

二、农村集体资金信托化管理业务

党的十九大报告提出乡村振兴战略，乡村振兴是一场攻坚战，也是一场持久战，更是一场决胜战。乡村要振兴，产业必振兴，而产业振兴的关键点和落脚点就是发展壮大集体经济。十九大报告明确提出，要"深化农村集体产权制度改革，保障农民财产权益，壮大集体经济"。随着北京市经济发展和城市化进程加快，北京市农村集体资产总量持续增加，为农村集体资产经营提供了内生动力。2020 年度农村集体资产清查结果显示，北京市农村集体资产总额达到 9 633 亿元，占到全国总量的 10% 以上。同时，农村集体经济产权制度改革不断推进，产权界定更加清晰，又为集体经济运行创造了良好条件。随着改革的深化，集体资产保值增值成为首要问题，大多数集体经济组织由于资金实力不强、管理经营人才匮乏、现代企业制度不完善等原因，靠自主经营在市场竞争中站稳脚跟、发展壮大较为困难。全面推进乡村振兴，助力实现共同富裕，除了进一步提高农民收入、通过社会统筹建立惠及全体农民的生活保障体系外，更为重要的是要提升农村集体资产的管理效率和效益，从而提高其对农民的保障力度。

从国内外实践看，相较其他制度，信托是一项更为有效的财产管理制度。一是信托制度具有无可比拟的灵活性。信托财产多元化，凡具有货币价值的东西，不论是动产还是不动产、物权还是债权、有形还是无形，都可以作为信托财产设立信托。信托目的自由化，只要不违背法律强制性规定和公共秩序，可以为各种目的而创设信托。信托投资范围横跨北京货币市场和产业市场，可以运用不同的方式进行组合投资，增加财富保值、增值的机会。二是在信托制度中，受托人运用信托财产进行投资是以所有权人的名义进行的，有利于从专家责任制度、信托民事赔偿制度、信托报酬的约定与协商制度等法律层面，促进和保障财富管理的广度和深度。三是信托制度具有天然的财产隔离和风险隔离功能，使得信托具有连续性，更适合长期性的财富管理。

在农村集体资产管理方面，信托制度更有其发挥独特优势的广阔空间。一是通过信托化管理，将原来分散的农村集体资产进行集中投资运用，实现了资金运用的规模效益和科学化、专业化、精细化的管理模式，解决了原来将集体资产一次性分配给农民导致的非理性突击消费，以及将大量财富长期沉淀于村集体可能导致的资产保值、增值和收益水平不足等问题。二是借助信托的成熟制度，解决了资产管理过程中信息不对称和代理人问题，给予农民及村集体充分的民主监督权利。三是信托化管理实现了农业农村部门的富余资金通过金融系统向产业资本的转变升级，使农民以与市民完全平等的方式获得财富增值收益，对帮助农民获取财产性收入、缩小城乡发展差距、提高农民生活保障水平、巩固城镇化发展成果有非常积极的意义。因此，在制度设计上，信托公司非常适于引入农村集体资产管理领域，运用信托制度担当农村集体资产管理重任，保护农民的切身利益。

将信托制度引入农村集体资产管理领域不仅理论可行，而且在实践中也获得了检验。2012 年，北京信托和北京市农村经济研究中心针对在新型城镇化过程中如何改善京郊农村集体资产管理模式，共同研究推出了"富民 1 号集合资金信托计划"（以下简称"富民1 号"），对门头沟区部分村集体资产试点信托化管理。"富民 1 号"在管理过程中信息透明、程序规范，参与试点的村集体获得了较好的资产收益，实现了预定目标。北京信托将"富民 1 号"的成功运作经验推广至更多村镇，近 10 年，北京信托推行的农村集体资产信托化管理服务已覆盖北京市门头沟区、怀柔区、海淀区、丰台区 10 个乡镇 49 个自然村。截至 2021 年 12 月，已累计推出 26 支"富民信托"系列产品，累计管理规模约 58.5 亿元，累计分配信托收益约 12.3 亿元，显著提高了农村集体资产的投资收益率。

信托是最优秀的财富管理制度之一，把成熟的信托制度引入农村集体资产管理领域，提供适合城镇化过程中农村和农民现实需求的理财服务，是全面推进乡村振兴、助力实现共同富裕的具体路径之一，是党的十九大精神在农村集体资产管理领域的成功实践。北京信托作为市属国有金融机构，有意愿、有责任、有能力在农业经济管理部门和各级政府部门的指导帮助下，创新和升级现有富民系列产品，进行复制和推广，继续为京郊村镇提供更加个性化、管家式的金融理财服务，以其专业能力和实际行动参与到京郊乡村振兴战略中，在最大限度确保资金安全的前提下，实现农村集体资产的保值、增值，最终实现农民财产增收获益。

三、农村集体建设用地集约化运用信托业务

土地是农村集体最重要、最核心的资产。受益于国家经济发展和城镇化推进，城镇近郊土地价值大幅上升，农村集体经营性建设用地的具体使用方式日益多元化、复杂化，土地的不同使用方式导致土地使用效率、土地收益差异巨大。管理好、利用好农村集体经营性建设用地，使土地价值最大化，让村民长期受益，为村民提供稳定生活保障，是乡村振兴过程中的重要议题之一。

长期以来，工业化和城市化快速发展催生了对土地的旺盛需求，土地供需矛盾逐渐凸显，仅靠城镇存量国有土地难以满足经济发展需求。在市场需求的有力推动下，农村向城市供给了规模可观的建设用地。在具体的供给路径上，在过去的实践中，集体土地需经过政府收储后才能改变土地用途，进而实现入市，级差收益主要由地方政府、开发企业与城郊被征地农民三方共享。这种路径的优点是村集体可以将土地财富一次性变现，甚至实现"拆迁致富"，但缺点是土地一级开发成本不断走高，为收回成本，只能通过招拍挂方式，将土地使用权出让给开发企业，再由开发企业将成本转嫁给购房人，因此推动房价高企，造成供需矛盾突出。近年，我国在新一轮房地产调控过程中，着力推动建立多主体供应、多渠道保障、租购并举的住房制度，将逐步改变政府作为居住用地唯一供应者的情况，以更好地让全体人民住有所居。在"租售并举"的指导思想下，近年在政策方面有明显的破冰式尝试，无论是集体经营性建设用地的入市试点，还是在部分城市开展利用集体建设用地建设租赁住房试点，均是对农村集体土地多元化使用途径的有益探索和尝试。

北京市作为第一批集体经营性建设用地的入市试点（北京市大兴区）及第一批利用集体建设用地建设租赁住房试点城市，走在了集体建设土地直接"入市"的实践前沿。北京市作为城市化相对成熟的城市，也面临突出的土地供给和需求矛盾，城市副中心的规划、建设及运营使这种矛盾更加突出。2021 年，北京信托为响应国家建立健全房地产健康发展长效机制、缓解住房供需矛盾、支持副中心建设发展的号召，通过资源整合和优势互

补，充分发挥信托制度优势，共同设计了针对集体用地的可复制创新型信托产品——"北京信托·城市副中心职住平衡系列服务信托"（以下简称"服务信托"）。

金融机构开展房地产业务的传统模式是：通过各种金融工具为房地产企业提供资金，房地产企业开发建设房屋，并出售给购房人回笼资金，再偿还给金融机构，实现资金闭环。当前，这类传统模式衍生出一些问题，主要表现为：一是土地供给渠道单一，供需矛盾突出，房价居高不下。集体建设用地被排除在土地市场化利用之外，村集体无法通过集体土地市场化利用长期、稳定分享城市发展红利。二是过多挤占金融资源。房地产企业偏好"高杠杆、高周转"开发模式，负债过高，占用了大量金融资源。伴随着市场风险的逐渐累积，风险可能传导到金融领域，给金融系统的稳定运行造成不利影响。房地产行业还挤占制造业等其他行业的金融资源。三是住房供给模式单一。消费者的住房需求高度依赖购房这一狭窄通道，缺少以租赁（尤其是长期租赁）方式解决住房需求的路径。四是集体土地利用模式可复制性差。利用集体土地建设租赁住房的传统模式，通常实施重资产经营，对社会资本缺乏足够的吸引力。

通过利用信托制度优势，充分整合各方资源，服务信托在解决上述问题方面迈出了实质性的一步。其基本业务逻辑是，北京信托创设服务信托，有职住平衡、租赁住房需要的信托委托人通过加入信托汇集资金，北京信托作为社会资本与村集体合作开发集体租赁住房。信托委托人可以获得特定租赁住房的优先承租权利和优先续租权利，从而实现长期租赁、稳定租赁、品质租赁、职住平衡的目的。北京信托运用信托资金受让项目公司在集体土地上建设的租赁住宅经营权及资产收益权，为项目公司提供建设资金，从而获得目标项目租赁权利。

北京信托利用完善的内部组织管理体系，为服务信托委托人提供信托受益权登记管理、变更管理、继承管理等服务。同时利用资金管理优势，为服务信托的闲置资金提供资金管理服务，资金管理收益为信托委托人或租户支付特定租赁住房的租金、运营方及信托事务代表等费用。通过限定信托受益权转让条件，服务信托压缩了信托受益权炒作空间，落实了国家房住不炒政策。通过创造性地在信托层面设计联合管理委员会、受益人代表、信托事务代表等权力机制，实现了在委托人数量众多的情况下，既维护委托人利益又兼顾服务信托的决策和运营效率。通过这种方式的产品设计，服务信托提供了一种价值创造路径。站在村集体角度，目标公司通过创新方式合理利用集体建设用地，既保证了村集体及村民利益，又盘活了集体土地资源。站在金融风险角度，服务信托不以保值增值为目的，仅提供事务管理类服务，不设业绩比较基准，没有现金类信托本金及收益的兑付义务和压力，从而规避投资风险，既没有占用金融资本资源，又切断了房地产风险向金融体系扩散的通道。站在职住平衡角度，北京市属企事业单位职工通过加入服务信托，解决了迁往城市副中心后的居住问题，实现了长期租赁、稳定租赁、品质租赁、职住平衡的美好目标。通过信托制度设计，充分考量集体土地上建设的建筑物无法分割、买卖及产权变更的情况，服务信托也避免了住房商品化的炒作空间，落实了房地产长效机制。站在资产运营角度，目标公司建设标的项目不以实现经济利益为目的，不以资本最大化为利益导向，避免了一些因急功近利导致的市场乱象。此外，服务信托在设计之初就考虑了模式标准化，这将更易于将经验推广应用到其他项目，增强了该模式的可复制性。

（作者：邵奎，北京国际信托有限公司）

农业保险护航首都乡村振兴

2021 年是党中央在新发展阶段推进乡村振兴战略的关键之年，《中华人民共和国乡村振兴促进法》的正式实施，更加有力地促进了全社会聚焦乡村振兴发展，形成了"三农"领域固根本、稳预期、利长远的发展新局面。中国人民保险集团股份有限公司（以下简称"中国人保"）作为核心金融央企，坚决贯彻中央精神，把握政策要求，落实发展举措，在全面推进乡村振兴的新发展阶段彰显央企担当，贡献人保力量。2021 年 4 月 26 日，北京市人民政府与中国人保签署了战略合作框架协议，明确了中国人保在北京市高标准"两区"及"四个中心"建设、实施乡村振兴战略中提供高质量保险服务。中国人民财产保险股份有限公司（以下简称"人保财险"）北京市分公司作为中国人保首都分支机构，紧紧围绕市委、市政府推进北京市乡村振兴发展的系列政策要求，聚焦北京市以首善标准全面推进乡村振兴的新发展格局，立足"大城市小农业、大京郊小城区"的市情农情，以高质量的保险服务、精准的风险管理产品、灵活高效的资金融通工具助力具有首都特点的乡村振兴发展，为北京市率先基本实现农业农村现代化做出积极有为的金融贡献。

一、坚定履责服务"三农"，人民保险有温度

中国人保是与共和国同生共长的国有保险企业，人保财险是中国人保的核心成员和标志性主业，是国内历史悠久、业务规模大、综合实力强的大型国有财产保险公司，保费规模居全球财险市场前列。作为从新中国成立以来持续耕耘农业保险服务的保险企业，公司始终以农业发展、农村繁荣和农民增收为己任，坚定履行金融央企服务北京市农村经济社会的政治责任、经济责任和社会责任。

从农业基础保障效果看，2021 年人保财险北京市分公司共计承保林果干果、主粮作物、设施蔬菜等种植面积达 180 万亩，承保生猪、奶牛、肉鸡等畜禽 7 364 万只，为 3.6 万户次农户提供风险保障超 200 亿元，承担全市 10 个农业生产区 58.7% 的农业风险保障需求，为首都农产品有效供给提供有力支撑。

从农业风险抵御能力看，实践证明，农业保险已经成为政府农村社会治理、农业风险防控的政策工具，能够有效协助政府化解农业大灾风险，快速恢复农业农村生产生活。人保财险北京市分公司经过长期发展，已经建立较为完备的农业大灾风控管理体系，为首都农业产业发展、粮食安全和"菜篮子"工程提供了有力的保险支撑。

• 235 •

从健全风险保障机制看，人保财险北京市分公司在市农业农村局的政策引导和大力支持下，不断引领行业创新，在产品升级、服务模式、科技应用和应急保障等方面构建了契合市情农情、快速响应触达、专业科技支撑、网络服务无盲点的农村保险服务平台。一是开办农险产品122个，涉及种、养、林三大品类，覆盖气象指数保险、遥感指数保险、价格（+期货）保险、收入保险、种业保险等新兴领域，基本涵盖北京市农业产业生态基本需求。二是服务模式不断迭代升级，除传统政策性保险得到巩固以外，创新应用从"保成本"向"保价格、保收入"转变，以政商融合模式为抓手，开办补充型及普惠型农业保险，丰富了多层次风险保障需求，拓宽了农业保险保障外延。三是主动作为强担当，积极对接新冠肺炎疫情期间稳产保供工作。在新冠肺炎疫情期间针对蔬菜育苗企业用工难、用工贵的问题，推出蔬菜种苗种植综合保险，助力蔬菜产业保供生产。通过"保险+订单"的模式推出蔬菜价格保险，提供稳菜价、保货源的风险解决方案。四是以农业保险服务App为先导，带动养殖业生物识别、遥感卫星测控、无人机辅助查勘等科技应用，为推动农村数字化金融服务转型提供了基础性实践范式。2020年12月初，人保财险北京市分公司上线"耘智保"App，并代表行业在北京市银保监局农业保险全流程信息化新闻发布会中展示，标志着北京市在全国范围内率先实现农业保险全流程信息化的闭环。2021年，该公司工作人员注册人数135人，处理案件数量2 463件，达到全国"耘智保"案件处理数量的66.17%。五是发挥保险业防返贫加速器作用，探索东西部协作对口扶贫"一县一策一方案"的防返贫机制，为政府定向帮扶防返贫提供精准政策工具。在朝阳区政府支持与统筹下，在河北省张家口市阳原县签发北京市首张协作帮扶健康扶贫社保业务保单，使定向防返贫帮扶资金得到精准投放，提升了定向帮扶贫困户增收致富的基础保障能力。六是通过有限合伙人模式，协助政府主管部门搭建一个高起点、示范性、有引领及辐射作用的乡村振兴发展投融资平台，拓宽金融资本投资农业农村领域的渠道，有效满足乡村振兴多样化、多层次需求。七是发挥保险社会综合治理稳定器作用，与北京市公安交管部门协同，在乡镇政府支持下，在海淀、丰台、房山、通州等12个城近郊区建立132个农村交通安全劝导站，配属交通安全宣传员，开展农村地区交通安全法规宣传、以快处快赔方式解决农村道路交通安全事故等工作，极大提升了农村地区交通协同共治水平。

从应急响应服务水平看，2021年汛期，人保财险北京市分公司第一时间启动农险大灾紧急应对机制，实现快速响应、应赔尽赔、应赔快赔。出动2 781查勘人次、1 272查勘车次，驻扎受灾乡镇，加班加点为8 664户次查勘定损12.2万亩，将赔款快速且精准支付到受灾农户手中，有力彰显国企责任担当。一是极端天气频发，应急响应有章法。2021年5月底，人保财险总公司接到气象局关于当年天气的预判后，立即召开系统会议，传达气象局预判信息，并部署各公司结合自身情况制定农业保险汛期理赔应急预案。人保财险分公司总经理室高度重视本项工作，并要求加快推进汛期理赔处理速度，在确定赔付方案的基础上尽量做到快处快赔。另外，汛期理赔工作结束后，要在总结前期工作经验的基础上，再次梳理、优化分公司农险突发性自然灾害应急方案，为来年大灾理赔工作打好基础。北京市2021年入汛以后降雨量偏多。监测显示，当年6月1日至9月22日（共

113 天），北京市共出现降雨过程 68 次，在全年中占比为 60.18％。其中 7 月降雨量（400.4 毫米）为 1951 年以来历史同期最多，观象台降雨日数 20 天，较常年同期（10.8 天）偏多一倍。8 月降水量为 159.8 毫米，比常年同期偏多 2 成。9 月以后的降雨量更是常年同期的 2 倍多。公司在每一次灾情过后，快速启动农险大灾理赔应急预案，开启理赔绿色通道，调集全市力量支持重灾区理赔服务工作，做好受灾数据统计，并向各级单位和领导汇报灾害数据变化工作、指导理赔定损工作和协调灾害理赔资源等工作。2021 年全年，公司申报巨灾代码 6 次，每次大灾来临之际都紧急部署、快速响应、积极应对，确保农险大灾理赔工作紧张有序开展。二是解农户燃眉之急，人保服务有质量。频繁的灾害性天气是检验保险公司服务能力的"试金石"。以 6 月 25 日昌平区特大冰雹灾害为例，鹅蛋大小的冰雹将全区多个乡镇农户种植的近万亩果树砸得近乎绝产，全区上报估损金额 3 000 余万元。其中涉及人保财险昌平支公司承保的果树 7 000 余亩（约 11 个天安门广场大小），受灾农户 940 户次，估损金额 2 527 万元。随后的整个 7 月，北京市北部山区持续降雨，积水和土地泥泞为查勘定损工作增添了许多困难。为了保障赔款能够快速且精准地支付到每一位受灾农户手中，为了践行中国人保"人民保险服务人民"的服务宗旨，人保财险昌平支公司攻坚克难，驻扎受灾乡镇，加班加点为农户查勘定损，协助农户提供理赔材料。仅用 1 个月的时间，为 929 户次农户支付赔款 2 500 余万元，赔款到位率达 99.6％。本次快速赔付得到了昌平区受灾农户的一致好评。再如 7 月 12 日顺义区突降暴雨，为积极应对此次强对流天气，顺义支公司上下高度重视，快速启动农险大灾理赔应急预案，开启理赔绿色通道。顺义区农业农村局相关领导、顺义支公司农险部领导及各外勤人员，第一时间到达现场查勘定损并安抚农户情绪。在这次灾害中，公司保户张立松承保大棚全部坍塌，大棚以及里面作物全部受损，他十分焦急，情绪激动。顺义支公司在安抚张立松的同时，快速开启理赔绿色通道为其分忧，从接到张立松出险报案到赔款到账历时不到 7 日，得到张立松充分认可并表示感谢。农户能及时得到理赔款，使快速恢复生产得到保障，彰显了顺义人保在灾情面前的应对能力和勇于担当的责任感。8 月 5 日，顺义区再次遭遇暴雨暴风天气，顺义支公司相关领导带队深入一线，对受灾果园进行查勘及定损工作，保证工作不断档、标准不降低、服务不停止，确保灾害理赔工作高效、有序、快速完成。张镇贾家洼子村保户种植的葡萄严重受损，葡萄地里的雨水无法及时排出，农户急得直流眼泪。查勘员看到此情况，立即借来抽水泵，帮助农户对受损地块施救。历时 3 个多小时，葡萄地里的积水基本被抽干。顺义支公司的举措为农户解了燃眉之急，其主动服务的精神得到农户的感谢与肯定。

二、坚定服务乡村振兴战略，人民保险有力度

贯彻落实中央乡村振兴战略总要求、高质量服务好农村经济社会发展是国有保险企业的主责主业。人保财险北京市分公司认真领会把握北京市全面推进乡村振兴、加快农业农村现代化实施方案的思想与内涵，贯彻新发展理念，融入新发展格局，以北京农村金融协会为纽带，强化政治站位，提升履责能力，出实招、办实事，把金融促进乡村振兴发展的

要求落实好，把保险服务乡村振兴的举措执行好。立足新发展阶段，锚定乡村振兴发展目标，提出以下工作思路。

（一）对接耕地保护制度，建立精准配套的服务制度体系

在落实最严格的耕地保护制度、坚决遏制耕地"非农化"、健全耕地数量和质量监测机制、搭建数字化管理系统的系列工作中，农业保险能够起到积极的推动作用。一是通过扩展完全成本保险和收入保险，确保红线内耕地包括高标准农田得到充足的风险保障，保障耕者利益所得，推进耕地生产的可持续。二是通过农业保险服务团队和信息化能力，政府可以零成本获取由保险公司采集的耕地属性变化动态信息，精准开展整治工作。同时，应鼓励保险机构运用遥感技术手段，尝试开发耕地生态修复或补偿保险、耕地地力指数保险等创新型险种，为建立耕地质量监测监管提供配套经济保障措施。三是鼓励保险机构，为高标准农田建设设计全生产周期一揽子保险和高标准农田建设工程质量保险，政府给予补贴支持，为高标准永久基本农田提供产销衔接的配套保护机制。人保财险北京市分公司愿争当排头兵，在已有经验与模式的基础上大胆创新，探索耕地建设管护新模式，在落实耕地保护机制中当好政府的助手和抓手，将保险经营活动统一到耕地保护治理体系中来。

（二）高标准服务农产品稳产保供，构建覆盖全产业链的配套保障体系

2007年以来，北京市农业保险保障体系已基本建立，从覆盖区域到服务输出，从产品类别到灾害应对，基本实现对农业主产业和农民增收的基础保障全覆盖。但目前，保险服务距离抓牢重要农产品稳产保供的要求差距较大，在推进"五个百万"工程建设，发展高效设施农业、设施蔬菜产业集群，以及达到生物安全标准的现代化规模养殖业建设等目标方面，还远未实现保障全流程覆盖。为此，保险机构应在政府统筹指导下，以"五个百万"工程标的覆盖率为目标，扎实推进农业产业集群服务的深度和广度，研发高效设施农业专项保障方案，构建涵盖高效设施集约化育苗、专有技术、装备设施、生产研发、价值实现等全链条保险体系，护航北京市及环京供应基地设施蔬菜产业集群建设，为提升北京市粮菜生产战略空间和应急储备提供有效助力。

（三）服务农业科技自立自强大局，助力农业自主知识产权核心应用

农业科创企业是研发生物种业、高效设施农业、数字农业等领域自主知识产权核心技术的主力军，但分散在研发、生产及市场化的农业科技创新转化流程中，存在着因内部因素（技术的复杂性、技术的市场适应性、技术开发与管理者的责任等）或外部因素（制度环境、市场环境、自然环境等）所导致的财产损失、人身伤害、研发中断和民事赔偿责任等风险。农业科技创新保险和农业科技转化保险可以通过政策引导建立一揽子保险方案，为农业科技领军人才和创新团队提供高效的风险解决工具，维护企业正常运转和经营。以风险保障手段推进农业科技自立自强，提升农业科技创新效率，实现农业创新战略力量的牵引带动作用和成果就地转化能力，推动农业全产业链数字化转型和产业园区建设，落实农业科技创新成为北京市具有鲜明农业特征的规划目标。

（四）推动落实种质资源保护，发挥协同效能促进"种业之都"建设

按照北京市实施现代种业发展三年行动计划，要实施种质创制和品种选育联合攻关、特色畜禽水产种质资源保护、设施蔬菜良种更新工程，建设国家玉米种业技术创新中心。这些重大项目的建设，需要强化顶层风险保障体系的设计。从目前情况看，种质资源和种业企业多数尚处于风险暴露中，没有建立相关配套的风险保障。为落实北京市种业高质量发展战略，重点围绕现代育种、农业"卡脖子"技术、智慧农业等种业科技领域，人保财险北京市分公司在政策的引领下，在多年开展杂交玉米制种保险、杂交小麦制种保险先行先试积累的经验基础上，全力支持育种基础性、前沿性和应用技术研究。着手设计研发种质保险全流程风险保障产品，为北京市现有的现代种业创新中心提供包括创投、融资、研发、推广、应用以及知识产权保护等各方面风险解决方案，积极落实藏粮于技战略，发挥保险协同效能，助力"种业之都"建设。

（五）延伸保障边界，做好支持农业绿色发展大文章

针对北京市农业产业特点，围绕质量兴农、绿色兴农、品牌强农战略，政府应引导鼓励保险机构主动适应现代都市农业多样化、特色化的保险需求，落实"绿水青山就是金山银山"理念，推动生态产品价值实现，创新服务理念，不断丰富农险服务内容，全面提升服务水平。一方面，在政策引导下，探索开展特色农业保险试点，开发"绿色农产品溯源"等特色农业保险产品，助力深化农产品质量安全保障机制，保障餐桌上的安全，促进绿色有机农产品发展。另一方面，支持保险机构积极参与生态产品标准体系和核算体系建设工作，推动绿色生态资源转化为生态资产，通过保单保值增信等方式，提升北京市场对生态资产价值认定，积极参与生态产品权益贷款融资，推动生态资源转变为绿色资金，实现绿水青山与金山银山的双向转换。

（六）发挥保险服务乡村治理新优势，助力美丽乡村建设和基本公共服务均等化

在大力实施乡村建设行动、加快推进农村现代化进程中，现代保险业将大有可为。借鉴各兄弟省份保险服务乡村振兴工作的经验和做法，研究并创新推广具有北京特色的"乡村振兴保险"工程，将保险服务嵌入乡村建设以及基本公共服务全过程，参与农村社会治理进程，提升乡村公共服务水平。一是围绕农村基础设施短板，创新保险产品，加强对农田水利、农产品仓储保鲜冷链物流、动植物疫病防控等领域的保险保障，提高农业生产抗风险能力。二是扩大综治保险在农村的覆盖面，构建公共安全、疫情防控、政府救助、公共卫生事件应急等综合保障体系，促进农村和谐稳定。三是针对乡村道路交通、人居环境改造等农村公共服务领域，拓展农村公路综合保险、政策性农房保险等，完善农险与农业面源污染防范联动机制，提升农村公共保障水平。四是深度参与农村多层次社会保障体系建设，因地制宜发展农村意外伤害、城市普惠健康保等保险项目，有序推广乡镇医院医疗责任险，提高农民健康保障水平，开展乡村普惠旅游综合保险，支持农业与旅游、康养等

产业融合发展。五是稳健开展支农支小融资业务，强化利益联结机制，破解农业经营主体"融资难、融资贵"难题，探索发展土地流转保证险等业务，服务农村土地确权工作。

新时代呼唤新作为，新起点实现新突破。人保财险北京市分公司将坚定落实市委、市政府全面推进乡村振兴、加快农业农村现代化的战略部署，在北京市农业农村局、乡村振兴局的坚强领导下，以北京市农村金融服务合作为桥梁，提高站位、牢记使命、勇于担当，以行动践行初心使命，以高质量的服务争当北京市乡村振兴发展的排头兵。

（作者：董洪，中国人民财产保险股份有限公司北京市分公司）

全方位金融服务平谷区乡村振兴

平谷区位于北京市东北部，地处京津冀交界，三面环山，总面积 948 千米²，下辖 18 个乡镇街道 273 个行政村，农业人口 18 万，占全区总人口的 44%。2021 年，平谷区农林牧渔业总产值 35 亿元，居生态涵养区第一位，是典型的农业大区，作为北京市东部京津冀协同发展的重要通道，为金融助力乡村振兴工作提供了天然的区域环境。

乡村振兴战略对建设社会主义现代化国家、实现第二个百年奋斗目标具有全局性和历史性意义。中国农业银行（以下简称"农行"）是服务"三农"的国家队和主力军。农行北京平谷支行作为基本经营行，在新时期将服务乡村振兴工作作为自身发展的根基，作为推动实现高质量发展的必经之路。通过调研探索，平谷支行确定了打造服务"三农"特色行的发展定位，将服务乡村振兴作为支行发展的重中之重。围绕支柱产业发展、服务网络搭建、乡村基层治理、落实六稳六保等方面，优化服务、创新产品，开展"田间地头"金融，初步打通乡村产业发展的"绿色通道"，实现乡村服务网络"全面覆盖"，为乡村治理注入了"金融活水"，对区域经济发展起到了"补气造血"的作用。

一、多措并举，全面支持支柱产业发展

产业兴旺列为乡村振兴战略的首要任务，是最为基础、最为关键的任务，也成为农行北京平谷支行服务乡村振兴工作的重中之重。该行围绕平谷区果品业、家禽育种业、全域旅游业、农业科技示范区建设四大农业支柱产业，不断加强金融产品和服务创新，多措并举，在促进农业提质增效上做出积极贡献。

（一）打造种产销全流程服务链条，助力果品产业发展

平谷区以大桃、红杏为主的特色果品产业在全区农业发展中占主导地位，其中"平谷大桃"和"北寨红杏"是国家地理标志性产品。为更好地服务特色果品产业发展，农行北京平谷支行优化整合产品服务，提供"一揽子"金融服务支持特色果品产业链发展。

1. 支持果农种植

为解决农户"融资难"的痼疾，农行推出无抵押、无担保的信用贷款产品——"惠农e贷"。作为北京市的试点行，农行北京平谷支行于2020年初正式启动该产品的推广工作。为了提升专业能力，该行举办内部培训会10余期，邀请总分行专家授课，总结提炼农民容易理解的宣传用语，研究分析新产品推广过程中的各种情况及解决方法，在短短1个月的时间内全员投入推广工作。时值新冠肺炎疫情肆虐，又正逢春耕备耕，果农资金严重短缺。为了坚定信心，该行党委班子带队，持续深入农村、涉农市场、合作社调研，先后与村支部书记、果农、农资店主、果农经纪人等200多人交谈，掌握情况，先行推广。为了让产品惠及更多农民，该行通过党委班子分片督导、部门一对一重点帮扶、网点包片牵头负责、全员按需参与推动，建立了全行上下分工合作、聚力共促的工作机制。平谷地区是半山区，入村的路多是崎岖山路，又因为疫情造成路障重重。为了把"惠农e贷"尽快送到农户家中，该行员工白天赶路、翻山越岭、上门服务，晚上归行、组卷审批、加快放贷，使得"惠农e贷"迅速在全区推广。截至2021年年底，"惠农e贷"在全区18个乡镇190个行政村完成建档，支持农户490户，累计发放1.52亿元。

2. 支持果农合作社发展

为了支持北京市农民专业合作社，农行北京分行创新研发"北京乡村振兴e贷"。该产品是一款无抵押、无担保的信用贷款产品，重点解决涉农专业合作社的融资难题。农行北京平谷支行积极参与，通过深入全区果品生产、流通、加工及商贸类小微企业和农民专业合作社调研，摸清底数，为产品研发提供关键性的基础数据。2020年年底，该产品正式上线。农行北京平谷支行客户经理夜里十点来到合作社的大棚里，指导客户线上操作、一键用贷。首笔"北京乡村振兴e贷"在上线当天实现放款100万元，不仅为客户带来"及时雨"，也为该行创新产品、服务"三农"工作实现开门红。截至2021年年底，为22家农民专业合作社发放"北京乡村振兴e贷"1 940万元。

3. 畅通支付结算渠道

通过农行工作人员调研发现，农村地区的支付结算主要仍以现金为主，常有收付假币的风险和无钱找零的尴尬。农行北京平谷支行在推广惠农产品的过程中，以农行线上结算产品"聚合码"为抓手，在果品市场、农商店铺、果树桃林等重点农产品交易区加大宣传推广力度。截至2021年年底，为果农免费布放"聚合码"3 000个，使果农享受到线上结算、免费入账、免找零、防假币等便利，实现8 600余万元资金的安全快速入账，同时为果农节省手续费约43万元。

4. 助力特色果品销售

农行北京平谷支行积极探索互联网助力"三农"发展新路径，打造"电商＋金融"产业链。2020年免费将平谷区大桃搬上农行掌银商城，累计销售大桃3万余斤。2021年，继续拓宽领域，在产品输出上，制作"平谷好物"图谱，将平谷区特色农产品尽收其中；在渠道上，加入农行微银行、农行微信公众号，参与特色农产品线上直播带货，利用农行强大的网络优势与客户资源，让平谷区优质好物销售到全国各地。截至2021年年底，助销"平谷大桃""北寨红杏""鱼子山草莓""杨各庄西红柿""峪口香椿"等总计8万余斤，助农增收近 66 万元，初步打通了从田头到舌头的销售路径。

（二）推出金融"组合拳"，综合服务家禽育种龙头企业

北京市华都峪口禽业有限责任公司是落户平谷地区的育种龙头企业，目前是世界三大育种公司之一，也是亚洲第一大蛋鸡育种公司，中国仅此一家；该公司育种制种量居全球第一，达到 2.5 亿只；更是中国蛋鸡第一品牌，产品销往全国 31 个省（区、市）。同时，该公司还使蛋鸡成为唯一一个不受国外控制的高产畜禽品种，维护了国家种源安全。每年有 6 000 万只本土高产蛋鸡种鸡从该公司输送到全国，现在全国每两枚鸡蛋中就有一枚来自这里。2020 年新冠肺炎疫情暴发，全国各地管控严格，该公司鸡苗不能输出，市外饲料不能输入，经营遇到前所未有的困难。农行北京平谷支行在得知情况后，迅速组织人员，第一时间上门了解企业金融需求。充分利用全国性防疫重点保障企业差异化政策，迅速审批疫情防控信贷 8 000 万元，帮助企业渡过难关，也有力保障了市场物价稳定，助力家禽种业发展。同时，农行北京平谷支行持续深化与该企业的合作，提供多元化金融服务：截至 2021 年，围绕企业短期融资需求，累计支持流动资金贷款 1.6 亿元；围绕企业在全国布局肉鸡产业，在农行总分行协助下，与山东、安徽、广东农行达成合作共识，拟牵头银团贷款计划；围绕该企业下游客户融资需求，深度对接企业数字化平台，拟开展线上供应链融资；积极推进农银投资与该公司成立系统首家家禽产业基金计划。目前，北京市华都峪口禽业有限责任公司全年实现收入 14.9 亿元，正全力解决"卡脖子"问题，努力打造家禽行业"中国芯"。与此同时，农行北京平谷支行大力支持区域生猪育种产业，为北京新六农牧科技有限公司提供信贷支持 4 000 万元，助力全市最大的智能猪场建设。

（三）聚焦产业发展痛点，助推全域旅游业转型升级

平谷区位于首都"最东方"，地处京津冀三省市交汇处，是全市首个国家森林城市，跻身首批"国家全域旅游示范区"。乡村旅游是平谷区发展全域旅游的一大基础，依托资源优势，平谷区通过"文创"赋能，激活农村闲置资源，推动乡村旅游产业发展。农行北京平谷支行紧跟平谷区发展规划，提供全域旅游产业在主体建设、服务升级、产业融合等方面的垂直链条服务。该行党委班子带队，深入金海湖镇、大华山镇、刘店镇等旅游重镇，走访 50 余个行政村，摸清平谷区乡村旅游现状和农户金融需求。在了解到推动特色农业与全域旅游深度融合过程中存在资金缺口时，该行发挥金融优势，先后投放 7 000 余万元，解决了乡镇发展的后顾之忧。在了解到盘活乡村闲置资产、改造扩建过程中资金短缺是农户面临的最大难题后，量身制定"金融＋民宿"专属服务方案，农行员工驻点办公，集中为农户办理发放民宿专项贷款。截至 2021 年年底，已授信 1 200 万元，放款 600 万元。在了解到世界休闲大会主会场五星级酒店（维景国际酒店）支付结算系统尚未建成后，该行迅速组织专业团队，为其搭建智能收单平台，有效改善客户体验。该行服务区域旅游业发展的决心和行动，得到平谷区委、区政府的肯定，因此受邀独家冠名平谷区乡创文旅系列赛事。

（四）做实做优，为农业中关村建设提供金融支持

加快农业科技创新对于北京市服务国家农业科技自立自强、建设国际科技创新中心，以及提升现代农业发展水平具有重要意义。2021 年 10 月，北京市委、市政府和农业农村部签订中国·平谷"农业中关村"建设的合作框架协议。协议提出，以平谷区为重点，积极构建农业科技创新格局，走出一条具有首都特点的乡村振兴之路。农行北京平谷支行做实、做优金融服务，第一时间与平谷区委、区政府及相关委办局对接，先后为农业中关村产业联盟、农业中关村科技园管委会、农业科技创新中心和中关村坐落乡镇土地联营公司开立账户，为农业中关村建设提供关键的金融支持。

二、打通渠道，编织线上线下服务网络

平谷区山区和浅山区面积占全区总面积高达 2/3，部分乡镇地理位置偏远，深山中散落着一些"卫星村"，金融服务触及程度和频率偏低。作为国有商业银行，农行北京平谷支行将服务乡村振兴作为天职使命，积极探索创新，打通线上线下服务"双渠道"，打造由内向外延伸的网状服务阵地。

（一）线下建立"三联络"机制

建立党建联系点制度，支行党委班子分别联系各营业网点党支部，带队深入"三农"最前线，把党委职能由"指挥作战"向"领队冲锋"转变。建立乡村振兴流动服务基地制度，10 个营业网点包镇包村，定点联系帮扶，编织起 18 个乡镇 273 个村的全覆盖式服务网络，将营业网点职能从"坐商"向"行商"转变。建立流动服务制度，组建 10 支流动客户服务组和 11 支党员突击队，减休停休入村入户，通过发放折页、向村民广播、逐户讲解等方式，开展"敲门"服务，普及宣传和落地推广农行惠农产品。用这样的服务方式，农行北京平谷支行打破网点布局、阵地服务受限的壁垒，打通了服务客户的"最后一公里"。

（二）线上布放服务"万维网"

为进一步改善农村地区的金融环境，农行北京平谷支行利用手机、平板电脑等移动终端，深入乡村，将富有便捷、开放、生活、智能的移动金融产品送到村民家门口。截至 2021 年年底，为 13 000 余户农户开通农行"掌上银行"，为 6 000 余户农户办理信用卡，为 4.8 万户开通数字人民币，积极搭建智慧乡村、智慧旅游等乡村金融场景 26 个，搭建数字人民币场景 174 户。用农行先进的科技手段，让农民享受到方便、自由、快捷、潮流的金融体验。

三、农银合力，助推乡村基层治理

当前，乡村治理中存在的主要矛盾是集体经济薄弱、风险防范意识不强、乡村精英流

失等问题。农行的根在"三农",血脉在"三农",真心实意服务好"三农",是农行义不容辞的责任和使命。为此,农行北京平谷支行积极与平谷区各乡镇政府探索构建"金融＋乡村基层治理"模式,取得一定成效。

(一)基层治理积分资本化

为了加强乡村治理,部分行政村推行"积分制"。村"两委"对村民在基层党建、疫情防控、人居环境、乡村文明、村事村务等方面表现进行打分,多维度搭建包括个人基础信息、社会荣誉信息、党员积分信息、个人借贷信息、信用卡信息等在内的立体化信息数据库,这与金融系统的信贷评估系统"不谋而合"。农行北京平谷支行与试点村村"两委"达成一致,通过金融手段,将这些数据融合转化为实用资本,客观评价农村用户信用等级。这个信用等级将是惠农贷款精准发放的有力依据,有效地把"乡村治理"软实力转化为融资"硬实力"。截至2021年年底,已评出10个信用村30户新用户。

(二)守住村民"钱袋子"

目前,农村地区的风险防范意识普遍较弱,主要原因包括投资信息获取渠道少,缺乏专业的金融知识;投资盲目追求高收益,忽略风险因素;诈骗造假等手段不断翻新,防诈骗知识未能及时更新普及。针对这些问题,农行北京平谷支行充分发挥金融优势,通过开展"金融知识万里行"、消费者保护系列活动等方式,深入各乡镇现场宣讲,提供免费咨询。累计开展消费者保护、反假币及防诈骗等公益宣讲及咨询活动100余场,为7 500余名群众普及金融知识,提高村民风险防范意识,筑牢风险防范的"最后一道防线",为区域金融稳定做出积极贡献。在守住村民"钱袋子"的同时,想办法让村民的腰包"鼓起来"。聚焦农民增收,广泛开展进乡村活动,推广农行惠农服务。累计在乡村举办100余场普及金融宣讲,针对乡镇不同客户客群,提供80多场免费咨询和客户沙龙,累计为300余户农民提供集存款、理财、基金、保险为一体的综合资产配置方案,切实提高客户收益。推动网点、掌上银行、微银行、微信公众号等平台宣传,让惠农产品及政策深入人心,惠及更多农民。近两年,对中小微企业、农民专业合作社、农户执行利率下浮、账户手续费减免等政策,累计减费让利1 000余万元。

(三)留住农业人才

乡村振兴如果没有人才引进,单靠乡村现有人员是非常困难的。在城乡公共服务体系差距较大、乡村人才可持续发展保障制度不健全、外出务工成本低风险小等多种因素影响下,乡村人才外流严重。为了解决这一难题,农行北京平谷支行充分发挥金融职能,在留住人才、发展人才、引进人才上做出积极贡献。聚焦乡村致富带头人,积极支持农业产业链社会化服务工作,推动特色产业转型,累计发放专项贷款420万元,在为致富带头人开展工作注入资金支持的同时,增强其干事创业的信心。聚焦高端农业人才引进,与平谷区委组织部联合定制发放104张"金融人才卡",为全区引进高端农业人才提供涵盖存款、理财、餐饮、住宿、娱乐等一揽子服务场景，完善引进人才保障机制。聚焦涉农人才发展，在平谷区乡村产业创新大赛中，为11个获奖项目放款790万元，为农业人才创业创新发展提供坚实的资金保障。

此外，农行北京平谷支行在金融服务乡村振兴工作中不断突破创新，通过行司联动，牵线农银租赁公司，积极推动绿色发展项目。引入7 000万元专项信贷支持，推动屋顶分布式光伏项目在全区102个行政村2 000户农户落地。实现对农村现有建筑的充分利用，为广大农村居民带来稳定的发电收益，推动"双碳目标"与乡村振兴两大国家战略的进一步落地实施。

四、落实"六稳""六保"，金融助力疫情防控

抓"六稳"促"六保"，是稳住经济基本盘的关键举措，是生产生活秩序加快恢复的必然要求。新冠肺炎疫情期间，经济发展面临前所未有的挑战，充满困难、风险和不确定性，切实增强紧迫感，抓实经济发展成为当务之急。农行北京平谷支行第一时间响应上级党委要求，持续1个多月深入企业调研，现场办公，边了解需求边解决问题，提供了快速高效的精准扶持。据统计，新冠肺炎疫情期间，该行累计为165家企业投放贷款5.15亿元，其中为46家涉农企业放款2.25亿元，为2家首都"菜篮子"企业和1家生猪稳产保供企业放款1.3亿元，被中央电视台财经频道、《经济日报》深度报道3次，为稳定区域经济发展做出了应有的贡献。同时，该行积极履行社会责任，与平谷区同心协力做好疫情防控工作。先后21次为各乡镇送去口罩、消毒纸巾等防疫物资和方便面、矿泉水等生活物资；对辖区内疫情防控定点医疗机构赠送新冠专属保险18.7万元，为各乡镇的防疫工作者和战斗在一线的"白衣战士"提供暖心支持。

因真心实意服务"三农"，2020年，农行北京平谷支行被平谷区授予"平谷农民好伙伴"称号，也是平谷区唯一一家获此荣誉的金融机构。之后先后荣获全国文明单位、首都文明单位、首都文明单位标兵、中国农业银行文明单位等称号。2021年以来，银保监会、农业农村部、中管金融等机构以及农行总分行相关行领导，先后开展专题调研15次，给予农行北京平谷支行充分肯定。该行服务"三农"的事迹多次被央视财经、北京卫视、《经济日报》、《中国银行保险报》、新浪财经等主流媒体宣传报道。

经过两年的服务乡村振兴实践，农行北京平谷支行探索创新，提出"5个+"计划，即大力推进"客户+"、大力推进"零售+"、大力推进"场景+"、大力推进"平台+"、大力推进"人才+"。在此基础上，将农行的金融职能与服务乡村振兴的历史使命深度融合，为下一步全面落实乡村振兴战略提供更加务实精准、科学高效的实现路径。

（作者：李浩，中国农业银行北京分行平谷支行）

用足金融活水 彰显农商担当

北京农商银行作为国务院首家批准组建的省级股份制农商银行，植根首都 70 余载，多年来始终坚守服务"三农"的初心使命。坚决贯彻落实党中央、国务院关于"三农"领域各项决策部署，积极落实北京市委、市政府和各监管部门关于全面推进乡村振兴重点工作的要求，牢牢把握首都"大城市小农业、大京郊小城区"的市情农情和战略发展定位，持续发挥首都金融支农主力军作用，全力推动首都城乡一体化发展。

截至目前，北京农商银行已连续多年获评"年度最佳农商银行"，先后荣获"支农支小服务示范单位""新农村建设先进集体""2020 年度最佳普惠金融实践奖"等重量级奖项，在推动乡村振兴金融服务提质增效方面积累了丰富经验。

一、强化战略引领，自上而下建立乡村振兴服务体系

北京农商银行以全面助力服务首都"三农"发展为战略核心，按照"区域特色化、条线协同化、客群多元化、产品专业化"四项发展原则，协调推进政策制度优化、重点领域支持、产品服务创新、区域营销赋能、普惠金融供给、长效脱贫落实、专业队伍建设、特色品牌宣传、风险容忍以及风险防范管控十项工作举措，努力提升区域服务渗透力和支农综合服务能力。

（一）建立纵向管理、横向协同的"1+1+1+N"乡村振兴管理架构

1. 强化顶层设计

将全面服务乡村振兴作为全行战略重点，在董事会下设立"三农"金融服务委员会（乡村振兴金融服务委员会），负责部署全行金融支持乡村振兴工作重点事项；监事会持续开展支农工作督导。

2. 专设统筹部门

2021 年在总行层面成立乡村振兴部一级部，专门负责统筹组织推动全行金融支持乡村振兴业务发展工作，围绕集体企业、农业产业企业、农户，组织相关部门和分支行共同做好资产、负债、中间业务等综合性金融服务。

3. 创立专班机制

成立乡村振兴金融服务工作专班，由总行 20 余个部门联合构成，下设专班政策制度考核组、普惠基础服务组、数据管理报送组、综合保障宣传组等。各条线、各部门以客户需求为中心，高效协同、整合资源，发挥专业优势，做好乡村振兴综合金融服务。

（二）完善制度保障，确保"三农"领域重点任务有效落地

1. 加强方向指引

持续认真贯彻中央1号文件和北京市农村工作会议精神，制定"十四五"时期全行金融服务乡村振兴发展规划，按年出台乡村振兴工作行动方案，召开年度"三农"工作专题会议，全面部署和细化重点工作，确保重点任务落实到位。

2. 完善信贷政策

搭建"基本规定、年度政策、专项政策"相结合的信贷与投融资政策体系，每年针对涉农业务单独制定信贷政策，并充分适应政策与市场变化适时开展动态调整。从准入条件、授权审批、不良容忍、尽职免责等方面，构建涉农信贷业务差异化管理体系，系统化助力涉农信贷投放，助力乡村振兴。

3. 加大资源倾斜

持续强化涉农金融服务考核激励力度，建立乡村振兴考核体系，单列信贷计划，加大涉农信贷考核权重，组织开展涉农专项劳动竞赛，强化激励约束机制，充分调动全行服务乡村振兴积极性，建设涉农业务"敢贷、愿贷、能贷"的长效机制。

（三）创新营销管理，激发"三农"综合金融服务新活力

1. 加强外部合作

强化银政合作，与市农业农村局、市税务局签订合作协议，夯实涉农业务合作基础。加强与各类农业协会的沟通对接，拓宽服务渠道。深化银担业务合作，与市农业融资担保公司签署服务首都"菜篮子"稳产保供金融业务合作协议，成功落地"北京乡村振兴金融服务站"首笔"市场经营贷"，助力首都农产品稳产保供。农业农村部"新型农业经营主体信贷直通车"落地业务量位居全市第一。

2. 精准对接需求

建立涉农客户名单对接工作机制，细化"三农"领域重点客户和项目的服务组织工作，按年度收集、梳理国家及北京市农业产业化重点龙头企业、北京市畜禽养殖场及屠宰企业、北京市农民专业合作社示范社、北京市美丽乡村建设村庄等各类名单，引导全行精细化开展需求对接，提升响应效率。

3. 夯实队伍建设

秉承为群众办实事的理念，坚持"政策下沉、考核下沉、服务下沉、培训下沉"，建立"支部共建＋业务调研＋指标督导＋特色培训＋风险提示"五位一体交流模式，搭建总行—分行—支行充分交流的桥梁。推动开展人才赋能乡村振兴系列培训，上线乡村振兴学苑系列网络课程，着力提升一线人员专业技能。建立涉农专业人员代培机制，制定为期3年的分支行涉农业务人员培养计划，逐步提升涉农业务人员的专业素质和服务能力。编印《"三农"金融服务手册》《金融支持"三农"领域发展业务营销手册》以及乡村振兴金融产品宣传材料，为营销培训和业务宣传提供有力抓手。

二、创新服务手段，推动乡村振兴金融服务提质增效

北京农商银行持续强化金融创新，研发推出五大类20款乡村振兴配套融资产品，聚焦农产品保供、美丽乡村建设、乡村产业发展三大首都乡村振兴重点领域提供金融支持。近十余年，累计投放涉农贷款近5 000亿元，涉农贷款余额持续增长，全市占比稳居前列。普惠型涉农贷款近三年余额净增6倍，普惠金融服务力度不断增强。

（一）聚焦首都"菜篮子"，加大信贷供给力度，助力农产品稳产保供

1. 支持农业生产

为积极支持生猪养殖发展和首都重点农产品自给，北京农商银行结合北京市生猪产业规划、猪肉保供政策，开展生猪行业全产业链及养殖融资策略研究，主动与各区生猪养殖企业进行对接，针对首都生猪养殖项目进行重点调研，结合不同养殖模式和差异化融资需求，制定个性化服务方案。截至2021年年底，已累计为8个首都生猪养殖产业、3个高效设施农业相关项目主体提供融资支持。

2. 服务流通环节

助力首都农产品流通体系优化，为北京市重点民生工程"北京鲜活农产品流通项目"成立全行项目专项工作组，积极定制综合金融服务方案。向北京市农业融资担保公司提供50亿元的意向性授信，充分发挥双方在金融服务方面的政策及市场综合优势，共同推进首都"菜篮子"稳产保供金融服务，共同开发客户，制定绿色审批通道、低水平的贷款利率及担保费率，围绕核心企业搭建供应链金融服务平台。创新推出"市场经营贷"产品，满足农产品批发市场商户流动资金用款需求。

（二）聚力美丽乡村建设，激活农村土地要素，壮大农村集体经济

1. 支持乡村建设

针对北京市新型城镇化建设中农村土地整治、农民回迁安置、集体产业建设和转型升级等项目的金融需求，加快创新步伐，推出新农村建设系列贷款产品，覆盖城镇化不同阶段的金融需求。同时，积极支持"首都清洁空气计划"，大力发展能效贷款、碳排放抵押贷款等绿色信贷业务，为垃圾综合处理、煤改清洁能源、再生水及污水管线等重点项目提供资金保障，全力推动生态保护、绿色产业发展。

2. 服务土地改革

配合集体土地入市试点工作，率先推出集体经营性建设用地入市专项融资产品，并为首个土地整治项目提供34亿元的授信支持，在同业中起到了明显的示范效应，引导更多信贷资金投向试点领域。截至目前，已为大兴区十余个试点项目提供300亿元授信支持，投放金额居全市首位。探索"两权"抵押试点工作，创新农村承包土地经营权抵押贷款，与涉农平台合作推出集体资产经营权质押、苗木抵押等多元化、有特色的涉农担保模式。其中，"集体经营性建设用地入市专项融资产品""集体资产经营权质押产品"荣获北京市

企业管理现代化创新成果二等奖。

3. 助力农宅升级

针对农民居住升级换代项目，推出"新民居"贷款产品，满足农村居民自主、兼顾民俗旅游特色经济发展的需求，为平谷、门头沟等地区的 6 个乡镇 10 个行政村发放贷款 4 000 余万元，促进农村居民的居住环境和从业条件改善。为落实户有所居的目标，北京农商银行创新推出"宅基地房屋建设贷款"，满足农村居民新建、改建、扩建、翻建房屋的需求。

（三）扶持新型农业经营主体，助推京郊特色产业发展，促进农民稳定增收

北京农商银行积极支持农村地区新产业、新业态运行，加大对就业创业群体、新型农业经营主体的投入力度，提升金融服务的可获得性、针对性和时效性，多措并举激发农村经济活力。

1. 定制专属产品

专门为京郊农户量身打造金融服务方案，推出农户特色贷款系列产品。助推京郊特色农产品产业链发展，创新产品专项解决板栗收购大户在收购季节面临的大额集中、快速周转资金需求，增加下游栗农收入，间接解决收购季节近千人的就业问题。支持京郊新产业、新业态培育，针对民俗旅游发展需求优化专项融资产品，助力京郊旅游户升级改造，积极应对疫情冲击。积极服务农民专业合作社等新型农业经营主体发展，推出专属产品，从资金测算、审查审批等多方面"订制"服务，帮助一批合作社获得融资，带动农户进入市场，助推农民稳步增收。截至 2021 年年底，北京农商银行已累计向农民专业合作社发放贷款超 3 亿元，惠及合作社会员 4 000 余人。

2. 创新评价系统

农民专业合作社与一般企业相比，管理不规范、财务不健全、缺少抵押物等问题较为普遍，从银行获取资金支持难度很大，扩大生产、发展壮大都受到制约。在北京市农业农村局的大力支持下，北京农商银行经过多年研究，为农民专业合作社创建专属信用评价系统，通过 17 种评级模型对种植、休闲观光、民俗旅游、农产品流通等不同类型合作社进行精准"画像"，评价标准更加符合其组织形式及经营特点，评价结果能够充分体现合作社经营"全貌"和信用水平，有效解决了信息不对称导致的融资难问题，有助于持续引导协助农民专业合作社规范经营管理行为、积累信用数据，为后续发展壮大奠定基础。作为全市首个专门针对农民专业合作社开发的信用评价系统，该系统还通过了农业农村部评审，成功入选全国首批金融支农创新试点政府购买服务项目。截至目前，北京农商银行已成功完成约 150 次农民专业合作社的评级工作，惠及客户 100 余户。

3. 提供特色服务

北京农商银行倾力打造"凤凰乡村游"品牌及专属 App，"一手牵农户、一手牵游客"，将优质农产品输送到大市场，吸引城市居民来京郊采摘散心，为平谷大桃、通州樱桃、大兴西瓜等京郊特色农产品拓展销路、打开市场，带动农民增收致富。位于北京市通州区漷县镇的某特色果蔬产销专业合作社在 2014 年成立之初，面临扩大经营的融资需求。

北京农商银行得知后迅速对接、主动作为，积极为客户量身制定金融方案，提供包括信贷资金、"凤凰乡村游"平台以及支付结算等在内的全方位综合金融服务支持。短短几年间，帮助该合作社快速发展壮大，建立了稳定的农产品供应渠道，打造了生态园旅游品牌，成为覆盖北京市 6 个区 57 个种植园 3 000 余亩土地的优质合作社，跻身 2021 年中国农民专业合作社 500 强。

三、下沉服务重心，加大京郊农村普惠金融服务供给

北京农商银行以打通金融服务"最后一公里"为目标，与乡镇政府紧密合作，在确保"一乡一镇一网点"的基础上，不断健全"基础金融不出村、综合金融不出镇"的服务体系。目前，全市线下服务渠道已超 2 400 家，代理 90 余种银政惠民业务，完成对 1 024 个金融服务空白村的覆盖。

（一）立足偏远农村布局设点

"乡村便利店"是北京农商银行为无金融服务覆盖的偏远农村地区客户量身打造的农村金融服务模式，主要建设在村民活动较为集中的村委会或超市等场所，采用"自助机具＋辅导员"的模式。乡村便利店内配置银行自助终端、网银自助服务机（选配）、点钞机和北京农商银行客服直通电话等设备，可以办理包括小额助农取现、缴费充值、现金存款、汇款等十余项业务，并提供电话银行、手机银行等多样化的金融渠道服务，可以满足农村地区客户 80％以上的基本金融服务需求。乡村便利店雇佣、村委会指定工作人员作为便利店辅导员，对村民进行手把手的操作辅导，在提供便利金融服务的同时，直接促进一批农民增收。

（二）保障农村地区现金供应

设立农村地区现金服务点和农村普惠金融服务点，搭建"营业网点广参与、一张网络全覆盖"的现金服务网格化管理体系，牵头承担六环路以外乡镇和广大农村区域现金服务保障，在常态化疫情防控形势下，强化回笼款项清分消毒和现金运营服务保障，确保人民群众使用"干净钱""放心钱"。2021 年，郊区 12 家分支行共投放现金 944 亿元，其中乡村便利店办理现金业务 182 万笔，累计交易金额 15 亿元，近三年业务量年均增长率达到 42％。2021 年累计为商户兑换小面额人民币 1.4 亿元。

（三）满足多元金融需求

助力养老服务再升级，搭建金融养老服务驿站体系。截至 2021 年年底，累计拓展养老助残特惠商户 2 453 户。开发"银政惠民账户"等特色支付产品，完善社保金融服务功能，做好各项惠农惠民补贴发放，配合市财政、民政、卫生、社保等机构集中代发四大类近百种补贴。

（四）完善农村地区信用环境

深入推进信用乡镇、信用村、信用户"三信"工程建设，加强信用数据的深度挖掘与信用成果评定运用。加强农村地区特别是贫困地区金融消费者教育和金融基础知识普及，送金融知识下乡，帮助京郊市民提高理财意识和风险意识，共同营造良好的金融生态和信用环境。

（五）助力乡村管理和建设升级

紧跟村域经济发展进程，组建专项服务团队，走村入户，挖掘核心主体需求，探索差异化落地"整村授信"，提供涵盖流动资金、集体产业、理财结算、现金管理、支付环境搭建等多方面的综合服务方案，满足村民工资支付、村集体费用支出等资金周转需求。

四、践行国企担当，京郊帮扶工作持续推进

北京农商银行持续深化脱贫攻坚经验成果，将脱贫攻坚管理机构全面过渡为乡村振兴工作领导小组，统筹推进乡村振兴各项工作安排，持续推动产业帮扶、就业帮扶、消费帮扶、公益帮扶、党建帮扶和基础金融服务帮扶六大机制相结合的多维工作思路。在帮助延庆区珍珠泉乡庙梁村高质量完成"2018 年 80% 脱低，2019 年全面脱低，2020 年巩固提升"三步走目标的基础上，按照两年消除、三年巩固的要求，与延庆区珍珠泉乡桃条沟村、仓米道村签订协议，助力集体经济薄弱村增收。从帮扶地区自身发展规划、政府帮扶政策、独特资源禀赋和长远产业潜力上寻找新的工作着力点，带动特色产业发展，提高农民生活质量。通过集中采购两村黄豆、杏仁、蜂蜜、榛子等农产品，促进村集体经济收入提高 13.5 万元，帮助两村均实现年经营收入不低于 10 万元的目标。

近年，北京农商银行先后获得中国银行业社会责任百佳评估"最佳精准扶贫贡献奖"，荣获北京市扶贫支援办"大爱北京"助力扶贫捐赠活动荣誉证书。北京农商银行延庆支行荣获"北京市农村工作（2017—2021 年）低收入帮扶先进集体"称号，延庆支行珍珠泉分理处荣获中国银行业"最佳社会责任特殊贡献网点奖"。

不忘初心、砥砺前行。乡村振兴战略的全面实施和首都农村农业的发展，对银行综合化金融服务提出了更高要求。北京农商银行将继续以服务"三农"的初心情怀、脚踏实地的工作作风、不断探索的创新精神，全面落实市委、市政府决策部署和金融监管要求，紧紧围绕"十四五"规划和首都"四个中心"战略定位，深耕首都"三农"市场，巩固金融支农主力军地位，朝着建设高质量精品银行的目标奋力迈进。

（作者：崔婷，北京农商银行）

图书在版编目(CIP)数据

北京市农村经济发展报告. 2021 / 张光连主编. —
北京:中国农业出版社,2022.11
ISBN 978-7-109-30203-7

Ⅰ.①北… Ⅱ.①张… Ⅲ.①农村经济发展-研究报
告-北京-2021 Ⅳ.①F327.1

中国版本图书馆 CIP 数据核字(2022)第 210009 号

北京市农村经济发展报告 **2021**
BEIJING SHI NONGCUN JINGJI FAZHAN BAOGAO 2021

中国农业出版社出版
地址:北京市朝阳区麦子店街 18 号楼
邮编:100125
责任编辑:姚　佳　　文字编辑:王佳欣
版式设计:杜　然　　责任校对:吴丽婷　　责任印制:王　宏
印刷:中农印务有限公司
版次:2022 年 11 月第 1 版
印次:2022 年 11 月北京第 1 次印刷
发行:新华书店北京发行所
开本:787mm×1092mm　1/16
印张:16.25
字数:376 千字
定价:78.00 元